稲川会
極高の絆

任侠　　　　　　　　　　経済
稲川聖城　石井隆匡
二人の首領《ドン》

大下英治

まえがき

稲川聖城会長インタビュー

わたしが稲川聖城《いなかわせいじよう》稲川会会長と初めて会ったのは、東映の山下耕作《やましたこうさく》監督の映画『修羅の群れ』の原作を書くためであった。

東映の岡田茂《おかだしげる》社長が、稲川会長の半生を映画にしようということで、その原作をわたしが書くことになった。

わたしは、それまで、個人的には、週刊文春の記者時代、安藤昇《あんどうのぼる》元安藤組組長と取材で知り合っていたが、いわゆるやくざを主人公にした作品は描いたことがなかった。

岡田社長は、こう言った。

「稲川会長は、山口組の田岡一雄《たおかかずお》三代目とならぶ日本の首領《ドン》だ。関東のやくざ、いや日本のもうひとつの戦後史でもある。とことん話を聞き出せば、スケールの大きいドラマになる」

わたしは、さっそく俊藤浩滋《しゆんどうこうじ》プロデューサーと銀座の料理屋で会い、話を詰めた。

俊藤プロデューサーは、それまで山下耕作監督の『博奕打ち 総長賭博』や、加藤泰《かとうたい》監督の『明治侠客伝 三代目襲名』など任侠映画の傑作を作っている。実録やくざ映画『仁義なき戦い』も、俊藤プロデューサーの手になったものである。なお『緋牡丹博徒』の矢野竜子を演じる藤純子《ふじじゆんこ》（現・富司純子《ふじすみこ》）は、俊藤プロデューサーの娘さんである。

俊藤プロデューサーは、この映画の狙いについて熱っぽく語った。

「任侠映画も飽きられ、『仁義なき戦い』のような実録路線も撮ったが、これまた、殺伐としすぎて、飽きられかけている。そこで、タッチは実録調で、しかし、任侠の魂を残した映画を作りたいのや。そのためにも、任侠の魂を、あなたのドキュメンタリータッチで描いてほしいのや」

わたしは、それまで描いてきた財界や政界でない、やくざの世界、それもその頂点を極め「首領」とまで呼ばれる人物に興味を抱いた。稲川会長が、住吉連合のように東京でもなく、山口組のように神戸でもない、神奈川県湯河原からスタートして、熱海を本拠としながら、稲川会をいかにして巨大な組織に成長させたのか、にも興味があった。

わたしは、さっそく、俊藤プロデューサーと稲川会の本拠である熱海に行き、稲川会長と会った。

稲川会長は、このとき六十八歳であったが、なにより体のいかつさにおどろいた。腕も太い。

訊くと、大正三年十一月に横浜に生まれた彼は、十六歳のときから三年間、柔道を教える横浜浅間町の吉岡道場の塾生をしていたという。柔道の腕を見込まれ、警察に誘われた。いっぽう横浜の保土ヶ谷を縄張とする堀井一家三代目の加藤伝太郎にも誘われた。警官になるかやくざになるか迷ったすえ、結局、やくざの道を選んだという。

わたしは、一撃で牛を殺したといわれる「ゴッドハンド（神の拳）」の大山倍達《おおやままさたつ》極真空手総裁に取材し、『風と拳』という作品を描いていた。稲川会長にも、大山倍達に通じる肉体的迫力を感じた。

〈おそらく、若いときの稲川会長と一対一で素手で戦ったら、勝てる者は少なかったろうな……〉

やはり、一対一で向かい合ったとき、相手にどれほどの脅威をあたえるかは、力の世界で生き抜くためには必要なことであろうと思った。

取材を通じ、若いころは「モーさん」と呼ばれるほど、獰猛《どうもう》な一面が露わであったこともわかった。なにしろ、バクチの最中、天井から女郎蜘蛛が降りてくるや、ふいに手をのばし、パクリと口に放りこみ、ムシャムシャと食ってしまったという。これも、若き日の彼ならではの「稲川は何をしでかすかわからない」というパフォーマンスのひとつといえよう。

荒くれ者ゆえ、敵も多かった。彼の活躍を嫉妬する仲間に、夜道に鉈で襲われ、頭を割られている。が、奇跡的に命をとりとめた。

頭には、鉈で割られた傷跡が、ナマナマしく残っていた。

稲川が襲われてから二、三日後に見舞いにきていた稲川の兄貴分横山新次郎《よこやましんじろう》は、いくらか落ち着いた稲川にしんみりと言った。

「強いものに油断はあっても、弱いものに油断はねぇ……この言葉をよく肝に銘じておけよ」

稲川は、心の中で繰り返した。

横山は、説明をつづけた。

「弱いものはよ、面とむかっちゃ強いものにかなわねえ。騙《だま》し討ちでも、飛び道具でも持ってきて襲いかかる。強いものは、つい強いという慢心ゆえに油断をする……」

この言葉は、稲川の胸に滲《し》みた。のちのち、何度このときの横山の言葉が思い返され、役立ったかしれないという。

横山は、〝天一坊〟と呼ばれるほど知恵者であった。復讐心に燃え、長ドスを持ち、病室を抜け出した稲川を、待ちかまえていた横山が、諭《さと》す。

「殺るだけが、男の道じゃあねえ。我慢することも、男の道だ」

「モーさん」と呼ばれた稲川が、我慢ということをおぼえる。

稲川にとっての転機は、右翼の大立て者児玉誉士夫《こだまよしお》と繋がったことであろう。

稲川は、「革命前夜」とさえ呼ばれた「六〇年安保」の騒ぎのとき、左翼デモ隊の鎮圧に協力する。アイゼンハワー米大統領訪日にそなえ、戦闘服、ヘルメットを五千人分買いそろえる。一万人を動員する用意さえしていた。

結局、アイゼンハワーは訪日をとりやめた。その直後、稲川はある噂を耳にする。アイゼンハワー大統領の来日にそなえて自民党安全保障委員会が用意していた六億円のカネを、児玉が自分の懐に入れてしまった、というものである。稲川は怒り、単身、児玉邸に乗りこむ。

児玉は稲川とサシで会い、きっぱりと言う。

「わたしは、自民党に貸しはあっても、借りはない！」

これを境に、稲川は、児玉を「心の親」として「オヤジ」と呼ぶようになっていく。

児玉は、稲川と知り合うことで、全国の任侠団体を大同団結させ「東亜同友会」を結成し、左翼と対決しようとする。政治的にも、力を持とうとする。が、児玉の計画は、関西の山口組と本多会の反対により、挫折。稲川会をはじめとする関東の博徒七団体で、「関東会」を結成する。

児玉と稲川との繋がりは、両者にとって、その存在をより巨《おお》きくするものでもあった。

わたしは政界、財界をはじめとしたさまざまな世界の作品を描くが、政治家に対しながら、ふと思う。

〈この人は、やくざの世界に入っていたなら、トップになれていたであろうか。頭はいいが、度胸がなさすぎる……〉

逆に、やくざと会うとき、ふと思う。

〈この人は、政治家になっても成功しているであろうか……〉

わたしは、何人ものやくざの親分たちに会ったが、稲川聖城は、政治家になっていても、まちがいなく首領と呼ばれる存在になっていたと思う。

わたしは、稲川会長に十数回会い、取材をつづけたが、その取材には、かならず俊藤プロデューサーが同行した。いい映画にしたいという鬼のような執念であった。

いまから振り返って、冷や汗の出る場面があった。翌朝の十時から、熱海で稲川会長の取材が入っていた。ところが、週刊誌の連載がなかなか思い通りに進まず、ついに一睡もできなく徹夜となってしまった。

わたしは、新幹線で熱海に向かいながら、さすがに不安にかられた。

〈取材中、もしウトウトしはじめたら、どうしよう……〉

相手は、人の震え上がる「首領」である。いくらこれまでの取材で最初の緊張感は解けてきたとはいえ、その取材中に目の前でウトウトしたら、いったいどうなるか。

朝の十時から、いよいよ取材をはじめた。この日も、俊藤プロデューサーが同席していた。

わたしは、テープレコーダーを回しながら、質問をつづけるうち、恐れていることが起こった。眠気が、どうしようもなく襲いかかってきた。

〈いけない……〉

わたしは、右脚の太股を抓《つね》った。が、それでも眠気は治まらない。それどころか、執拗に眠気は襲いかかってくる。わたしは、血の滲むほど太股を強く抓った。なお、眠気は襲いかかりつづける。

さすがに俊藤プロデューサーも気づき、わたしに代わって質問をつづける。

稲川会長に同席している森泉人《もりいずみ》副理事長は、大親分の前でウトウトする物書きが許しがたかったらしい。顔を真っ赤にして怒りをあらわにしている。わたしにも、はっきりと森副理事長の殺気立った雰囲気が伝わってくる。

俊藤プロデューサーも、さすがに困惑している。わたしは、体に脂汗が滲《にじ》んでくる。それでも、眠気は消えない。森副理事長の怒りの表情は、ついに爆発寸前となった。

そのとき、稲川会長が、ひと言、言った。

「物書きは、大変だなあ。昨夜徹夜したんだろうが、ふつうなら、徹夜だったので、取材の日時をずらしてほしいと言うのに、無理を押してこうして頑張っている。いや、頭が下がる」

そのとたん、森副理事長の怒りが、その顔からスッと引いた。

稲川会長が、一瞬間をおいて言った。

「早めだが、昼食にしよう。取材は、午後の一時半からにしよう」

わたしは、ホッとした。

それまでは、昼の十二時から一時間食事して、午後の一時から取材に入っていた。が、稲川会長は、午後の取材の時間も一時半からとずらし、わたしの眠気を覚ます余裕をあたえてくれたのである。

わたしは、早めに食事を終え、午後一時半からの取材まで、仮眠を取り、午後の取材は、まともに質問ができた。

稲川会長は、取材中、他の組との抗争について触れることもあった。わたしとすれば、じつに興味深い場面であった。が、時に、こう釘を刺すこともあった。

「今の話は、注意して書くように。他の組を踏み台にして、ウチの組を浮かびあがらせることになる。いくら事実であっても、それじゃあ、渡世《とせい》の筋をたがえることになる」

やくざ小説は、書いたあとで、厳しく書かれた組や人間が、本を回収しろと怒鳴りこんできたり、「ただじゃおかねえぞ」と、脅しをかけてくることがある。

わたしも、別のやくざ小説で「命をとる」と地方から上京されたこともある。ある組の親分が語ったことをそのまま書いたのだが、屈辱を受けた破門された組員が、わたしを許せないと追ってきたのだ。

その点、『修羅の群れ』では、書いたあとのもめごとはなかった。そういうのちのちのことも配慮しながら、稲川会長が語っていたせいもあるのだろう。

なお、小説のタイトルは、修羅場をくぐりつづけた男たちの群れ、その群れを統率する親分というニュアンスで、『修羅の群れ』とした。

石井隆匡二代目会長の印象

稲川会二代目会長の石井隆匡《いしいたかまさ》は、わたしが『修羅の群れ』を連載するときには、刑に服していて娑婆《しやば》にはいなかった。「韓国賭博ツアー事件」で昭和五十三年十一月、警視庁捜査四課に逮捕されていたのである。

かわりに石井夫人に取材した。興味深かったのは、横須賀の山手にある石井邸であった。他の幹部たちの邸や、会の事務所では、将棋の大きい角の駒が飾ってあったり、まるで生きているかのような虎の置物が睨んでいた。ところが、石井邸は、まるでフランスのシャトーに入り込んだような雅《みやび》さであった。ロココ調の戸棚の中には、ワイングラスが光っていた。

『修羅の群れ』の連載が終わって何年目であったろうか、あるパーティーで、出所した石井理事長に会った。まわりを黒服の若い衆が取り囲んでいたが、石井理事長はまるで彼らとは異なった雰囲気を醸し出していた。まるで大銀行の頭取か、ビッグビジネスの幹部を思わせた。白髪で、表情もおだやかである。

軽い立ち話で、突っ込んだ話はしなかったが、あとで二代目会長となってから自民党の金丸信《かねまるしん》との関わりなど周辺取材を進めていくうち、わたしが頭取のようだと感じたのも無理はなかった。

石井二代目会長は、やくざだけでなく、親しくしていた国際興業の小佐野賢治《おさのけんじ》社長のような事業家になることを目指していた。


石井隆匡は、大正十二年生まれ。横須賀生まれの横須賀育ちであった。

田浦のそば屋の長男として生まれたが、県立鎌倉中学時代には、すでに不良グループのリーダーとして頭角をあらわしていた。喧嘩が強い、というだけではなく、何か人を惹きつけるものを持っていた。いつの間にか横須賀の不良グループの中ではもっとも勢力のあるグループにのし上がっていた。配下も、三十人ぐらいを率いていた。

昭和十八年、武山海兵団に入団した。その直前には、石井のグループは、百五十人にふくらんでいた。敗戦を迎え、石井は、このグループを率い、横須賀の石塚一家の総長である石塚儀八郎《いしづかぎはちろう》親分の若い衆になった。

その後勢力を増し、昭和二十九年の暮れごろには、石井の若い衆は、五、六百人近くにふくらんでいた。一大勢力であった。

石井は、やがて稲川組の井上喜人と兄弟分の盃をかわした。さらに、稲川組の正式なメンバーに加わった。

石井が、井上と兄弟分の盃を交わしたことは、稲川会にとっても大きかった。というのも、「モロッコの辰」の異名をとる出口辰夫《でぐちたつお》の死後、彼が切り開いた横須賀には、舎弟であった佐藤義雄を送りこんでいた。しかし、佐藤では、なかなか横須賀に睨みを利かせることができなかった。そこで、横須賀で五百人から六百人の子分を率いる石井がいることで、さらなる勢力を張ることができるようになった。

なお、稲川会長は、長男で十九歳であった稲川裕紘《いながわゆうこう》を石井のもとで修行させることにした。

石井は、昭和三十八年十一月二十三日、三代目の稲葉多吉から横須賀一家を引き継ぐことになった。三十九歳の若さであった。

横須賀一家は、横須賀、浦賀方面を縄張りとして明治時代前に結成された名門である。縄張りはかなり広く伊豆七島までを縄張りとしていた。

昭和四十七年一月二十八日、稲川組は、名称を「稲川会」にあらためた。代紋も、富士に稲穂をかたどったものに統一された。

それとともに、稲川会は、組織も刷新した。稲川が会長に座ると同時に、石井は、新理事長に就任した。

稲川会にとって、いま一つの大きな転機があった。稲川会理事長の石井隆匡と、山口組若頭の山本健一、稲川会専務理事趙春樹《しょうはるき》と、山口組益田佳於《ますだよしお》の二組が同時に兄弟盃を交わしたのである。この盃事は「日本の地下組織の歴史を塗り替える儀式」とマスコミに騒がれた。

熱海を本拠とする稲川会は、東京と西の勢力との挟み撃ちに合うことなく、より大きな存在感を全国的に示すことになった。

昭和六十二年春、稲本虎翁《いなもととらおう》を総裁とし、四国高松に本拠を持つ右翼団体「日本皇民党」の街宣車が、国会周辺をマイクでがなりたてながらうねりまわった。

「国民のみなさん。この秋には、評判の悪い中曽根さんが退陣します。われわれ国民の代表として、金儲けのうまい竹下さんを、ぜひ総理総裁にしましょう」

日本皇民党は、ポスト中曽根の最有力で自民党幹事長の竹下登《たけしたのぼる》に対し、皮肉たっぷりに褒めたたえることにより、逆にイメージダウンを狙った巧妙な、いわゆる、〝ほめ殺し〟作戦を展開した。

竹下派議員、大物右翼、やくざの親分などは、次々に稲本総裁との接触をはかった。

稲本は、やくざに対しては説明した。

「日本皇民党は、やくざではありません。あなた方の米びつに、手を突っ込むようなことはしていません」

右翼には、逆に説得した。

「本来なら、田中を裏切った竹下攻撃に協力してくれるのが筋じゃないですか」

竹下派会長の金丸信は、昭和六十二年九月末日、東京佐川急便の渡辺広康《わたなべひろやす》社長に相談をもちかけた。

「竹下を総裁にするように、工作している。指名はまちがいないと思うが、困ったことがある。右翼の日本皇民党が騒いでいる。このままでは中曽根総理の後継者指名が、竹下にならないかも知れない。竹下政権樹立に、力を貸してくれ」

渡辺は、昭和六十年の十月に稲川会二代目会長に就任していた石井隆匡の名前を出した。さすがの金丸も、一瞬ひるんだ。稲川会会長という大物に正式に頼めば、後々どうなるかと考えこんだ。しばらくためらっていたが、意を決したように頼んだ。

「よろしく、頼みます。石井会長にお骨折り願いたい」

石井は、稲本総裁にこう言った。

「稲本さん、竹下に対する不満があることは承知しています。わたしがかならず、竹下を田中に詫びに行かせます。そのうえで、おさめてください」

それでも稲本は、難色をしめした。

「わたしは、命を懸けてやっとるんです。どうしてもやめろというのなら、命を、とってくれ」

石井の表情が、険しくなった。石井の押し殺したような声に、凄みが感じられた。

「わたしも、命を懸けるほどの恩義を受けたひとに頼まれている」

石井の覚悟は、岩のように動かぬ稲本をも動かした。

「稲本さん、あなたの顔は潰しません。今回は、この石井の顔を立てて、おさめてもらえませんか」

葛藤《かつとう》の狭間で、稲本は、ほめ殺しをとりやめる条件を出した。

「石井会長の顔を、立てましょう。そのかわり、再度言いますが、竹下が裏切った田中さんにきっちりと詫びを入れるのが条件だ。田中さんに総裁立候補のあいさつをすれば、こちらは手を引きます。竹下が田中邸に日参すること、それが条件です」

竹下は、ついに十月六日の午前八時三分、黒塗りのトヨタ・センチュリーで田中邸に乗りつけた。竹下は、田中眞紀子《たなかまきこ》に門前払いをされ、田中邸には入れてもらえなかった。この様子はテレビ、新聞等によってまたたく間に全国に流れた。しかし、稲本の出した条件は果たした。顔を立てることはできた。

約束どおり、稲本は、矛をおさめた。竹下がとった行動の裏にこんなドラマが隠されていたのだ。

石井は、若い衆に、おのれの野望を熱っぽく語った。

「おれは、世界を股にかけた大レジャー構想を抱いている。日本は、四面が海に囲まれているが、その海は、湖のようなものだ。いまや、国内だけでレジャーする時代ではない。太平洋という湖の沿岸には、たくさんの国がある。その国々と提携してレジャー施設をつくれば、最高のレジャークラブができるはずだ。まず国内においては、いまの岩間カントリークラブにつづいて、ほかにもいくつかの一等地にゴルフ場をつくる」

さらに、海外進出の夢も語った。

「海外にも、グアム、台湾などに直営ゴルフ場を、環太平洋と提携して、つぎつぎに造成する。アメリカ本土にも、ゴルフ場を手がけるつもりだ。これにテニスコート、スイミングスクール、ヨットハーバー、アーチェリー、スキー、乗馬コースなどを併設し、家族でレジャーを楽しめるようにする。そこに、ホテルもつくる。地中海をはじめ、ヨーロッパ各地にも、同じようにつくる。このビル以外にも、一大レジャービルを建設し、一億五千万円の世界レジャー会員権を売りさばく」

石井は、やくざの世界だけでなく、親しくしていた国際興業オーナーの小佐野賢治のような実業家を目指していた。

が、石井は、平成三年九月三日、夢なかばで慶應病院で逝去した。

二人の「首領」は、タイプは異なった。稲川聖城は、いわば「任侠やくざ」で、石井隆匡は、「経済やくざ」といえよう。

これは壮絶な時代を共に生きた、二人の首領の物語である。

目次

※文中敬称略

装幀・本文デザイン　塚田男女雄（ツカダデザイン）

第1章 任侠道

運命

世田谷野毛の士道館の支所である横浜・浅間町の吉岡道場では、柔道に励む若者たちの寒稽古の声が力強く響いていた。外は、激しく吹雪いていた。昭和八年暮れであった。

道場の一段高くなった上座では、道場主の吉岡日呂史が羽織袴姿で腕を組み、厳しい顔をして座っていた。

その隣に、鬼瓦のような顔をした男が座っていた。ひどく小柄で、ずんぐりしている。眼つきは、鋭い。堀井一家三代目総長加藤伝太郎であった。

加藤親分が、稽古に励む若者を見ながら吉岡に訊いた。

「この若者のなかに、うちへ寄こすようなやつはいないか」

吉岡は、にやりとした。

「いますよ。うってつけの若いのがいます。稲川角二《いながわかくじ》ってんですよ」

稲川角二は、稲川聖城の若き日の名前である。

「強いのかい」

「強いうえに、いたずらが好きなんです」

いたずらというのは、博打のことであった。

吉岡は、道場の真ん中で、ちょうど背負い投げを一本取ったばかりの塾生を指差した。

「あの男です」

「うむ……」

加藤伝太郎は、射るような眼で若者を見た。

若者は、五尺六寸はある。腕っぷしは、たしかに強そうであった。精悍な顔をしている。とくに眼つきが気に入った。挑みかかる虎のような鋭い眼をしていた。

〈鍛えれば、いい若い衆になりそうだ……〉

加藤は、吉岡に言った。

「おれのところに、彼をくれないか」

吉岡が言った。

「じつは、警察の方からも彼を欲しい、と言ってきてるんですよ」

当時警察は、剣道や柔道の腕のたつ者を片っ端から入れていた。吉岡道場からも、二人ほど警官になっていた。

「ふむ……」

加藤は腕を組み、考えこんでしまった。警察と博打うちでは、取り締まる方と取り締まられる方で、あまりに差がありすぎる。正反対である。おなじなるなら、取り締まる方を選ぶかもしれない。

「とにかく、本人を呼んでみろや」

吉岡が、大声を出した。

「おーい、稲川、ちょいと来てくれ」

稲川と呼ばれた若者がやってきた。凍えるような寒さだというのに、額には玉のような汗が吹き出ている。彼は、畳の上に背筋をきちんとのばして正座した。えらく姿勢のいい男であった。

加藤は、あらためて稲川を観察した。太い眉。どんな強い奴にも突っかかっていきそうな、爛々と光る眼。一度こうと決めたら梃子《てこ》でも動かぬ感じの意志の強さが、小鼻の張りにあらわれていた。固く結ばれた唇にも、一徹さがあらわれている。耳も、人一倍大きい。

〈なかなか、いい面構えをしてるじゃねえか……〉

加藤は、稲川という男が、ますます気に入っていた。

吉岡が、加藤を稲川に紹介した。

「この親分は、片瀬の堀井一家の加藤伝太郎さんだ。わたしも、若いころ世話になっていたことがある」

稲川は、加藤を見上げた。稲川の目は、いきいきと燃えていた。加藤が、片瀬の親分と聞き、胸を弾ませていた。

稲川は、大正三年十一月に、道場のある横浜浅間町で生まれていた。父親は土方をしていた。兄弟は五人で、生活は貧しかった。

父親は、土地の者ではなかった。福島県の須賀川から十二キロ西にある枠衛村の大地主の伜であった。当時としては珍しく、明治大学を出ていた。小作人の手紙を書いてやったり、大山郁夫《おおやまいくお》らが結党した左翼合法政党である労農党の演説原稿を書いてやったりしたことがある、と母親から聞いていた。

しかし、稲川が物心ついたときには、父親は浅間町にいた。じつは、博打が好きで、田地田畑を博打でみんな取られてしまい、福島から横浜に流れてきたのである。それでも博打好きはやまなかった。博打に勝った日は、土方稼業からは考えられないほど金があった。しかし、負けた日は、御飯も食べられない。経済的には、不安定きわまりなかった。

それでもなんとか子供たちだけには……と母親は夜も寝ないで手内職をし、稲川たちに粟や稗《ひえ》の混じった御飯であったが、飢えさせないように食べさせてくれた。

稲川は、早く一人前になり、おふくろや弟や妹たちに白い御飯をたらふく食べさせてやりたい、と思っていた。

それといまひとつ、親父が博打で負ける姿を見て、子供ながらも、

〈親父が博打ですった分を、息子のおれが機会があったら、取り返してやる！〉

という気概もあった。

稲川は、十六歳のときから三年間この道場の塾生をしていたが、そろそろどの稼業につくか決めねばならなかった。

加藤が、低い声で言った。

「警察から誘いがあるそうだが、行く気かい」

稲川は、返事をしないで押し黙っていた。

子供のころから喧嘩は大好きだったが、読み書きは大嫌いであった。

学校へ行っても、何時間目かになると、鞄を担ぎ、教室の窓から外へ抜け出た。友人の家に鞄を置き、近くの山へ上って遊んだ。

父親が、稲川に言った。

「そんなに勉強が、嫌いか」

稲川は、父親にはっきりと答えた。

「嫌いだ。しかし、勉強以外のことで頑張ってみせます」

父親は、それ以上勉強についてはとやかく言わなかった。

警察へ入ると、試験、試験で読み書きに追いまくられそうであった。それになにより、窮屈な世界が性に合わなかった。

加藤が言った。

「どうだい稲川君、ひとつ、ウチでひと修業してみる気はないか」

稲川は、思わず頭を下げて言った。

「もし、わたしのようなものでよければ、よろしくお願いします！」

稲川は、未知の世界を前に、熱い興奮をおぼえていた。稲川、このとき十九歳であった。

稲川が片瀬の加藤伝太郎のもとで修業をはじめることになった三日目の朝のことであった。

「おい、稲川という若い衆は、どの男だ」

大声が家の中に響き渡った。

「はい、わたしです」

稲川は、廊下をへの字になって這いつくばるようにして拭き掃除をしていた。

顔を上げると、前に着流し姿の男が立ちはだかっていた。立ちはだかるといっても、大男が立ちはだかっていたわけではない。五尺足らず、いまでいう一メートル五十センチくらいの背の低い、五分刈りの男であった。額がやけに広い。眼つきからして、精悍な顔をしている。頭はよさそうであった。先輩たちが、しきりに「天一坊」と呼んでいたのがこの男であることは、一目でわかった。

「おれは、横山新次郎っていうんだ」

小男のくせに、えらく威勢がいい。見るからに生意気そうである。

〈がらの小せえくせに、やな野郎だな……〉

血気盛んな稲川の、横山との初対面の印象であった。

横山は、掃除が終わって一服している稲川のところに再びやってきて言った。

「おい稲川、この世界の言葉に、『馬鹿でなれず、利口でなれず、中途半端じゃなおなれず』っていうのがある。生半可な修業じゃあ、男は磨けねえぞ。あとでこの言葉の厳しさがわかってくるだろう。よくおぼえておくんだな」

横山はそう言うと、くるりと背を見せた。せかせかと急ぎ足で去って行った。

〈癖のある兄貴だなあ……〉

稲川は、横山の言い置いた「馬鹿でなれず……」という文句を何度も頭の中で繰り返していた。あとでまわりの者に訊いてわかったことだが、横山は、明治三十六年八月十四日生まれ。稲川より、十一歳年上であった。

稲川は、加藤のもとから、会津若松第二十九連隊に現役兵として入隊した。父親が福島県出身ゆえである。昭和十年一月のことであった。

稲川は、翌年の一月、二年の勤務を終え、会津若松第二十九連隊を除隊した。あまりに暴れすぎたため、ついに上等兵にはなれなかった。

稲川が会津若松第二十九連隊を除隊し、堀井一家三代目の加藤伝太郎親分のもとに帰って六カ月後の昭和十二年七月の終わりのことであった。

刺客

加藤伝太郎の代貸山本信治が縄張をあずかっている、横浜保土ヶ谷の賭場であった。保土ヶ谷の賭場は、堀井一家の中で最もテラ銭が多かった。商店街の旦那衆を集め、毎晩のように常盆《じょうぼん》が開かれていた。当時は、いまのように娯楽は多くない。商店街の旦那衆が、夜ともなると楽しみに集まっていた。

山本は、加藤の代貸の中でも、親分の信頼がもっとも厚かった。堀井一家四代目の最有力候補といわれている。

加藤親分は、毎週一回、かならず保土ヶ谷の賭場にテラ銭を集めにきていた。稲川が保土ヶ谷の隣の浅間町の出身であることと腕っぷしの強いことから、保土ヶ谷へのお伴は稲川と決まっていた。

加藤は、保土ヶ谷の賭場に顔を出すと、テラを貯めてある宝珠のテラ箱を割った。中には、五十銭銀貨が六十枚、三十円近く入っている。一晩でテラが三十円近く貯まった。つまりは、宝珠のテラ箱ひとつが五十銭銀貨でびっしり一杯になった。一週間で七つ。親分は、七つの宝珠のテラ箱を割った。その中から、親分が四、縄張をあずかっている山本信治が六の割り合いで分けた。

しかし、今夜は稲川は加藤のお伴できたのではなかった。博打好きの稲川は、長井誠造を連れ自分で張りにきたのであった。

胴元である山本信治に声をかけた。

「兄貴、三円ばかり貸してもらえませんか」

山本信治の頬に刃傷のある顔が、一瞬赤黒く染まった。稲川はまだ若輩である。それなのに金を貸せとは、言語道断である。しかし、恐いもの知らずの稲川は、執拗に言った。

「三円、頼みますよ」

加藤親分の代貸である山本信治の子分である郷三助が、山本の耳元でささやくように言った。

「親分、やつを始末しますぜ……」

山本信治も、吐き捨てるように言った。

「ほんとうにふざけた野郎だ……」

山本信治は、いまだに怒りがおさまらないという顔をしていた。頬の刃傷が、薄桃色に染まっている。怒ったときの癖である。

稲川に金を貸せといわれ、断わった。稲川は、恐ろしい眼でじろりと睨むとムッとして立ち去った。

「親分、いまからやつを追います」

郷三助の眼は、ぎらぎらと燃えていた。

〈今夜こそ、やつを始末する絶好の機会だ……〉

郷は、心の中でほくそ笑んでいた。

郷は、四年前に堀井一家の若い衆になった。稲川より一カ月遅いだけでほとんどいっしょであった。稲川は、現役入隊し会津へ行った。その間郷は、博打の現場にドサをかけられ、二年の間に三度の懲役をつとめた。やくざの世界で、いわゆる〝男になった〟わけである。郷は、懲役から出てくるや得意満面であった。いっぱしの兄貴分になったつもりでいた。ところが、兵隊から帰ってきた稲川は、一カ月でも自分が先輩のつもりでいるから、「おい郷」と呼び捨てにする。

郷にとっては、てめえは兵隊に行ったんだが、おれは懲役で男になって帰ってきたんだ。兄貴分扱いをしろ……と思っていた。そのうえ、稲川には喧嘩の腕前にしろ、加藤親分からの目のかけられ方にしろ、とうていかないそうになかった。

〈いま始末しておかなければ、あとあとやつに頭を押さえつけられるようになってしまう……〉

そう信じ、稲川を始末する機会を狙っていた。いま、その絶好の機会が到来したのだ。稲川を始末する大義名分も立つ。

「親分、やつをいま始末しとかなきゃあ、堀井一家ものちのち大変なやつを抱えこんじまった……と困りはてることになりますぜ」

郷は、山本を煽った。

山本は、腕を組んだ。

「ひとりでは、やつを殺るのは無理だろう」

「ドモ誠を連れて行きます」

長井誠造のあだ名は、ドモ誠である。郷の女房のあけみは、ドモ誠の実の姉であった。

「ドモ誠？　稲川は、やつの兄貴分だぜ。大丈夫か」

「ええ、やつは、わたしのいうことなら、なんだって聞きますから」

郷三助は、ドモ誠を説得して闇の中へ消えて行った。

稲川は、片瀬まで夜道を急いでいた。蔵王神社のそばの竹藪にさしかかったとき、背後に足音を聞いたように思った。ふり返った。

月のない夜だ。あたりは闇であった。かすかに虫の声が響くだけで、足音らしい音は聞こえなかった。藪蚊が、顔のまわりにうるさくつきまとう。そのせいで足音を聞いたように思ったのかもしれない。

稲川は、着流しの裾をからげるようにしていっそう歩を速めた。

御堂のそばを通りすぎたとき、人の襲いかかってくる気配を感じた。あわててふり返った。

ドモ誠が、鉈《なた》をふりかざし、ふり下ろしてきた。一瞬、夢かと思った。日頃、あれほどかわいがっていた弟分が、自分を殺そうとしている！

〈ど、どうして、てめえが……〉

一喝しようとしたときには、鉈はふり下ろされていた。

「うッ……」

稲川の脳天が割れた。グシャッという音が、自分でもわかった。眼の前が、激しく揺れた。

地面に、くずおれた。

脳天から、たらたらと血が滴《したた》る。脳味噌が流れ出ているのかもしれない。

稲川は、渾身の力をふりしぼって立ち上がった。ドモ誠を睨みすえた。ドモ誠も、返り血をあび、顔や胸や腕が朱に染まっていた。

稲川が恐ろしい眼で睨むと、

「う、うわッ！」

ドモ誠は恐怖におののく声をあげ、鉈を持ったまま後ずさりした。

そのとき、稲川の眼に郷三助の姿が入った。

〈郷、おまえが背後で……〉

稲川は、郷を睨みすえた。眼に血が入り、眼の前が見えなくなった。

郷が、叫んだ。

「ドモ誠、鉈をよこせ！」

郷は、ドモ誠から鉈を引ったくった。稲川の脳天めがけて、飛びあがるようにして、一撃を加えた。

「死ね！」

稲川は、無意識のうちに、利き手の右の手のひらで脳をかばっていた。鉈が、その上からふり下ろされた。右の人差指が切れかけ、右耳に刃が流れた。右の耳が熱い。

〈てめえたちに、殺られてなるものか……〉

稲川はそれでもなお、郷に向かって行った。人差指のぶらぶらする右手で、郷の鉈をもぎ取った。今度は自分で鉈をふり上げた。一歩二歩と前へ進んだ。稲川の血にまみれた形相は、まさに悪鬼のようであった。

郷は、あまりの恐ろしさに顔面を引きつらせ、じりじりと後退した。

稲川は、なお一歩進んできた。

〈殺される！〉

郷は、身の毛のよだつ恐怖に声も出なかった。ドモ誠の逃げる足音がする。

郷も、三、四歩後ずさりすると、くるりと向きを変え、闇の中を転ぶようにして走り去った。

稲川も、気力で持ったのはそれまでであった。鉈を持ったまま、ばったりと前に倒れた。

稲川の兄貴分である横山新次郎は、稲川の変わりはてた姿を見て、なかばあきらめかけていた。

〈こいつも、一巻の終わりだろう……〉

朝方、横山の自宅に血まみれの稲川が担ぎこまれた。

明け方、加藤親分から、保土ヶ谷の山本信治のところに使いが出された。その使いの二人が、蔵王神社のそばで虫の息で倒れている稲川を見つけた。二人は横山の弟分であったことから、稲川を横山の自宅に担ぎこんだのであった。

〈これからじっくりと仕込めば、いい侠客になるだろうと目をかけていたのに……〉

横山は、十一歳年下の、恐いもの知らずの稲川がかわいくてたまらなくなっていた。このまま無鉄砲に突っ走れば、いつかはまわりから袋叩きにあって死ぬだろう。もし死なないで突っ走りつづければ、大変な大親分になるだろう、と読んでいた。ひそかに、稲川を鍛えるのを楽しみにしていた。

〈しかし、おれが思っていたより早く、殺られてしまった……〉

殺られたとなると、よけいに惜しい若者をなくした……という気持ちがつのってきた。万が一生き返る可能性があるかもしれぬ。

横山は、子分どもに命じた。

「知っている医者を、みんなかき集めてこい！　金に糸目はつけねえ！」

何人かの医者を連れてきたが、稲川の変わりはてた姿を見ると、みんな首を横にふった。

しかし、野方病院の院長だけは、言ってくれた。

「助かっても助からなくても、やるだけのことはやってみましょう」

稲川を、病院に運びこんだ。麻酔もしないで六十数針縫った。縫う途中で、稲川が「ううッ……」とうめき声をあげた。意識が回復したのである。

院長も、驚嘆した。

「この男は、不死身ですよ……」

それから二、三日後に見舞いにきていた横山は、いくらか落ち着いた稲川にしんみりと言った。

「強いものに油断はあっても、弱いものに油断はねえ……この言葉をよく胆に銘じておけよ」

稲川は、心の中で繰り返した。

〈強いものに油断はあっても、弱いものに油断はない……〉

横山は、説明をつづけた。

「弱いものはよ、面と向かっちゃ強いものにかなわねえ。騙し討ちでも、飛び道具でも持ってきて襲いかかる。強いものは、つい強いという慢心ゆえに油断をする……」

この言葉は、稲川の胸に滲みた。のちのち、何度このときの横山の言葉が思い返され、役立ったかしれない。

稲川が意識を回復した、という噂を耳にすると、稲川の脳天に鉈をふり上げた郷三助の弟分三人が、刺客として病室に入りこんできた。三人とも、着流しの胸に手を入れている。ドスを呑んでいるらしい。ただならぬ雰囲気であった。

稲川につきそっていた横山が、三人を射るように見た。

「おい、ここをどこだと思ってるんだ！　病人が静かに寝てるんだ。そのへんでちょろちょろするんじゃねえ」

横山は、病室から外へ出た。三人も、気圧されたように後ずさりし、病院から外へ出た。横山は、五尺足らずの小男であったが、まわりの者を縮みあがらせるような威圧感があった。

横山は、着流しの胸に手を入れた。

「そんなに殺りたけりゃあ、おれを殺ってから、稲川を殺れ！　おれが相手だ」

横山は、晒《さらし》に突っこんであるドスの柄に手をかけた。腰を据えた。三人を射すくめた。

三人とも、横山の気迫に圧倒されたらしい。苦々しそうな顔をして黙って引き揚げていった。

ベッドに寝ている稲川には、病室の外の気配でやりとりは理解できた。横山が病室に帰ってきた。横山の眼と、稲川の眼が合った。横山は、何も言わなかった。

二百二十日、激しい暴風雨の夜であった。時折、稲妻が光り、地が裂けたような轟音が響き渡る。

稲川は、病室の窓から裏庭に飛び降りた。藪枯《やぶが》らしの陰に身を潜め、あたりの様子をうかがった。誰にも気づかれた気配はない。着流し姿であった。頭には包帯を巻いたままであった。右手には、長ドスを持っていた。

病院の塀にのぼるや、外の道に飛び下りた。稲川は、保土ヶ谷の郷三助の家に走るつもりであった。殴りこみをかけるのにいい夜を狙っていた。まだ時折意識が朦朧《もうろう》とする日があったが、自分の体などかまってはいられなかった。復讐が先であった。悔しくて居ても立ってもいられなかった。

ドモ誠は、稲川が生き返ったと知るや、恐ろしさに押入れに隠れて震えあがっているという噂が耳に入ってきていた。

稲川は、まず郷を刺し殺すつもりであった。もし山本信治が止めに入るようなら、山本も刺し殺してもいい。そう腹に決めていた。ドモ誠のような三下は、どうでもよかった。

小走りに進み、大きな欅《けやき》の木の下にきたとき、ふいに声がかかった。

「稲川、待て」

ふり返ると、横山新次郎であった。

横山は、今夜あたり稲川が出かけるだろうとの察しがついていた。

稲川は、医者も驚くような回復をみせていた。横山が、稲川が困るだろうと金子《きんす》を持って立ち寄ったりしたときに、ベッドから起き上がり、腕をのばしたり、腰をひねったりしている。何げない体操のように見えるが、横山の眼には、その姿が異様な殺気をおびて映っていた。

〈近いうち、復讐に行くつもりだな……〉

横山には、かわいい弟分の考えていることはたいていは察しがついていた。

横山は、自分なら荒れに荒れている今夜あたり殴りこみをかける。そう思い、そっと若い者に見張らせていた。横山は、若い者からの報告を聞くや、稲川が保土ヶ谷に向かうときかならず通る場所で、先回りして待っていたのであった。

「兄貴……」

横山は、稲川に言った。

「どうしても、行くのか……」

稲川は、びしょ濡れになりながら頷いた。復讐に全身の血が熱く渡っていた。なにものをもってしても冷めそうにはなかった。

「どうしてもおまえが行くというなら、おれも行く。おまえひとりでやるわけにはいかねえ」

稲川は、横山の眼を見た。鋭い光の底に、やさしさがあふれていた。

「なあ、稲川、我慢しろ……」

横山は、雨に濡れた稲川の肩を抱くようにして言った。

「殺そうとしたやつを殺るのは、わけはねえ。しかし、あんな下らないやつのために、おまえを長い懲役にやるのはしのびねえ……」

横山は、稲川の肩を強く掴んだ。

「殺るだけが、男の道じゃあねえ。我慢することも、男の道だ」

「兄貴……」

稲川は、横山新次郎の言う言葉をぐっと噛みしめ、こめかみを震わせながら聞いていた。

蜘蛛を喰らう

昭和二十一年の五月であった。横浜港から初夏の風に混じって磯の香が強く漂ってくる。長谷川春治《はせがわはるじ》と森田祥生は、そろって正座をし、両手を畳につけて丁重に頼みこんだ。二人とも、当時流行のホームスパンのトップズボンスタイルであった。

「どんな厳しい修業にも耐えます。どうかわたしたち二人を子分にして下さい……」

横浜野毛の国際劇場裏にある鶴岡政次郎邸の奥座敷であった。

綱島一家五代目の鶴岡政次郎は、腕を組んだまま気難しい顔をつづけていた。

「なんとかお願いします……」

長谷川と森田は、あらためて頼みこんだ。

二人は、その前年の暮れに湯河原の賭場で暴れ、日本刀を持って乗り込んできた鬼のように迫力のある形相の男に追い返され地元の千葉に帰った。しかし、いつまでも愚連隊をつづけているのも虚しくなった。野犬のようにただ暴れ回っているだけでは、いつまでたっても愚連隊にすぎない。やはり、大きな親分のもとに身を寄せ、男になりたかった。

そう思うと、いつまでも千葉の田舎に燻《くすぶ》っているのがいやになった。自分たちの郷里から出た大親分である鶴岡の身内にしてもらおうと頼みこんでいるのだ。

鶴岡は、ようやく口を開いた。

「おまえたちを正業に就かせる話なら、いつだって聞いてやる。しかし、博打うちにするという話では、どうしても聞くわけにはいかない……」

長谷川が、顔を上げて言った。

「わたしらは、どんなことがあっても博打うちになると決めてきたんです！」

鶴岡は厳めしい顔を崩し、苦笑いした。

「困ったやつらだな……」

鶴岡は、しばらく宙を睨んで考えていたが、あらためて厳しい表情に戻り妻に命じた。

「おい、硯《すずり》と巻き紙を持ってこい！」

気っ風のよさそうな姐さんが、硯を運んできた。

鶴岡は、筆を取り、二人の名前を訊いた。

二人の名を織りこみ、巻き紙にすらすらと筆を走らせた。巻き紙に封をすると、森田に手渡した。

「おれは、おめえたちを引き受けるわけにはいかねえ。しかし、みどころのある若い親分が、いま湯河原にいる。稲川という男だ。添書を書いておいたから、稲川のところに行って面倒を見てもらえ」

二人とも、不服だった。鶴岡政次郎という大親分のもとで、男になろう、と思いつめてきたのである。他の親分に紹介されても、はいそうですか、とよろこぶ気にはなれない。しかし、鶴岡にこれ以上頼みこんでも、頑として首を縦にふりそうにはなかった。

「わかりました。では、添書はありがたくいただいておきます」

二人は、鶴岡から添書をもらうと、その足で湯河原の「下田旅館」を訪ねた。稲川は、「下田旅館」に寝泊りし、そこを本拠としていた。

夜がふけ、二人はつい近くの賭場をのぞいた。長谷川は、しばらくして、ハッとし、森田の顔を見た。森田も、血の気の引いた顔をして長谷川を見た。

〈おい、あの男だぜ……〉

賭場に入りこんできたのは、昨年の暮れ、二人が湯河原の賭場を荒し回っていたとき出会った喧嘩屋であった。「湯の屋」の二階で仲間と八人で花札を引いているところに、地元の親分が差し向けたらしい喧嘩屋が単身日本刀を持って乗りこんできた。そのときの、鬼のような男であった。

二人は、この男が、鶴岡親分から訪ねて行くように言われている稲川であることを知らなかった。

〈とんだ賭場に入りこんだものだ……〉

とうろたえていた。

稲川は、盆に座る前に、鋭い眼でまわりの客をじろりと見回した。

その瞬間、森田の眼と合った。長谷川の眼とも合った。二人とも、ゾッとした。背筋に日本刀の刃を当てられたように冷たいものが走った。

「てめえたち、またのこのこと賭場を荒しに出てきたのかい」

そう言われた気がして、体が金縛りに遭ったようになり動かない。昨年の暮れ、日本刀で威《おど》かされた恐怖が、なまなましくよみがえってきた。

今回は、別に賭場を荒しにきたわけではない。しかし、そのまま、寸分も身動きせず座りつづけた。まるで、蛇に睨まれた蛙のようなものであった。恐ろしい威圧感を感じていた。二人とも、そろって額に脂汗が吹き出ていた。

稲川は、背筋をぴんとのばして座った。

着流しの懐に手を入れ、胴巻きから金を取り出した。長谷川と森田は、稲川のふるまいの一挙手一投足を魅入られたように見つめていた。

稲川は、百円札の束をさっと右手で掴むと、アトに張った。いわゆる大銭打ちであった。

中盆が低い声で言う。

「盆出来!」

賭場が、いっそう張りつめる。

そのとき、天井からするすると黒いものが降りてきた。盆のちょうど上である。二十人近い客の眼が、いっせいにその黒いものに注がれた。女郎蜘蛛であった。

三センチ近い大きさであった。黒と黄の美しい縞模様をしている。腹のうしろの方には、真紅の大型の斑紋がある。女郎蜘蛛は、不気味な感じでするすると下り、花札の上に降りそうになった。そのとたん稲川の手がのび、ぱっと女郎蜘蛛を掴んだ。

森田と長谷川が度胆をぬかれたのは、次の瞬間であった。稲川は、掴んだ女郎蜘蛛を、いきなり口の中に放り込んだ。蜘蛛の脚が、稲川の口の外でうごめいている。森田や長谷川だけでなく、まわりの親分たちもどきりとしたように稲川の口を見た。

稲川は、口に放りこんだ女郎蜘蛛を食いはじめた。

森田の右隣に座っていた親分らしい貫禄の男が、右隣の男にささやいた。

「あれが稲川だ。何をするかわからん男だ……」

森田は、さらに驚いた。

〈こ、この男が、稲川……〉

まさか、鶴岡親分から添書をもらった稲川が、眼の前に座っている喧嘩屋とは思ってもみなかったが、間違いない。たしかに右隣に座っている男が、稲川とはっきり言ったのだ。

森田は、世の中に恐ろしい者なんかないと思っていたが、この男が稲川だと知るとゾクゾクするほどの興奮をおぼえた。

森田は、長谷川を見た。長谷川も、賭場のささやき声を耳にしたらしい。森田を見た。眼が、よろこびに輝いている。

〈おい、おれたちの親分は決まったぜ……〉

二人とも、口に出さなくても、胸の内の言葉はわかり合っていた。

やがて、それまでのバッタが終わり、手本ビキに変わった。森田と長谷川は、稲川の張る姿を熱い眼差しで見つづけた。

森田と長谷川の二人は、賭場を出ると、湯河原の「下田旅館」の稲川の部屋に上がり、頼みこんだ。

「その添書にありますとおり、鶴岡親分から、男になるには稲川親分のところで修業しろと言われてきました……」

しかし、稲川は、すぐには返事をしなかった。

二人は、身を乗り出すようにして頼みこみつづけた。いくら断わられても、子分にしてやる、と言われるまでは、どんなことがあっても、一歩も動かぬ気構えでいた。もうおれたちには、この親分しか世の中に親分はいねえ、と決めていた。

稲川は、二人の若者の面構えを睨み据えるように見た。

「博打うちは、筋の通った生き方をしてるんだ。愚連隊とちがって、甘くはねえぞ」

稲川は狂犬のような生き方をしてきた愚連隊に、すぐに厳しい博打うちの修業が耐えられるとは思っていなかった。博打うちは、仁義に生きる世界である。中途半端で生きられる世界ではない。中途半端な気持ちのまま博打うちになろうとしているなら、いまから千葉に追い返したほうがいい。

森田が、眼を輝かせて言った。

「わかっているつもりです。その覚悟はできております」

稲川は、ドスのきいた声で念を押すように言った。

「おれのところへくると、長い懲役もあるぞ。それを承知か！」

二人は、よろこびに震える声で言った。

「よろしくお願いします」

二人にとって、稲川を親分に選ぼうと決心したときから、懲役は覚悟の上であった。他の親分とくらべ、桁ちがいの命知らずである。二人とも、そのことは眼のあたりに見て知っていた。命を惜しんだり、懲役の長いことを恐れていては、とてもではないが、稲川の子分になれるはずがない。

稲川は、眼を細め、あらためて二人を見た。

〈まだ純朴な面構えをしているが、いい根性をしている……〉

稲川は、二人をなかなか見どころがありそうだと思っていた。

稲川は自分が命知らずだから、命知らずの若者が好きだった。二人とも、小賢しい計算はしそうになかった。若者らしい一途さがあった。その点も気に入っていた。愚連隊根性を鍛え直せば、一人前の博徒に育つかもしれない。

「ただし、おれは、まだ縄張持ちではない。おまえたちを、ここに置くわけにはいかねえ」

森田と長谷川は、「わかりました」と答えた。

「おれはいま、鶴岡親分のところに預かりの身になっているが、おれの親分は、堀井一家三代目の加藤伝太郎だ。加藤親分のところに、おまえたち二人をしばらく預ける。そこに、横山新次郎という、りっぱなおれの兄貴がいる。そこでみっちり修業しろ」

「はい」

二人は、そろってはずんだ声を出した。

稲川は、浴衣の胴巻きから、百円札の束をわし掴みにして二人に渡した。当時にすれば、破格の金であった。長谷川と森田の二人にとっては身分不相応なほど、多額の金だった。賭場での張りっぷりもみごとであったが、金の切れ方も気前がよかった。

「これをとっておけ」

長谷川と森田は、感激して親分の手から金を受け取った。

口では厳しいことを言っていても、情のこまやかさがある。二人の胸に、親分の心づかいが熱く沁みてきた。

稲川も、感慨に胸を熱くしていた。

〈おれも、いよいよ本格的に子分を育てていく時期がきたな〉

稲川は、あらためて心に言い聞かせていた。

〈人間の運命ってやつは、わからねえもんだ……昨年の暮れに、おれと刃物を持って向かい合っていた二人が、いまこうして子分になっている〉

稲川は、長谷川、森田の子分を中心に、やがて七千人を超える大組織の頂点に座る運命をたどるようになるとは、このとき、まったく想像もしていなかった。

稲川は、やがて、この二人を紹介した鶴岡政次郎の子分になった。

若い衆、モロッコの辰

出口辰夫は、通称〝モロッコの辰〟と呼ばれていた。戦前、「モロッコ」というアメリカ映画が、日本で大ヒットした。出口は、男のゴミ捨て場のような外人部隊の崩れた雰囲気に、強く惹かれた。少年ながら、ゲーリー・クーパーとマルレーネ・ディートリッヒの恋に胸をときめかせた。

〈いつ死んだっていいが、死ぬ前に一度だけ、おれもモロッコに行ってみてえ……〉

そう思いつづけ、まわりの者にその夢を語りつづけていた。いつの間にか、彼は〝モロッコの辰〟と呼ばれるようになっていたのである。

生まれは神奈川県の鶴見であったが、浅草を中心に、横浜、東海道を愚連隊として暴れ回っていた。愚連隊仲間では、小田原生まれの井上喜人と二人でコンビを組み、京浜地区から東海道にかけて名がとどろいていた。

昭和二十一年に、二人はそれぞれ傷害、恐喝などで横浜刑務所に収監された。モロッコが一年で、井上が三年の刑であった。

モロッコは、昭和二十三年の三月、娑婆に帰るや前以上に暴れはじめた。このとき二十六歳であった。子分どもに「モロッコの辰」とだけ書いた名刺を持たせて賭場を回らせ、いわゆるハジキに行かせていた。

「モロッコの使いです」

そう言って子分どもがその名刺を差し出せば、ほとんどの賭場の博打うちたちは顔を立てて、当時の金で二、三千円は差し出してくれた。

モロッコは、湯河原の旅館「静山荘」二階の賭場に座っていた。真白い背広を着ていた。進駐軍から流れたモダンな背広であった。しかし、小柄ゆえに寸法が合わず、衣紋掛けが突っぱったような感じであった。子分の田中を連れて、金を借りては張っていた。

負けがこむや、モロッコは背広の内ポケットから二挺の拳銃を取り出した。

モロッコは、拳銃を中盆に向けた。中盆の顔が、引きつった。まわりの客の顔からも、血の気が引いていった。一瞬、賭場が死んだように静かになった。モロッコは、にやりと笑った。S＆W・U・S・アーミーM１９１７を盆の上にごろりと転がした。

「こいつで、五千円だ！」

モロッコは、もう一挺のコルト38デティクティブを懐にしまった。

そこに、一人の男が入ってきた。着流し姿であった。男は、その場の雰囲気で賭場荒しだなと、すぐにわかった。男は、背筋をぴんとのばし静かに座った。

男は、じろりとモロッコを見た。威圧感のある視線だった。稲川であった。

賭場は一瞬、静まり返った。稲川は、じっとモロッコと拳銃を睨んでいたが、おもむろに懐に手を入れた。胴巻きから百円札の束を取り出し、モロッコの前にぽんと放り投げた。

「おい、ここは、喧嘩場じゃねえ」

モロッコの前に放った札は、相当な額であった。

モロッコは、大きな眼をひん剥いて稲川を見た。貫禄の差はかくせない。何か得体の知れない威圧感に、モロッコの方が、度肝をぬかれた。

モロッコは、いつのまにか拳銃を懐にしまった。モロッコほどの愚連隊でも、この場は逆らわずに、そうするしかなかった。

モロッコは、そのまま入口に向かった。

障子に手をかけようとしたとき、ふり返って、稲川に声をかけた。

「どちらの親分ですか……」

稲川は、ぴんと背筋をのばして座ったまま、モロッコをじろりと見た。

虎の眼を思わせる、らんらんと燃える眼であった。心の奥の奥まで見すかしてしまうような、独特の恐ろしさを持つ眼であった。

稲川は、静かな低い声で言った。

「いたずらの場所で名乗るほどのこともねえ。客人に迷惑だ。文句があるなら、いつでも来い！　稲川だ」

モロッコは、あらためて稲川にジッと見入った。

ひと言も言えずに、頭を軽く下げた。それからくるりと背を向け、田中を連れて賭場を出て行った。

「世間には、変わったやつがいるな……」

モロッコは、ひとり言でつぶやいた。

田中には、どうしても信じられなかった。これまでモロッコの兄貴がこういう場合でひと暴れしないで席を立ったことはなかった。それなのに、大人しく引き下がった。

〈いったい、モロッコの兄貴に、どういう心境の変化があったのか……〉


昭和二十三年八月十三日、群馬県前橋刑務所の低い、赤レンガの塀の前にトラックが二台、国産のポンコツ自動車が二台横づけになっていた。百人近い、当時はやりだしたリーゼントスタイルの若者が、そのそばにならんでいた。

若者たちの中心に、モロッコの辰がいた。モロッコは、苛々しながら刑務所の門の開くのを待っていた。隣に、田中敬がいた。

兄弟分の井上喜人が、三年の刑を終えて出てくる。その放免に集まってきたのであった。

井上とは、少年院時代からの仲間であった。井上は小田原の出身で、鳶職《とびしょく》の息子であった。子供のころから手のつけられない暴れ者で、十五歳のころから、たびたび警察ざたを起こしていた。その後、少年院を出たり入ったりの生活であった。

二人が知り合ったのも、少年院の中であった。モロッコの方が、井上より二つ年上であった。

昭和二十一年二人そろって横浜刑務所に収監されたが、すぐに二人で横浜刑務所を支配した。

刑務所の中には千二、三百人の囚人がいた。戦後まもないころで、手のつけられない愚連隊どもがそろっていた。喧嘩が絶えず、食糧事情なども悪く、いつ暴動が起きるかもわからない状態であった。それなのに、囚人の数の多さに比べて、看守の数は少なかった。囚人を押さえこめる力はなかった。

その中で、囚人どもを支配していたのが、井上とモロッコであった。二人に逆らう者があれば、半殺しの目にあわせた。

日曜日の夕方、五時の最終点呼の前に、その囚人の房に井上とモロッコをふくめ、各房からよりすぐった猛者たちが入れ替わって入る。日曜日は、看守の数もより少なくなる。当時、点呼は、房の中の員数さえあっていればいい。

日曜日の夕方五時から、翌朝七時の点呼まで、二人に逆らった囚人の私刑をはじめた。

部屋に備えてある食事用の御膳で、頭を叩き割る。布団蒸しにして、息の根を止める寸前まで追いこむ。気を失えば、何度も水をかけては、また殴る、蹴るを繰り返す。「許して下さい。もう二度と逆らいません……」と詫びるまで、一晩中私刑をつづけた。モロッコも井上も、狂暴きわまりなかった。

囚人たちを押さえこむと同時に、したい放題のことをしていた。

ところがそのうち、モロッコと井上の二人を同じ刑務所に置いておくと、のちのち、より大きな事件が起きかねない、ということから、井上は、ついに前橋刑務所に移送されたのであった。

前橋刑務所の門が、開いた。井上が、右手を頭の上にかざしまぶしそうに出てきた。海坊主のように、頭はつるつるである。青光りしている。絽《ろ》の着物に、絞りの帯であった。

「兄弟……」

モロッコは駆け寄り、手を握り合った。

百人近い子分どもが、いっせいに取り囲んだ。

「兄貴、お帰りなさい」

井上は、切れ長の細い眼で子分どもを見回し、うなずいた。

それから数日後の夜、モロッコの舎弟分で当時浅草、上野でいい顔をしていた福山兄弟の行きつけの浅草の料亭で、井上の放免祝いが開かれた。

上座に座った井上が、ビールを飲みながらモロッコと、これからの娑婆での生き方について話し合っていた。

「兄弟よ……いま、横浜は『京浜兄弟会』と呼ばれるグループがのしてきている。強力な博徒の親分七人が、おたがいに手を結んでしまったのさ。おれと、ムショから出てきた兄弟の命を取ろうって、おれたちを狙ってるぜ」

当時の横浜は、博徒の鶴岡政次郎、藤木幸太郎、笹田照一という戦前からの有名な親分に連なる鶴岡町の雨宮光安、伊勢佐木町の秋山繁次郎、神奈川の滝沢栄一、高島町の高橋鶴松、鶴見の山瀬惣十郎、海岸の外峯勇、鶴屋町の漆原金吾の新興親分七人が兄弟分の縁を結んで、「京浜兄弟会」をつくり、勢力を誇示していた。

井上の細い切れ長の眼が、ぎらりと刃物のように光った。

「おお、命を取るっていうなら、取ってもらおうじゃねえか!」

まわりの子分どもがびっくりするほどの大声であった。

モロッコは、ぐいとビールをひと飲みすると、井上の肩に手を置いた。

「じつは、兄弟に会わせたい男がいるんだよ」

井上は、別に興味もなさそうにビールを飲んだ。

「湯河原に、稲川って、いま売り出している親分がいるんだ。なんとも腹の座った男で、その稲川が、近々熱海の縄張をもらって跡目に座るという噂がある。おれもあることが縁で、何度も会っている。じつにいい男だ。兄弟、このさいどうだ、おれたちはこの男の舎弟になろうじゃないか」

井上は、ムッとした。

「兄弟、冗談じゃねえ。おれと兄弟は、いままで兄貴も親分も持たねえで、愚連隊一筋でやってきたじゃねえか。兄弟とおれと組んで、できなかったことは、何もねえじゃねえか! 稲川って男がどんなにえらい男であっても、いまさら舎弟になるわけにはいかない」

モロッコは、これまで井上の言うことなら最終的にはきいてきた。しかし、今回は決意が固く、譲らなかった。

井上は、モロッコのいままでと違う強い言葉に、頑固な心が揺れはじめていた。

モロッコは、口でうまく説明できないことがもどかしくてたまらなそうに言った。

「兄弟、とにかく、稲川って男に会ってくれ。会えばわかる……ものがちがうぜ」

モロッコと井上は、稲川が本拠としていた「下田旅館」の二階の奥の右手の部屋に通された。

床柱を背に、稲川が座っていた。腕を組み、背筋をぴんとのばしている。薩摩上布の着流しであった。

井上は、稲川を睨むように見た。稲川の眼と合った。稲川の眼は、厳しかった。寸分の隙もない眼で二人を見た。

威厳を示そうと肩をいからせていた井上は、面くらった。これまで、どんな相手にも突っかかっていき、荒っぽいものを叩き潰す自信はあった。が、今日は違っていた。

眼の前にいる稲川は、こちらが突っかかっていっても悠然とかまえていた。暖簾《のれん》に腕押し、といった感じである。奥行きが深い。井上は、相手に得体の知れない迫力を感じていた。

モロッコは、相棒の井上喜人を稲川に紹介した。

「わたしの兄弟分の井上喜人です。つい先だって前橋刑務所から出たばかりですが、今後とも、よろしくお願いします」

稲川は、あらためて井上を見た。切れ長の細い鋭い眼をしていた。

稲川は、長谷川を呼んで、何か耳打ちした。長谷川が「はい」と答えて、下に降りていった。

やがて祝儀袋に包んだものを持って来た。稲川は、それを受け取って、井上の前に静かに置いた。

「長いこと、御苦労だったな。垢落としの足しにでもしてくれ……」

ムショの味は、やくざも愚連隊もいっしょであった。

井上は、初対面の稲川から思いもよらぬ情のこもった金を渡され、一瞬とまどった。

これまで、数えきれないほど賭場を荒し、相手の懐に手を突っこむようにして銭をふんだくってきた。

井上は、ふいに胸が熱くなった。

モロッコも、思わず熱いものがこみ上げてきた。自分が銭をもらったことより、兄弟分の井上を労ってもらったことの方がよけいにうれしかった。

モロッコは、畳に手をついてお礼を言った。

「ありがとうございます」

つづいて、井上も礼を言った。

「どうもありがとうございます」

二人が、丁重に礼を言ったあと、モロッコが急にかしこまって言った。

「親分、わたしたちを舎弟にして下さい」

稲川は、舎弟分と聞き、きっぱりと言った。

「おれは、この渡世では兄弟分も舎弟分も、持たない……」

稲川の本心であった。

兄貴分の横山新次郎に、じっくりと言われたことがある。

「稲川よ、おまえが兄弟分を持てば、おまえの若い衆がのびられなくなる。兄弟分を持つのはやめろ」

兄貴の言ったことが、稲川の心に沁みていた。

稲川は、モロッコと井上を見た。

モロッコが返事をする前に、井上が坊主頭を下げていた。

「いや、舎弟分ではなく、若い衆でけっこうです！　親分に命を預けます」

井上は、すっかり稲川に惚れこんでいた。

今度は、モロッコの方が驚いた。

〈あんなに、強がりを言っていた兄弟が……〉

稲川は、だまってうなずいた。が、ようやく重い口を開いた。

「わかった。いずれ、うちの者たちにも会わせよう」

こうして二人は、稲川の若い衆になった。モロッコ、井上についていた子分たち百数十名もいっしょに、稲川の傘下に入ったわけである。これによって、稲川の勢力は、関東でも揺るぎないものとなっていった。

モロッコは、稲川親分のためにならば、いつでも鉄砲玉として死ぬ気であった。親分を想う気持ちは、組の誰にも負けないと思っていた。

モロッコは、愚連隊時代と同じ気持ちで賭場を荒し回っているのではなかった。

モロッコは、モロッコなりに計算して賭場を荒し回っていた。愚連隊時代は、どんな賭場であろうと、金にさえなれば荒していた。しかし、稲川の子分になってからは、荒す賭場の狙いを付けていた。稲川より力の低い親分の賭場へはいっさい出入りしなかった。当時、世間的に稲川より力のあるとされていた親分衆の賭場ばかりを荒し回っていた。

これから稲川が男としてのびてゆく前に立ちふさがるであろう、京浜兄弟会の博徒七人衆の賭場をとくに狙っていた。

モロッコは、七人兄弟たちの賭場で暴れ回りながら暗黙のうちに彼らにこう言っていた。

〈てめえら、下手に稲川に逆らうと、反対に手痛い目に会うぜ……〉

あえて七人兄弟の賭場を荒し回ることは、モロッコの稲川親分への惚れこみの証しであった。

モロッコは、一人になると、いつもおのれに言いきかせていた。

〈おれにはおれのやり方でしか、親分につくせねえんだ……〉

稲川は、昭和二十四年春、熱海を縄張としている山崎屋一家の親分石井秀次郎の跡目を継いだ。

抗争

昭和二十五年四月十三日の午後五時十五分ごろ、熱海市渚町渚海岸埋立地の榎本組土建事務所から火の手があがった。市役所、警察署、消防署など市の心臓部は全滅、郵便局も半焼した。

当時の熱海市の人口は、三万五千七百人、戸数は、約八千三十戸であった。そのうち、一千十五戸が焼けてしまった。被災者は、四千八百十七名を数えた。

大火のあと、焼失した旅館を建て直すため、人足《にんそく》たちが大量に熱海に入りこんできた。とくに、「富士屋ホテル」の大工事に入りこんできた人足たちは、荒くれ者ぞろいであった。

その工事の下請けを、東京碑文谷《ひもんや》一家の、大森を縄張とする貸元、田代錦七の代貸、平野満雄が請け負っていた。代貸の平野は、百人を超える背中や腕に入れ墨のある前科者たちを狩り集め、熱海に乗りこんできた。人足たちは、夜になると酒を飲み、街中へ出ては暴れた。他の旅館の工事に来ている人足たちとぶつかっては、血の雨を降らせることもたびたびであった。

その年の十一月五日の夜、咲見町の稲川組の事務所に、土地の愚連隊の一人が駆けこんできた。

「『富士屋ホテル』の工事に来ているやつら、テラを取って博打をやってますよ！」

事務所には、主だった者では森田と長谷川がいた。

「なに……」

森田と長谷川の表情が、強張った。

人足たちの給料日である五日と二十日には、自分たちがこっそり博打を開き、テラまで取っていた。そういうことは、噂としては耳に入っていた。しかし、これまで証拠がなかった。

他のことなら目をつぶることもできる。だが、稼業のことで米櫃《こめびつ》に砂を入れられては、博打うちとして命を賭けても、見すごすわけにはいかない。

森田が言った。

「おれと長谷川の兄弟は、やつらに面が割れている。内藤、若い衆二人を連れてやつらの賭場のようすを見て来い」

内藤貴志は、懐にドスを呑むと、二人の若い衆と愚連隊を引き連れ、「富士屋ホテル」の工事現場へ向かった。真夜中の十二時過ぎであった。

四人は工事現場に着いた。百人近い人足たちは、飯場の中で数組に分かれていた。それぞれ盆を敷き、酒を飲みながら、花札賭博をやっていた。

内藤が、盆茣蓙《ぼんござ》に向かって怒鳴った。

「てめえら！　誰に断わって、賭場を開いてやがるんでえ！」

盆をめくり上げて怒鳴った。花札が、四方に飛び散った。

「うるせえ！　誰に断わることもねえ！」

「ここは、稲川組の縄張だ」

内藤はそう叫びつつ、盆の上に躍りこんだ。

そのとたん、二メートル近い男が、内藤に体ごとぶっつかってきた。素人相撲の大関会津川であった。手に匕首《あいくち》が光っていた。

次の瞬間、内藤は脇腹を押さえ顔を引きつらせた。脇腹に、激痛が走った。押さえた指の間から、血が吹き出し、シャツを濡らした。ニッカーボッカーにまで滴る。脇腹を、いきなり刺されたのであった。

さらに数人が、シャベルを持って内藤に襲いかかった。内藤の頭から、血が吹き出した。頭から顔にかけ血みどろであった。

内藤は、悪鬼のような形相で大男を睨みつけた。なおも大男に向かっていこうとした。いっしょについて行った二人は、必死で止めた。これ以上向かっていけば、殺される。

十数分後、稲川組の事務所に、全身血まみれになった内藤が担ぎこまれた。
七、八人いた組の者が、内藤を囲んだ。みんな殺気立った。
長谷川、森田の顔が、強張った。

森田が、長谷川に言った。

「もう許せねえ！　殴り込んで、みな殺しにしてやる！」

会津川という相撲取りもいた。手には、バールやツルハシを持っている。バールの地を引きずる音が、カチャン、カチャン、カチャン、カチャン……と薄気味悪く響いてくる。

首魁《しゅかい》の会津川は逃げなかった。すごい腕力でバールを振りまわしている。

森田が、会津川の前に回った。立ちはだかり、日本刀を振りかざした。

会津川は、あわてて背後を振り返った。うしろにも、長谷川が仕込みを持って立っている。

会津川は、なおもバールを振りまわしている。馬鹿力がある。もし頭に当れば、頭が砕ける。脳漿《のうしょう》まで飛び出す。

森田も長谷川も、慎重に身構えた。

会津川は、バールを振りまわしつづける。風を切る不気味な音が響く。

会津川の異様に飛び出した額の奥にのぞく細い眼が、狂気じみて光る。

森田が、日本刀で会津川の肩口を斬りつけた。会津川は、よろめいた。

長谷川が、すかさず会津川の顔面を仕込みで斬りつけた。

「うッ！」

会津川はひとうめきしただけで、なおバールを振りまわす。会津川の額から、血が噴き出していた。血が、たらたらと流れ落ちる。眼に入っている。

会津川は顔をゆがめ、バールをまわしながら長谷川に襲いかかってきた。

長谷川の頭をバールがかすった。あと三センチ内側に入っていれば、長谷川の頭は砕けている。

会津川が森田に背を見せた瞬間、森田が会津川の首筋めがけて斬りつけた。

首筋から、血が噴き出した。

会津川は、森田の方を振り返った。バールを振りかざし、森田めがけて振りおろした。

今度は長谷川が、斜めうしろから仕込みで会津川の顔面に突きかかった。

頬骨の下に突き刺さった。刃が骨に当る手応えがあった。

「うお!」

会津川は、羆《ひぐま》のような唸り声をあげ、長谷川の方を振り向いた。顔は、血まみれであった。顔の形も崩れかけていた。

森田が、さらに右肩に斬りかかった。

会津川は、それでもなおバールを振りかざして森田に襲いかかった。

次の瞬間、長谷川が会津川の顔面を仕込みで突き刺した。左眼から後頭部まで突きぬけてしまった。

「ぐおッ!」

会津川は吠えるような声をあげ、バールを放り出した。仕込みの突き刺さった顔を左手で押さえた。

長谷川は、仕込みを引きぬこうとした。しかし、引きぬけない。

力いっぱい引きぬこうとすると、柄がぬけてしまった。長谷川は、ぬけた柄を握ったままうしろによろけた。

会津川は、そのときばったりと腰をついた。柄の取れた仕込みの刃を、両手で握った。ぐい、と自分で仕込みを引きぬいた。気丈な男であったが、血まみれの仕込みを握りながら、ひとこと、

「往生した……」

と言って、そのまま前にのめってしまった。

森田と長谷川は、あらためてまわりを見た。いつのまにかあたりは薄明るくなっていた。首魁《しゅかい》を失った人足たちの姿は、一人もいなかった。遠くに、二、三人の警官の影が見えた。

長谷川と森田は、仕込みと日本刀をそれぞれ持って、返り血で血まみれになった姿で、海岸通りのほうへ走っていった。

稲川は、血まみれの森田と長谷川を見、引きあげてきた長谷川に訊いた。

「殺ったのか……」

「一人は刺し殺しました。他にも、一人二人死んでいるかもしれません……」

「そうか。やってしまったことはしかたがねえ。これから、すぐに自首するんだな……」

「わかりました」

「熱海署には、おれもいっしょについて行ってやる」

結局、長谷川は殺人、殺人未遂、傷害で無期懲役、森田は殺人、傷害で十五年、高村、伊原、山田の三人は、三年の求刑を受けた。

林《はやし》喜一郎《きいちろう》は、切れ長の大きな鋭い眼をぎょろりと剥いた。

「なに？　井藤が刺された……」

林が女房に経営させている横浜堀ノ内のちゃぶ屋一階の奥座敷であった。

子分の和沢譲次が言った。

「やったのは、吉水の子分どもです。『オリンピア』の映画館の前で、腹を刺された。やつらは、三人組だったそうです」

吉水金吾《よしみずきんご》の子分と聞くや、林の切れ長の眼がいっそう殺気じみた光を放った。

「吉水の子分どもを見つけしだい、かっさらってこい！　締めてやる」

林喜一郎と吉水金吾とは、文字どおり犬猿の仲であった。

林喜一郎は、大正九年、横浜で生まれた。十人兄弟の長男で、男兄弟八人のうち七人までが愚連隊となっていた。林兄弟として名がとどろいていた。

家が貧しかったから、小学校を卒業すると、鉄筋屋へ小僧で入った。しかし、十七歳のとき、その鉄筋屋を飛び出し、不良の群れに身を投じた。

昭和十四年の末、恐喝罪で懲役に行くことになった。小田原少年刑務所へ送られた。十九歳であった。

翌昭和十五年、徴兵検査第一乙種合格で兵役へ行った。中国東北部に渡り、三年あまりを過ごした。やがて華中へ送られ、終戦のとき、上海で毛沢東率いる八路軍に捕まった。そこで捕虜生活を送った。

昭和二十二年、ようやく日本に帰ることができた。

その間、弟たちは愚連隊として頭角をあらわしていた。中でも三男の三郎が群をぬいていた。子分も、四、五十人いた。しかし、喜一郎が引き揚げてきたときには、三郎は横須賀刑務所に入れられていて、やがて獄中で死んだ。喜一郎は、その三郎の子分どもを吸収し、横浜を暴れ回った。

歩いていて、向こうから馬が来ると、

「おい、その馬を貸せ！」

そう言うなり馬を取りあげて伊勢佐木町を乗り回した。

伊勢佐木町の外れで一六縁日がおこなわれているとき、出かけて行ってテキ屋に喧嘩を売った。

相手が手向かってくると、

「縁日のできねえようにしてやる！」

そう言うなり、大きな地蔵に体ごとぶつかった。林は、当時二十八貫、百十キロ近くある巨体であった。大地蔵は、撥《は》ね飛んでしまった。

あとで横浜野毛のテキ屋の親分日野盛蔵が、鶴岡政次郎に訴えた。

「親分から、林喜一郎に暴れるのを止めるように注意してもらえませんでしょうか」

林は、鶴岡に呼ばれた。鶴岡は、叱りつけた。

「暴れるのも、いいかげんにしろよ！」

しかし、その後も林の暴れるのはいっこうに止みはしなかった。

血気盛んな林は、ピストルも数十丁近く隠し持っていた。

林は、外国人グループが暴れたとき、寿署《ことぶき》（現、南警察署）に行ってうそぶいた。

「おまえんとこ、応援求めたいというなら、いつでも行くよ」

いっぽうの吉水金吾も、暴れ者で通っていた。横浜の南太田に不良の巣があり、吉水はそこの不良どもの大将であった。四十人近い子分どもを従えていた。

吉水たちと、林のグループの小競り合いが、伊勢佐木町を舞台につづいた。

昭和二十五、六年に入ると、世も敗戦直後に比べると落ち着いてきた。目的を失い暴れ回っていた愚連隊たちも、正業に就きはじめた。

横浜の愚連隊で最も頭角をあらわしていた出口辰夫と、井上喜人は、すでに稲川組に入っていた。横浜に残る勢力のある愚連隊グループは、林と吉水のグループだけであった。しかも、おたがいに、外人相手のポン引き、パイラ（客引き）を使ってのパンパンハウスの経営と、他のパンパンハウスのカスリを取っていたから、対立も厳しかった。

林は、井藤茂が刺されたと聞くや、子分の和沢と米内光介に念を押した。

「いいか。やつらを生け捕りにしてくるんだぞ」

和沢と米内は、井藤を刺した二人を見つけるため、ただちに外に飛び出した。

が、米内は、相手に刺され、果てた。

一時間後、米内が殺されたことを知った林の鋭い眼から、涙があふれていた。

〈光介……〉

いくら怒鳴りつけても、ひと言の反抗もしないで従ってきてくれた、かわいい弟のような男であった。

林は、涙を浮かべた次の瞬間には、再び憎しみに燃える眼にかえっていた。

集まった四十人を超える子分たちに、叫んだ。

「吉水の子分どもを見つけしだい、その場で殺せ！」

その夜、横浜の警察は、メーン道路をことごとく封鎖した。

「市街戦がおこなわれる……」

市民の間にまでささやかれた。警察は、林グループと吉水グループの激突に備えていた。

堀ノ内の林喜一郎の根城には、稲川組に入っていたモロッコの辰が、子分どもを二十人ばかり引き連れて応援に駆けつけていた。モロッコは、林喜一郎の死んだ弟の林三郎と特に親しかった縁から、助っ人にやってきたのであった。

いっぽう吉水金吾のところには、やはり稲川組に入っていた井上喜人が、小田原から子分十数人ばかり連れて応援に駆けつけていた。井上と吉水とは、吉水が新橋の松田組に入っているときからのつき合いであった。

まかり間違えば、稲川組の井上、モロッコが、血で血を洗う戦いをすることになりかねない。

稲川軍団へ

稲川の兄貴分である大船の横山新次郎の耳に、モロッコと井上の動きが入ったのは、その夜遅くであった。

横山は、真夜中に駆けつけた堀井一家の若い衆和田永吉からことのいきさつを聞くと、腕を組んだ。

〈モロッコも井上も、何を血迷ったか……〉

二人をそばに呼んで殴りつけたい気持ちであった。

二人は、もはや愚連隊ではない。稲川組というれっきとした看板を背負った博徒なんだ。それなのに、いくら昔の愚連隊時代の繋がりがあるとはいえ、愚連隊の喧嘩の助っ人に出るとは、何事か。

しかも、二人そろって助っ人に行くというのならまだしも、二人が、敵味方に分かれて助っ人として争うとは……。

一時間後、横山は、横浜ホテルの一室でモロッコと井上の顔を見るなり、怒鳴りつけた。

「てめえら、稲川の顔に泥を塗る気か！」

五尺足らずの小柄の体の、どこからそのような大声が発せられるのか。そう思われるほどの凄まじい声であった。

しばらく、重苦しい沈黙がつづいた。

横山は、静かな低い声で言った。

「いくら昔の義理があるとはいえ、愚連隊の喧嘩の助っ人に出て、兄弟分同士が喧嘩をするとは何事だ！」

日頃は威勢のいいモロッコ、井上も、そういわれて、おたがいに軽率な行為を恥じていた。

横山が、林グループについたモロッコに命じた。

「すぐに林を説得して、喧嘩を止めさせろ」

吉水グループについた井上にも命じた。

「吉水のところへ走り、すぐに兵隊を引き揚げさせろ！」

横山は、よく光る鋭い眼であらためてモロッコと井上を睨みつけて言った。

「林と吉水を説得したら、すぐにおれの所へ連れて来い！　いいな」

「わかりました」

モロッコと井上は同時に返事をし、すぐに部屋を飛び出して行った。

それから二十数分後、モロッコがホテルの部屋に帰ってきた。

「おじさん、林は寿署へ呼ばれ、事情聴取を受けてます」

それから五分ばかりして、井上も引き揚げてきた。井上の頭は、このころも前橋刑務所を出たときと変わらぬ坊主頭であった。

「おじさん、吉水は寿署へ呼ばれ、若い衆の殺人についての事情聴取を受けています」

横山は、一瞬思った。

〈林と吉水がいっしょ、とはありがてえ〉

モロッコと井上に命じたものの、たがいに顔を見たくもない、と思っている二人を同じ部屋に呼ぶのは無理かもしれない。そう考えていた矢先であった。

たとえ警察の中であろうと、二人がいっしょにいるというのはありがたかった。

横山は、モロッコと井上、それに和田永吉を引き連れ、タクシーで寿署へ向かった。深夜の四時過ぎで、いっそう冷えこみは激しくなっていた。

寿署は、深夜というのに煌々と明りがついていた。市街戦にそなえ警棒を持った警官たちが、殺気立った顔で出入りしている。寿署全体が殺気立った空気に包まれていた。

横山は、黒いコートを脱ぐと、署長の吉田静男に面会を求めた。吉田署長は、かつて神奈川県警の殺人、強盗などの強力犯《ごうりきはん》を取り締まる強力犯担当であった。そのころから、横山とは顔見知りであった。

数分して、吉田署長が出てきた。寝不足と緊急事態のためか、眼が血走っていた。

横山は、頭を下げた。

「出口と井上まで動いていると聞き、事態が大きくなることを心配して来たんです」

「二人は、何と言っているんですか」

署長が答えた。

「それが……もう狼と野犬のいがみ合いのようなものでしてね……林の方は、かわいい子分まで殺されて、このまま引っこむわけにはいかねえ。やつらを血祭りにあげてやる、といきまく。吉水は吉水で、これを機会に林グループを根絶してやる、とののしりつづけていますよ」

横山が、頼みこんだ。

「署長さん、わたしに二人を任せてもらえませんでしょうか」

吉田署長は一瞬考え、言った。

「横山さんがおさめてくれるなら、願ってもないことです。説得して下さい」

「ありがとうございます」

「では、裏の道場で待っていて下さい。二人を連れて行きます」

横山は、モロッコ、井上、それに和田の三人を引き連れ、裏手の道場に上がった。

畳に座り、林と吉水の二人を待った。広い道場の畳は、氷の上に座っているのかと思われるほど冷えきっていた。

数分して、林と吉水が署長に連れられて道場へやってきた。

吉田署長は、林と吉水に命じた。

「おい二人、おとなしくここへ座れ」

林と吉水は、畳の上に胡座をかいて座ろうとしたが、横山新次郎の顔を見て、あらためて正座した。どちらからともなく、

「大船のおじさん、心配かけてすみません」

と深々と頭を下げた。しかし、二人ともおたがいに顔はそっぽを向き合っていた。

横山は、二人のいがみ合う姿を見ながら、想像していた以上に仲が悪いな……とあらためて思っていた。

吉田署長は、横山に言った。

「わたしがそばにいては、話しづらいでしょう。席を外すので、よろしく……」

吉田署長は、すべてを横山に任せ、道場から出た。

〈粋な取りはからいをしてくれる署長さんだ……〉

横山が、しんみりした口調で言った。

「なあ林、吉水、どうだ。そろそろ愚連隊としての年貢の納めどきじゃねえか。おまえたちにその気があるなら、稲川には、おれが話をしてやる」

林は、頭を下げて言った。

「お願いします」

吉水も、すかさず頭を下げた。

「お願いします」

横山は、林と吉水の手をふたたび取り、しっかりと握らせた。

「これで、おまえたちは兄弟分だ。力を合わせてやるんだぞ……」

横山は、新たに加わった若い衆たちを、あらためて頼もしそうに見た。

こうして、横浜の愚連隊四天王、出口辰夫、井上喜人につづいて林喜一郎、吉水金吾と、すべてが稲川のもとに集結したわけである。

林喜一郎、吉水金吾の配下合わせて百名余が、新たに稲川組に加わった。稲川組は、いっそう巨大な軍団へとふくれあがっていった。

横須賀に石井隆匡あり

石井隆匡は、大正十二年生まれ、横須賀生まれで田浦のそば屋の長男として生まれたが、県立鎌倉中学時代には、すでに不良グループのリーダーで頭角をあらわしていた。喧嘩が強い、というだけではなく、何か人を惹きつけるものを持っていた。いつの間にか横須賀の不良グループの中ではもっとも力のあるグループにのしあがっていた。

昭和十八年、武山海兵団に入団した。その直前には、石井のグループは、百五十人にふくらんでいた。舎弟に宮本廣志《みやもとひろし》を加えたことが大きかった。当時横須賀は横須賀海軍工廠があり鎮守府があった。そこに徴用で来た者のうち荒くれ連中のほとんどを、宮本が舎弟に引きこんだのであった。

そのため、石井が兵隊に行くときには、大変な数の餞別が集まった。

敗戦を迎え、石井は、このグループを率い、横須賀の石塚儀八郎の若い衆になった。

石塚は、博徒というより、港湾《こうわん》荷役《にやく》の親方であった。石塚は、横須賀四親分の一人、笹田照一の若い衆であった。いわゆる「双愛会」系の親分として、横須賀や三浦半島の一部を縄張としていた。石井の勢力はふくれあがっていった。昭和二十九年の暮れには、五、六百人になっていた。

モロッコの辰は、石井のことを「石井さん」と呼び、石井は、モロッコの辰のことを「辰ちゃん」と呼んでいた。

ある日、石井が拠点としていた横須賀市大滝町の二階建ての古い一軒家を借りた事務所に、モロッコの辰が顔を出した。モロッコの辰は、大胆不敵な笑みを浮かべた。

「石井よ、おれの舎弟になれよ！」

血の気の多い宮本は、食ってかかった。

「ふざけんな、この野郎！」

そのようなときでも、石井は、モロッコの辰と兄弟分であった井上喜人が石井の元をおとずれた。

「宮本よ、がまんしろ」

それから数日たって、モロッコの辰と兄弟分であった井上喜人が石井の元をおとずれた。

「石井さん、兄弟分にならないか」

井上は、冷静で、生き方が上手だった。井上の魅力に惹かれて、舎弟も増えた。山田芳彦、山川修身も井上の舎弟だった。

ヘロインの打ち過ぎから体を蝕まれていたモロッコは、ふとんにおとなしくして寝ているのがいやで、川上三喜を連れ、石井の賭場に顔を出した。モロッコは、モロッコハットをかぶったまま賭場に座った。頬はげっそりと落ち、眼だけがぎらぎらと異様に燃えていた。

それでも、相変わらず威勢はよかった。少しばかりの持ち銭を取られると、代貸しである石井からまわしてもらっていたが、一向に目が出なかった。

最後に、宮本がモロッコのそばに行き、耳元でささやいた。

「回銭がなくなりましたので、今日のところは、このへんで……」

賭場には、たくさんの客が来ている。ここでモロッコたちに暴れられては、客に迷惑がかかる。

しかし、モロッコは聞く耳を持たなかった。

「なにィ……」

モロッコは、宮本の顔を睨みつけた。

「てめえ！　だれに向かって口をきいているんだ！」

モロッコは、ぐずりはじめた。

ちょうど、そのとき、モロッコの兄貴分である井上喜人が賭場に入ってきた。井上はモロッコの顔を見て、賭場に流れる異様な雰囲気を感じとった。

井上は、モロッコに言った。

「おい、兄弟……体が悪いんだ。休んだほうがいいよ……」

それから、モロッコのうしろに座っていた川上三喜に命じた。

「おい、兄弟を連れて帰れ！」

川上は、井上に言われ、モロッコの体を支えるようにして出て行った。

モロッコが部屋から出て行くと、井上は、石井に詫びて言った。

「兄弟がわがままを言って、悪かったな……」

石井は、澄んだきれいな眼を井上に向けて言った。

「井上さん、わかってます……」

宮本は、モロッコの辰を殺ってしまおうと何度も考えた。

そんなおり、宮本らの動きを察した石井は、静かに諭した。

「みんな、はやまったことだけはするんじゃねえぞ。無理に体を賭けることはない。自然消滅って言葉もあるからな……」

石井は、昔から、「やれ！」と命じることはなかった。なにごとも、手綱を制するほうであった。武闘派というよりも、頭を使うほうであった。

石井の言葉通り、モロッコは、昭和三十年一月十日に死んだ。喀血《かっけつ》して果てた。宮本らが手を染めるまでもなかった。

石井は、モロッコの葬儀の帰りの車中で、宮本に訊いた。

「モロッコは、いくつだった」

「たしか、三十三歳と聞いております」

「そうか……おれよりも、二つ年上か。太く、短い人生だったな……」

石井は、瞼《まぶた》を閉じた。

モロッコハットをかぶったモロッコの辰の苦み走った顔が浮かんだ。しかし、モロッコの面影は、すぐに人なつっこいものになった。

〈あの男が二度と賭場に来ないとなると、逆に、歯の抜けたようなさびしさをおぼえるな……〉

石井には、モロッコの死は、昭和二十年代の混乱と荒廃の時代が幕を閉じた象徴のように思われた。

〈これからは、時代が新しく展開していく。モロッコの生きた時代とちがう時代がやってくる……〉

なんとなくそう思われた。

稲川を施主としたモロッコの盛大な葬儀が終わった一週間後、井上喜人は、さっそく横須賀市内の料亭の一室で、石井に会った。

せっかくモロッコが開拓し楔《くさび》を打ちこみかけていた横須賀への縁を切りたくなかった。そうした意味もあって、なんとしてでも石井と兄弟分の盃を交わしておきたかった。

井上は、石井にしんみりした口調で言った。

「モロッコの生前は、いろいろと迷惑をかけてすまない」

「いや……モロッコという人は、亡くなってみると、いっそう懐かしさの増す人ですよ」

しばらくモロッコの話をしたのち、井上が石井の眼をのぞきこむようにして言った。

「石井さん、この前も話しましたように、わたしと兄弟分の縁を組みませんか」

石井は、井上の眼をまっすぐに見返して言った。

「井上さん、あなたに兄弟分の縁を、と再三言われて身にあまる光栄です」

石井は、井上に感謝していた。これまでモロッコの軍団が暴れるたびに、井上が陰で、

「おい、石井のところだけは、暴れるのをやめておけよ」

と注意していることを耳にしていた。

それに、井上に親近感を感じていた。かつて井上がモロッコと横浜、東海道を愚連隊のリーダーとして暴れ回っているころから、一種の憧れの眼で井上を見ていた。

モロッコの単細胞的純情さも好きであったが、井上の頭の切れには、敬服していた。

「井上さん、個人的には、いますぐでも兄弟分の盃を交わしたい気持ちです。しかし、ご存知のように、わたしには石塚という親分がいます。石塚は、笹田照一の系統です。それらの繋がりから、いまは、盃を交わすことはできません。いずれ盃の交わせる時期になりましたときには、こちらからお願いにまいります」

井上は、深くうなずいた。

「わかった。兄弟になれる機会の早く来ることを、待っているよ……」

ところが、それから四カ月後、石井は、石塚親分の家の奥座敷に呼ばれた。春に入り、やわらかい陽が部屋に差しこんでいた。庭には、つつじが咲き誇っていた。

石塚親分は、白髪の混じった眉を寄せ、しんみりした口調で言った。

「石井、これまでよく辛抱してくれたな。じつは、おれも年だから引退することにした」

「親分……」

「そこで、おまえに言っておきたいことがある。おれは笹田の系列に入ってはいるが、子飼いからの若い衆ではない。ましておまえたちは、笹田の若い衆ではないんだ。石井、おまえはおまえで、好きな道を歩め」

石井は、その言葉の意味はよくわかった。

「親分、わかりました。わたしの好きな道を歩ませていただきます」

石井は、心の中で井上に呼びかけていた。

〈井上さん、明日からでも、兄弟と呼ばせていただきます〉

石井は、井上と兄弟分になることによって、博打うちとして尊敬している稲川の若い衆になれる、という熱い期待に胸をふくらませていた。

稲川会長の眼力と知力

井上喜人は、昭和三十三年の五月はじめ、さらに次の手を打つことを決めた。

〈山川修身を取りこむ、いい機会だ……〉

山川が、井上が近いうち自分の賭場の客として呼ぼうとしていた日本橋の呉服問屋「富士屋」の旦那を彼の賭場に呼んでテラを取ったというのだ。

山川は、神奈川県川崎の愚連隊のボスであった。八十人近い子分を連れて幅をきかせていた。川崎には、古くからの博徒である石井初太郎や山瀬惣十郎がいたが、山川は愚連隊として暴れまくっていた。

体こそそんなに大きくはなかったが、向こうっ気の強さと突っ張りぶりは、京浜間に知れ渡っていた。

井上は、山川に惚れこんでいた。いつか山川を自分の舎弟にしたいと思っていたが、いい機会がなかった。

〈今度こそ、絶好の機会だ……〉

井上の胸は、はずんでいた。

井上が小田原、横須賀と睨みをきかせたあとに狙いをつけたのが、川崎であった。川崎へも稲川組が根を張るためには、山川を取りこむ必要があった。

井上は、さっそく田中敬ら七人の弟分を集めた。相手が山川である。腕っぷしの強い幹部クラスばかり集めた。

「おい、明日、鶴見の花月園へ行って、山川を連れてこい。競輪好きのやつのことだから、かならずいるはずだ」

井上は、ひとつだけ釘をさしておいた。

「いいか、山川を締めるのが目的じゃない。やつを、おれたちの仲間に取りこむのが最終目的だからな。そのことだけは忘れるなよ」

花月園競輪は、七レースの山場にさしかかりわきかえっていた。狂ったように鳴りつづける鐘の音が聞こえなくなるほど歓声があがっていた。

山川も、興奮に熱くなり選手の動きを追っていた。弟分たち五人がまわりを固めて山川を守っていた。

山川は、連勝単式3－2を買っていた。

選手は、ゴールに二枠、三枠の順で入った。

山川は、車券をくしゃくしゃに丸めて地面に叩きつけた。

「ちくしょう！　裏目に出やがった……」

そのとき、七人の皮ジャンパー姿の男たちが山川を取り囲んだ。

山川は、細く鋭い眼で取り囲んだ連中を睨みつけた。

山川の弟分たちも、さっと山川を囲んで守った。

八レースの車券を買いに走りかけていた一人も、あわてて引き返して山川を守った。

取り囲んだのは、井上喜人の命令で山川を連れにきた井上の舎弟分たちであった。

「山川さん、話がある。表に出てもらおうか」

山川は、取り囲んだ七人のうちの二人の顔を知っていた。

井上も、競輪好きである。花月園で、これまで何度か会っていた。そのとき井上のまわりにいた顔が二つ並んでいた。

山川の弟分たちが、声を出した。

「兄貴……」

山川は、弟分たちに言った。

「おれに話があると言ってるんだ。すぐ帰ってくる。おまえたちは、ここにいろ」

しかし、山川の弟分たちは大人しく引き下がってはいなかった。

「兄貴、冗談じゃねえ」

いまにも七人に突っかからんばかりに殺気立っていた。七人も、身構えた。

山川が弟分たちに怒鳴った。

「てめえら、おれの言うことがきけねえのか！」

山川は思った。もし弟分たちをいっしょに連れていけば、どうしても喧嘩にならざるをえなくなる。

しかし、自分ひとりで行けば、相手も名の通った稲川組の者たちだ。一人に七人もかかってくるようなケチな真似はすまい。

山川は、七人に取り囲まれるようにして落ち着いた足どりで花月園を出た。

花月園は、横浜市鶴見区鶴見一丁目にあった。国鉄鶴見駅から歩いて四、五分の距離にあるが、山の一画を競輪場にしたものである。競輪ファンたちは、花月園のことを〝お山〟と呼んでいる。近くに東福寺や総持寺があり、櫟《くぬぎ》の生い茂った雑木林や、竹林が点在している。

昭和二十五年につくられたものであるが、施工業者は、松尾工務店。鶴見を縄張としている松尾嘉右衛門親分が社長をしている会社であった。

松尾親分は、関東と関西の荒くれ男二千人もが入り乱れて争った、いわゆる大正の荒神山騒動と呼ばれる〝鶴《つる》見《み》騒擾《そうじょう》事件《じけん》〟の当事者であった。

稲川が昭和二十四年の春、熱海の「鶴屋旅館」を借りきって山崎屋一家を兄弟分の横山新次郎とともに継いだ跡目披露にも出席していた。

山川を取り囲んだ七人は、花月園を出ると、近くの雑木林に入って行った。

花月園からは、八レースの歓声があがっていた。山川は、取り囲んだ七人を細く鋭いぎょろりとした独得の眼を剥いて睨んだ。

「こんなところまで呼び出して、なんの用だ」

田中が言った。

「日本橋の浅間さんを、客として呼んだそうじゃないか。浅間さんは兄貴の井上が近くおれたちの賭場へ呼ぼうとしていた大事な客だ」

山川は、ムッとして言った。

「浅間さんは、おれがおれの器量で呼んだ客だ。なにもそのことでケチをつけられる理由はねえ！」

浅間は、仲のいい住吉連合の知り合いの関係で一日だけウチの賭場でと遊んでもらった客である。

山川は、食ってかかった。

「なにも、先を越されたからと因縁をつけられる筋合いはない」

田中敬が、静かに言った。

「小田原まで来てほしい」

山川は、取り囲んでいる者たちをあらためて睨みすえた。

「おれの体をもっていくというなら、腕ずくでもっていけ」

相手がいくら陽の出の勢いの井上軍団であろうと、納得のいかねえ喧嘩を売られちゃあ、黙って引っこむわけにはいかない。

しかし、弟分たちに体を賭けさせて全面戦争に入ると、相手は井上軍団だけではなくなる。井上軍団だけなら、どこまでも突っ張ってやる。

ところが、井上の背後には、稲川がひかえていた。井上と全面戦争に入ることは、稲川とも戦うことになる。

山川は、稲川とだけは事をかまえたくなかった。

〈稲川には、昔から惚れこんでいるんだ……〉

昭和二十三年ごろ、稲川がまだ堀井一家総長の加藤伝太郎のところから綱島一家鶴岡政次郎親分のところに預かりの身になり、湯河原の「下田旅館」を拠点として賭場を開いていたときから賭場で顔を合わせていた。

昭和二十三年の暮れの雪の降る夜のことであった。湯河原の「下田旅館」の賭場で、売り出し中の博徒秋本次郎が、負けがこんでいて気が立っていたのであろう。怒鳴った。

「おい、そこの朝鮮人、黙っていろ！」

理の通らぬケチをつけられ、朝鮮人と呼ばれた男がやにわにドスをぬいて立ち上がり、秋本に襲いかかろうとした。

秋本も、負けずにドスをぬき睨み合った。

まわりの博徒たちの中から、秋本への声援が飛んだ。理由がどうであれ、朝鮮人への差別感が秋本に味方させるのであった。

山川は、朝鮮人であった。

あまりの屈辱的な言動に全身の血が逆流する思いがしていた。立ち上がって同胞を応援しようとしたとき、大きな声が放たれた。

「やめろ！」

声のした方を見ると、稲川であった。稲川は、鬼のような形相で怒っていた。本気で怒っていた。

「秋本、やめろ！　なにが朝鮮人だ。朝鮮人も日本人もあるか！」

秋本も、稲川のひと言にドスを懐にしまった。

山川は、稲川が金山太吉といういかさま博打をやる新宿の金貸しを二階から下に投げつけた話を聞いていた。あとでもめたことも知っていた。

その事件は、あきらかに金山の悪いことを、山川は知っていた。

〈日本人であろうと、朝鮮人であろうと、いいやつはいい。悪いやつは悪いんだ……〉

山川はそう思っていた。しかし、その当たり前のことがわかる者は、日本人の中にも、朝鮮人の中にも少なかった。とくに戦争で日本が敗れ、それまで日本人に差別された朝鮮人や台湾人が、いまこそとばかりに鬱憤《うつぷん》を晴らしはじめた時代においては難しかった。

そのような混乱した時代の中で、稲川のような正しい眼を持ってくれている日本人の博徒がいたことがうれしかった。

〈この男こそ、朝鮮のことわざにある〝電気に伝わって生まれた〟男だ。きっと大親分になる〉

そのとき、山川はそう思いながら熱いまなざしで稲川を見た。

〝電気に伝わって生まれた〟というのは、大勢のリーダーとして人の上に立ち、人を率いる器量を持つ者は、生まれたときからすでに運命づけられていて、途中どのような紆余《うよ》曲折《きよくせつ》があろうとも、いずれは人の上に立つ人物になるという意味であった。

山川は、一度稲川から直接に、「おれの若い衆にならねえか」と誘われたことがあった。昭和三十年の春、熱海の賭場で顔を合わせたあとであった。

自分の口から滅多に子分にならねえかと口をかけたことがない、と聞いていた稲川にそう言われ、山川は、感激に胸を熱くした。

しかし、そのときは断わった。

〈おれのような半端者が組に入ったんじゃあ、稲川親分に迷惑をかけるだけだ。もう少しはましな人間になってから、あらためて頼みに来よう〉

心の中ではそう思っていた。

いま井上軍団と一戦交えることは、稲川をも敵にまわして戦うことになる。

七人のうちの顔見知りの男が言った。

「山川さん、おたがい事を荒立てるのはよしましょうや。兄貴が、とにかくあんたとじっくり肚《はら》を割って話してえ、と言ってるんだ」

山川は、その男の口ぶりから、

〈喧嘩が目的じゃあねえな……〉

と察した。

山川は、きっぱりと言った。

「今日は、殺されてもこのまま行くわけにはいかねえ。日をあらためてかならず出向いて行く、と伝えてくれ。男の約束だ」

田中敬ら七人にも、山川の男の心情はよくわかった。

田中が言った。

「わかった。待ってるぜ。男同士の約束だ」

山川は、大正九年、南千住で生まれた。小学校に入ったときから、毎日喧嘩ばかりしていた。友だちと仲よく遊んでいても、少しヘソが曲ると、すぐに、国籍をタテに馬鹿にされる。

「なにくそ！」

と食ってかかって喧嘩になる。腕力は誰にも負けなかったから、たちまち相手を殴り倒した。

当時の教師は、体罰は平気であった。喧嘩両成敗という建前にはなっていたが、実際は日本人にウエイトがかかっていた。山川だけ、「常習犯」ということで廊下へ立たされた。

学校へ行くのが、しだいに嫌になっていった。学校へたまに行っても、惨めな思いをさせられるだけであった。いい生活をしているところの子供たちの弁当は、開けると卵焼きが入っている。上に海苔まで敷いている。なかにはカレーまで持ってきて食べる生徒もいた。

山川は、昼飯というと、当時母親から五銭もらって、小学校の前の文房具屋へ行って、パン二枚に味噌をくっつけた味噌パンですませていた。お腹が空いてたまらなかった。

どうしても金が欲しく、学校から帰って仲間とベーゴマをやって勝ち、それを蜜柑箱に詰めて駄菓子屋へ卸し、その金で飢えを満たしていた。

十一歳のころから、浅草、山谷あたりをうろつきはじめた。ヤサグレて家に帰らない不良グループたちとつき合いはじめた。

浅草の寺の賽銭箱《さいせんばこ》から賽銭をかっぱらったり、瓢簞池《ひょうたんいけ》のスッポンをかっぱらって蛇屋へ持っていって売るような生活がつづいた。

浅草では、伴淳三郎《ばんじゅんざぶろう》をはじめ、木村勝子、柳家金語楼《やなぎやきんごろう》、キドシン、シミキンら芸人にかわいがられた。シミキンには「弟子にならないか」と誘われたほどであった。

が、ついに警察につかまり、江古田の感化院に入れられてしまった。

一年後感化院を出ると、実兄に連れられて北海道へ渡った。北海道の飯場では、博打と喧嘩の明け暮れであった。

昭和二十一年に、北海道から東京の蒲田に流れてきた。蒲田では、愚連隊として頭角をあらわしはじめた。

やくざや愚連隊への道を選んだというより、環境に、必然的にその道へ持っていかれたというような人生であった。

それゆえに、朝鮮人としての誇りは人一倍強かった。誰に会っても「おれは朝鮮人だ」とはっきりと言った。

昭和二十四年に入り、川崎に移った。そこで子分も三、四十人にふくらんでいたが、隠退蔵物資《いんたいぞうぶっし》の事件にからみ、逮捕されてしまった。

昭和二十九年、五年間の懲役を終え、宇都宮刑務所から出た。ふたたび川崎に戻り、愚連隊の親分として暴れまくった。

弟分たちもいっそう増え、昭和三十三年ごろには八十人近くのグループにふくらんでいた。

しばらくのあいだは、親分なしの愚連隊として気ままに突っ張りつづけていこう。そう思ってはいたが、いつまでもその状態がつづくとも思ってはいなかった。

〈近いうち、いずれはっきりした形をとらざるをえなくなるだろう……〉

山川は、そう考えつづけていた。

山川は、小田原にいる稲川組幹部井上喜人の自宅に電話を入れた。鶴見の競輪場花月園で、井上の舎弟たち七人に取り囲まれた五日後のことであった。

そのとき、彼らと約束しておいた。

「近いうち、かならず行く」

山川は、電話口に出た田中敬に言った。

「川崎の山川だが、今日でも明日でも、いつでもいい。おれがそちらの指定するところに出向いていく」

田中敬は、三十分後、山川に連絡を入れてきた。

「明日の午後三時、横浜ホテルの322号室で兄貴が待っている」

山川修身には、井上の意志がわかっていた。井上は、自分を舎弟にしようとしている。

もし井上の要求を断われば、井上軍団と一戦をかまえることになる。八十人近い若い衆たちの体も賭けさせることになる。

そのうえ、昔から惚れこんでいた稲川親分に刃を向けることにもなる。稲川親分にだけは、刃を向けたくはなかった。

かつて稲川親分から、「おれの若い衆にならねえか」とすすめられたときには、自分のような半端者が稲川親分の若い衆になっても、負担をかけるだけだ、と辞退していた。

しかし、稲川親分の足手まといにならないくらいに力をつけたときには、いずれ挨拶に行き、若い衆にしてもらいたい、と頭を下げるつもりでいた。

神奈川県に住んでいるということは、稲川の庭場に住んでいる、ということでもあった。

いずれは、稲川組の勢いの中にのみこまれていくのが時の流れでもあった。八十人近い弟分たちのためにも、彼らを大きな木の下に入れてやる時期が来た、とも思った。

〈稲川親分の若い衆になる、いい機会だ〉

翌日の午後三時、山川は単身で横浜ホテルの322号室に入った。その当時稲川は、横浜ホテルの322号室を横浜での連絡事務所に借り切っていた。

椅子に座った井上のまわりには、田中敬をはじめとして花月園で山川を取り囲んだ七人が立っていた。

山川は、勧められた椅子に座るや、自分の方から切り出した。

「おれのような半端者でもよければ、井上さん、あんたの舎弟にしてくれ」

井上喜人なら、兄貴分として仰ぐに不足はなかった。稲川の正式な若い衆にもなれる。

井上は、自分から言いだす前にそう言われ、感激した。

「あんたの方からそう言ってくれるとは、うれしいぜ……」

山川は、井上の眼をまっすぐに見て言った。

「井上さんからも、稲川親分の正式な若い衆になれるよう、頼んで下さい」

井上は、小田原、横須賀につづいて川崎にもこれで強い勢力の張れることをよろこびながら言った。

「わかった。親分には、おれからよく頼んでおこう」

山川は、のち稲川会副理事長になり、山川一家総長となる。

伊東で幅をきかせていた博徒の親分に、下田一家の佐藤親分と、大場一家の下田親分がいた。下田一家は、子分は六、七人と少なかったが、森泉人は、佐藤親分を渡世の親として仰ぎ、親分のために、励んだ。

森泉人も、稲川組に加わった。森は、のち稲川会副理事長であり、下田一家総長になる。

稲川は、昭和三十四年一月末、東京事務所を銀座に構えた。東京事務所は、銀座七丁目電通通りの裏通りにある南欧ビルの四階であった。二十坪ぐらいのひと部屋であった。入口には、「稲川興業」という看板をかかげた。

稲川裕紘、十九歳の旅立ち

稲川の妻一二三《ひふみ》の母親であるきよは、風呂場の戸を開けた。昭和三十四年の三月中旬であった。

風呂場には、孫の裕紘が入っている。湯かげんがいいかどうか、心配だったのである。孫の裕紘のことは、生まれたときからかわいくてたまらない。

裕紘は、友人たちと十日ばかり旅行をして帰ってきたばかりであった。疲れているであろうから、ちょうどいい湯かげんの風呂に浸らせてやりたかった。

「裕紘、湯かげんはどうかい」

きよは、風呂場をのぞいてハッとした。

〈裕紘……〉

あまりの驚きに、声も出なかった。

湯気を通して、湯舟の端に背を見せて座っている裕紘の姿が見えた。十九歳になり、いっそうたくましくなった背中一杯に、入れ墨が躍っていた。

〈裕紘じゃない！　若い衆が入っていたのだ〉

きよは、懸命に自分に言いきかせていた。

間違いであってくれ……そう祈りながら、あらためて湯気の中に眼をこらして見た。

やはり、裕紘であった。

いつもなら、

「おばあちゃん、いいお湯だよ。心配しなくてもいいよ」

と優しい言葉を返してくる裕紘が、このときばかりは、押し黙っていた。背中の入れ墨を見せたまま、決してふり返らなかった。ひと言も発しなかった。

きよは、ぴしゃりと戸を閉めた。

思わずその場にしゃがみこんでしまった。

〈裕紘……なんてことをしてくれたの……。あんなに優しい裕紘が、どうして……〉

きよには、裕紘が突然に入れ墨を入れたことが、どうしても理解できなかった。

「一二三！」

きよは、立ち上がるや、娘の一二三を呼んだ。

一二三が、やくざの稲川に惚れ、結婚したため、堅気の奥さんにない苦労をつづけてきたことはわかっていた。そのため、親として助けられることはしてきたつもりであった。

稲川のやくざとして修羅の道を突っ走っていく厳しさも、理解しようとつとめてきたはずである。そのためには、稲川に対して愚痴のひとつもこぼしはしなかった。

が、今回、裕紘が入れ墨を入れたことだけは、許せなかった。

〈あなたたち二人がついていながら、どうして入れ墨を……〉

きよは、あまりの怒りに目まいをおぼえそうであった。

「一二三！」

きよは、台所にいて若い衆たちの夕食をつくっていた一二三に、奥の座敷にくるように言った。

一二三は、血相を変えた母親の姿に、何事か……という顔で座敷に入ってきた。

きよは、いきなり怒った。

「裕紘に、どうしてあんな真似をさせたんだ」

きよが相手の言うことを聞かないでいきなり怒るのは、珍しいことであった。

「お母さん、なんのことでしょうか……」

「裕紘が、背中に入れ墨を……」

「お母さん、ほんと……」

一二三のぬけるように白い顔色が、さっと青ざめた。一二三にも、息子の裕紘が入れ墨を入れたことが信じられなかった。

きよは、一二三に言った。

「お父さんは、このことを知っているのかい」

稲川は、この一週間ばかり、家に帰っていなかった。横浜あたりの賭場を回っていた。

たまたま、その夜おそく、稲川は帰ってきた。

一二三から話を聞いた稲川は、きよの前に出ると、畳にきちんと手をつき、詫びた。

「おばあちゃん、心配かけてすみません……」

きよは、顔を上げた稲川の眼を睨みつけるように見て言った。

「お父さん、わたしは、一二三が結婚するときだって、一二三の見こんだ男だから、とひと言の反対もしませんでしたよ。あなたの苦労は、少しはわかってはいるつもりです。でも、裕紘のことだけは……許せません！」

きよの眼には、涙が滲んでいた。

「あなたには、あなたの歩んでいる道をまっとうしてもらいたい。でも、孫には、堅気の道を歩んでほしかった……」

きよには、なぜか、くやしくてくやしくてたまらなかった……。

稲川も、息子の予期せぬ行為に動揺していた。裕紘は、あくまで堅気として将来をおくらせるつもりであった。堅気として息子に夢を託していた。

自分が修羅の道の厳しさを知りすぎているゆえに、息子にはおなじ道を歩ませようとは、夢にも思っていなかった。

翌朝の食事前、きよは、孫の裕紘と向かい合った。

「裕紘や……どうして今度のような真似をしたのかい……」

裕紘は、きよの前に寝巻姿ながらきちんと正座し、沈黙をつづけていた。しかし、決して眼をそらさないで祖母の眼を見つづけていた。澄んだ眼であった。

そばでは、この四月から中学校に上がる妹の秋子が、心配そうにジッと祖母と兄の会話を聞いていた。

きよは、心の中で言いきかせていた。

〈小さいころから、人一倍優しい子だったのに……よほどこの子なりに、悩み考えたうえでのことだったろう……〉

むしろ妹の秋子の方が気が強いと思われるほど、裕紘は気の優しい子であった。

秋子は、学校へ行って、

「やくざの子ォ！」

といじめられるのが嫌で、学校へ行くのをぐずることが多かった。

しかし、裕紘は、「やくざの子」と学校でいじめられ、やり返して相手を叩きのめすことはあっても、家に帰って辛いとか苦しいとか、ひと言も言ったことはなかった。

その裕紘が、突然入れ墨を入れたのだ。よほどの覚悟があったことは、わかる。

きよは、しんみりした口調で言った。

「おばあちゃんはね、あなたには、堅気の道を歩んでもらいたかったんだよ……」

裕紘は、きよの眼を見つづけていた。

「どうして、入れ墨を入れたの……」

それまで黙りつづけていた裕紘が、初めて口を開いた。

「おばあちゃん、心配かけてすみません」

裕紘は、あらためて深々と頭を下げた。

きよは、なお言いたいことがあったが、頭を下げた裕紘に、それ以上は言うのをやめた。愚痴になる。できてしまったことはしかたがない。

きよは、裕紘の眼の奥の心の中をのぞきこむようにして言った。

「お父さんや若い衆たちを見ていてわかるように、やくざは、厳しく、さみしい道だよ……」

裕紘は、厳しい表情で言った。

「覚悟しております」

大船の横山新次郎は、稲川が連れてきた裕紘を、あらためてジッと見た。

それまでは、稲川の息子、という眼でしか見なかった。が、背中に入れ墨を入れてしまった、と聞き、見る眼も変わっていた。同じ稼業の人間を見る厳しい眼に変わっていた。

横山は、稲川に訊いた。

「おまえが片瀬に来たのは、いくつのときだった」

「十九でした」

「そうか、十九か……裕紘は、いくつだ」

裕紘は、横山に答えた。

「十九です」

「そうか……」

横山は、腕を組んだまま、眼を閉じた。

〈裕紘が入れ墨を入れてやくざの世界に入ろうと決めたのが、偶然にオヤジの入った齢と同じになったな……〉

稲川も腕を組み、考えつづけていた。

横山が言った。

「ウチに置いておくより、修業に出すんだな」

「どこへ預けるのが一番いいでしょうか……」

横山は、なるべく裕紘の甘えにくいところがいい、と判断していた。古くからの幹部たちのところに預けると、小さいときから親しくなりすぎていて、つい甘えてしまう。

考えたすえ、言った。

「横須賀の石井のところがいいだろう」

石井は、井上喜人の兄弟分になり、稲川組へ正式に入ったのは、つい最近であった。裕紘にとっても、甘えにくい。

稲川は、やくざとしての石井を、これまで見てきた。

〈石井なら、信頼できる……〉

稲川は、横山にあらためて頭を下げた。

「わかりました。兄貴の言うようにします」

稲川裕紘は、石井の自宅に住みこんで修業をはじめた。

石井は、妻の頼子にも、若い衆たちにも、厳しく言っておいた。

「いいか、親分の息子ということで、決して甘やかすんじゃないぞ。特別な待遇は、一切許さない。むしろ、ふつうの者よりも、厳しくするくらいの気持ちでいろ」

親分の息子に厳しくするということは、言うは易しで、実際におこなうのは難しいことであった。

〈しかし、心を鬼にして、厳しく仕込まねばならぬ。それが親分に対する、おれの務めだ〉

石井は、何度も自分に言いきかせた。

裕紘の寝る部屋も、他の若い衆たちとおなじ部屋であった。六畳一間に、六人もいっしょに寝た。おたがいの足がからみ合うほどであった。

裕紘は、石井が出かけるときだけでなく、姐さんの出かけるときも、きちんと玄関に出て、「いってらっしゃい」と見送った。

帰ってきたときもかならず出迎え、「お帰りなさい」と頭を下げた。

みんなの食事を、裕紘がつくることがあった。ただし、裕紘の料理は、生一本の性格に似て、辛いとなれば、徹底的に辛いものをつくった。甘いとなると、これまた徹底的に甘かった。

いつもは無口な裕紘が、自信のカレーライスができたとき弾んだ声で姐さんに言った。

「姐さん、今日のカレーは、うまいですよ。ぜひ食べてみて下さい」

姐さんは、よほどの自信ね……とよろこんで食べた。

思わず、口から吐き出しそうになるほどの辛さであった。叫び声をあげたいほどであった。が、せっかくの料理である。眼から涙を出しながら、食べた。

しかし、石井の妻の頼子は、裕紘に料理は別として、拭き掃除、行儀などの修業は、徹底的に厳しく鍛えこんだ。

彼女も、やくざの女房となったゆえに苦労をしていた。

戦後の一時期は、安浦の女郎屋八十八軒全部に、リヤカーにドラム缶をのせ、ひとつ二十円で湯たんぽを売り歩いたこともあった。屋台を出し、焼きソバと梅割り焼酎を売ったりして夫を支えてきた。

女でも、それほどの苦労をしなくてはいけない。ましてや、男が任侠の道をまっとうしようとすれば、並たいていの苦労でないことはわかっていた。

その苦労に耐えうるためにも、任侠のはじめの修業が大切である、と胆に銘じていた。

〈夫といっしょに、わたしも心を鬼にしなくては……〉

裕紘は、それから八年間、石井のもとで修業をする。

第2章 疾走

児玉誉士夫と対峙

総会屋の吉川明と連れだってきた右翼の小沼正《おぬましょう》が、あらたまった口調で言った。

「稲川親分、今日は、ひとつ頼みたいことがあって来たんですが……」

昭和三十五年六月初旬のことであった。

前年二月に銀座七丁目の南欧ビル四階に新しく出した稲川組の興業事務所であった。

六月十九日の日米安全保障条約の締結を前に、左右両陣営の激烈な対決がつづいていた。

「ごぞんじのように、六月十九日には、アイゼンハワー大統領が、国賓として日本にやってくる。ところが、いまの警官の警備では、間に合わない。そこで、自民党筋から頼まれたんだが、任侠団体のみなさんに、警備の協力をしてもらいたい」

小沼の話によると、十九日当日、天皇陛下は皇后陛下をともなって、羽田空港までアイゼンハワー大統領を出迎える。

羽田から皇居まで、アイゼンハワー大統領と天皇、皇后両陛下を乗せたオープンカーが、十八・七キロをパレードする。

その沿道を二メートル間隔で警備するには、一万八千七百人の警官が必要となる。ところが、警視庁の全警官数は、二万四千人。警備動員数は、一万五千人が限度であるという。

稲川の兄貴分である大船の横山新次郎も、国を守ることに情熱を見せた。

「稲川、銭がいくらかかってもかまわねえ。できるかぎりの協力をしよう」

稲川と横山は、可能なかぎりの金を集め、準備に入った。

デモ隊と対決する戦闘服も、デパート高島屋から一万着買った。夏と冬用として、うすいベージュ色と紺色のものを五千着ずつ買いそろえたのであった。

左翼勢力との対決は、六月だけで終わるとは思っていなかった。冬を越すことにもなりかねない。長期戦に入る用意もしていた。

ヘルメットも、五千個買いそろえた。

横山が、稲川に言った。

「機動隊の立場もある。武器は持ちこめない。三尺の樫《かし》の棒に、紙の日の丸でいい、つけさせろ。アイゼンハワー大統領を出迎えるための日の丸の旗に見せかける。いざというときには、その樫の棒が、武器にかわる」

さすがに〝天一坊〟とまで言われた頭の切れである。

稲川は、井上喜人に命じた。

「動員数は、一万人だ。静岡、神奈川のバスを、当日すべてチャーターしておけ。バスのまわりには、稲川組の幕をはる準備をしておけ」

その準備が進められている間、左右両陣営の対決は、血なまぐさいものにエスカレートしていた。

六月十日には、アイゼンハワー大統領秘書のハガチーが、日本にやってきた。

しかし、羽田で学生、労働者のデモに包囲され、アメリカ軍のヘリコプターで脱出。在日アメリカ大使館へ入った。

いよいよアイゼンハワー大統領訪日が五日後に迫った六月十四日、熱海の稲川邸の広間に、稲川組の幹部が集められた。

横山が、具体的な作戦指令をはじめた。

「アイク訪日の当日は、早朝、川崎市の競輪場に全員集合し、バスを連ねて、明治神宮に参拝する。それから、五千人は、羽田空港に近い消防署付近に配置する。あとの五千人は、見物人にまじって、左翼のデモ隊と対決する」

稲川が、幹部一同に念を押した。

「バスをふくめて全ての用意は、できているな」

一同が、深くうなずいた。

アイゼンハワー大統領訪日を四日後にひかえた六月十五日、「安保阻止！」を叫ぶ全学連七千人が、国会になだれこんだ。

夕刻、右翼の維新行動隊百三十人が、トラックで国会裏側をデモ行進中の全学連や新劇人会議に突っこみ、双方で三十人近い負傷者を出した。

この事件により、警官隊とデモ隊のあいだにいっそう激しいもみあいが起こった。乱闘のすえ、東京大学文学部国史学科の樺《かんば》美智子《みちこ》が死亡した。

彼女の死は、政府にも深刻な衝撃をもたらした。

六月十六日、岸首相は、記者会見で、

「アイゼンハワー大統領訪日は、延期いたします」

と発表。事実上の中止であった。

それから一週間後、稲川は伊豆長岡の旅館の二階で開かれた賭場で、博打をしていた。

そのとき、玄関の前にタクシーが止まった。林一家総長の林喜一郎が、巨体をゆるがせるようにして車を降りてきた。怒った顔をしている。林は、怒ったときには、正直に顔にあらわす男であった。

「親分、児玉が……」

林はまずそう言って荒い息を吐き、つづけた。

「アイゼンハワー大統領が日本にやってくるのにそなえ、自民党の安保委員会とやらが、財界からこの日のために、六億円近い金を集めていたらしいんです」

稲川にも、それは初耳であった。

「ところが、その六億もの金が、アイゼンハワー大統領が来なかったのに、どこへやら消えちまったというんです。どうやら、その金を児玉誉士夫が自分の懐に入れてしまったというんです」

稲川は、カッとなった。

〈いくら児玉でも、許せねえ……〉

児玉誉士夫は、右翼の大立者であった。

児玉は、右翼、やくざへも睨みをきかせていた。

しかし、稲川は、相手がいくら大物であろうと、許せねえものは、許せねえ……と思っていた。

それでなくても、自民党筋から、あれほど今回、博徒、テキヤの親分たちに声をかけて応援を頼んでおきながら、

「御苦労さん」

のひと言もなかった。そのことで、全国の博徒、テキヤたちは怒りの声をあげているときであった。

稲川は、こみあげてくる怒りを抑えかねたようにして言った。

「児玉のところに、乗りこむ！　話をつけてくる」

喧嘩相手として、不足はなかった。稲川の全身の血が、若いころのように熱く渡っていた。

稲川は、世田谷区等々力の児玉邸の前に車を止めさせた。

稲川は、書生の案内により、十七、八畳もある広い応接間に案内された。

しばらくして、ドアが開いた。いがぐり頭の児玉誉士夫が入ってきた。質素に見える久留米がすりの筒袖姿であった。小柄ながら、威圧感が漂っていた。

部屋の空気が、にわかに張りつめた。

児玉は、稲川を見た。細い二つの眼の奥が、一瞬ぎらりと光った。射すくめるような眼の光であった。

稲川も、まっすぐに児玉誉士夫の眼を見た。

稲川は、児玉の眼を、あらためて見た。しばらくのあいだ、児玉の眼を睨みつけたまま、ひと言も発しなかった。

このときが二人にとっては、初対面であった。稲川、四十六歳。児玉、四十九歳であった。

稲川が言った。

「自民党から、アイゼンハワー大統領訪日にそなえて、任侠団体のためにおりた六億近い金が、児玉先生のところで消えた、という噂がある。真実をはっきりうかがいたいと思って来ました」

児玉は、厚い唇を開き、ひと言だけ発した。

「稲川君、わたしは、自民党に貸しはあっても、借りはない！」

稲川の胸に、ズシリとこたえるひと言であった。

児玉が、日本一の右翼の面子にかけて言っている言葉である。

稲川のそれまでの児玉への怒りが、そのひと言で鎮まった。その言葉を信じよう、と思った。

児玉は、稲川の眼をジッと見て言った。

「わたしと苦楽をともにしてきた妻が、安保のさなか、車に撥ねられ、死ぬか生きるかの瀬戸際だった。わたしは、そのころは妻の看病で、病室から一歩も外へ出ていない。そのわたしが、自民党から出た金を、勝手なことをするわけがない。おれを信じてくれ」

児玉の妻は、五月三十一日に自動車に撥ねられ、広尾の日赤中央病院に入院していた。児玉は、つきっきりで看病したが、六月十三日、ついに彼女は息をひきとった。

アイゼンハワー大統領訪日中止の決定した六月十六日には、池上本門寺で妻の葬儀をおこなっている。児玉は、そのとき、妻といっしょに自分の葬儀も出した。いわゆる生き葬《とむら》いであった。妻の墓に、児玉の命日、昭和三十五年六月十三日、享年四十九歳と彫りこんでいた。

児玉は、いまひとこと言った。

「その金の動きについては、わたしも、うすうす噂は聞いている。そのへんの事情は、川島君に会わせるから、よく訊いてくれ」

川島正次郎《かわしましょうじろう》は、安保のとき、自民党の幹事長をしていた。

稲川は、きっぱりと言った。

「その必要は、まったくありません！」

稲川は、児玉の眼をまっすぐ見て言った。

「よくわかりました」

それから、深々と頭を下げた。

児玉は、稲川の、竹を割ったような性格に、久々に男らしい男に会ったようなすがすがしい気持ちになっていた。

児玉は、いままでの射るような眼をなごめ、稲川に声をかけた。

「稲川君、近いうち、時間をつくってくれないか。ゆっくり話し合いたい」

稲川も、胸を弾ませていた。

「よろこんで、おうかがいいたします」

それから一週間後の夜、赤坂の料亭「中川」の座敷で、児玉と稲川は向かい合っていた。

児玉は、この夜は背広姿であった。家にいるときは着物姿で通すが、外出のさいは、背広姿で通していた。ダークグレイの無地のジャージの上着に、フラノのズボンというラフな格好であった。襟の小さいワイシャツを着、ネクタイをきちんと締めていた。

稲川も、きちんとネクタイを締めていた。

この夜は、初めて対決したときとは打って変わったなごやかな雰囲気で二人とも向かい合っていた。しばらく話しているうち、児玉誉士夫が突然言った。

「稲川君、どうだろう。これからは、兄弟分としてつき合ってもらえないだろうか」

稲川は、熱い興奮をおぼえながらも、とまどった。

児玉とおれとは、格も、稼業も、生き方もちがう。児玉は、政治の世界の黒幕だ。おれは、一博打うちにすぎない。兄弟分になど、なれるわけがない。

稲川は、児玉を熱いまなざしで見返して頭を下げた。

「兄弟分とはありがたいことですが、わたしには、渡世上の親があります。先生には、心の親になっていただきたい。これからは、先生をオヤジと呼ばせてもらいます」

児玉は、何も言わないで、静かに笑い、首を縦に何度もふった。

児玉は、心の中では、稲川の申し出をよろこんでいた。

このころ、児玉の頭の中には、雄大な構想があった。

安保での左翼勢力の盛りあがりを見てもわかるように、いずれ日本は共産主義革命の危機にさらされる。そのときには、一党一派にとらわれない、いっせいに決起できる強固な大組織をつくるべきだ。

そのためには、これまでのように右翼だけ集めていては駄目だ。趣旨に賛同する一切の団体や個人を包含していくべきだ。

が、現実には、そのような雄大な構想は、実現できない。とりあえず、全国の任侠団体を大同団結させようと考えていた。しかし、任侠団体の大同団結が難しいことは、児玉にはわかっていた。

児玉は、その難しい構想を実現させるため、これまで自分と親しい任侠団体の親分たちを頼りにしていた。

岡村吾一はもちろん、義人党党主の高橋義人も頼りにしていた。

児玉は、あらためて稲川の精悍な顔を見ながら思った。

〈おれの大構想の実現も、早くなる……〉

児玉は、稲川と腹と腹を許し合ったことを、ことのほかよろこんでいた。

事実、児玉は、稲川と、自分の親しい親分たちの協力を求め、大構想実現に拍車をかけていった。

甲府抗争

稲川組横須賀一家の川上三喜は、甲府市の中心街錦町のキャバレー「夢の花」で飲んでいた。そばには、横須賀からいっしょに来た若い衆八人と、内藤睦郎ら、いわゆる「山梨グループ」のメンバー三人がいた。昭和三十七年十月九日の夜十二時過ぎであった。

川上は、かつては、〝モロッコの辰〟と呼ばれていた出口辰夫の舎弟であった。しかし、昭和三十年の正月、モロッコの辰が血を吐き、病気で死んだのち、しばらくして稲川組横須賀一家の石井隆匡の若い衆になっていた。

内藤をはじめとする「山梨グループ」は、山梨の出身者たちで、モロッコの辰が横須賀で暴れ回っていたころは、川上三喜の若い衆として、川上三喜といっしょに横須賀で暴れていた。メンバーは、十数人いた。

が、川上三喜が刑務所に入り、モロッコの辰が死んだので、一時、山梨に帰っていた。

川上は、昭和三十七年のこの日、温泉が出たばかりでわきかえっている石和に二日間、家族旅行を楽しみ、家族を帰してから甲府に足をのばし、「山梨グループ」のメンバーと久しぶりに飲んでいたのであった。

内藤が言った。

「兄貴、もう一軒行きましょう」

全員、「夢の花」を出た。十月に入ったばかりであったが、甲府の夜は真冬のような冷えこみであった。三十人近くの男が、いっせいに、店を出たばかりの川上たちを取り囲んだ。川上らのメンバー一人を、三、四人の男が取り囲んだ。川上らは、数組に切り離され、近くの路地に連れこまれた。川上には、取り囲んだ連中が、地元で幅をきかせている加賀美一家の者たちであることの察しはついていた。

加賀美一家の親分加賀美猛は、博徒と土建業との二足のわらじをはいていた。子分も、三百人を超えていた。錦町一帯の下町は、加賀美一家の縄張であった。

他の縄張を仕切っている者が、加賀美一家の縄張に一歩でも足を踏み入れようものなら、袋叩きにあっていた。映画館にさえ入れない、という状態であった。

加賀美一家と「山梨グループ」は、その当時険悪な状態にあった。「山梨グループ」が石和で闘犬の興行を打ったことで、

「おれたちの息のかかったところで、ふざけた真似をするんじゃねえ！」

とからんできていた。

バラバラに連れ去られた川上の若い衆たちが、再びキャバレー「夢の花」の前にもどってきた。

川上は、肚を決めていた。

そこに、横須賀に電話を入れた若い衆が、息せききってもどってきた。

「兄貴、無事でしたか……いま横須賀からすぐに応援が来てくれます」

川上は、その若い衆を怒鳴りつけた。

「馬鹿野郎！　おれが起こした喧嘩だ！　なんで横須賀へ電話した。おれが一人で片をつける」

川上は、加賀美一家の内情にくわしい内藤に言った。

「三下野郎を狙ったって、仕方ねえ。親分の加賀美を狙う。加賀美がいそうな場所を、探せ」

そのころ、横須賀の大滝町にある横須賀一家の事務所には、真夜中だが七十人ばかりが詰めかけていた。川上が、甲府のやくざどもに連れ去られたと聞き、殺気立った空気が流れていた。

石井隆匡は、留守であった。

代貸の村田忠が、若い衆たちに命じた。

「車で、甲府へ向かえ」

そのとき石井の家に稲川裕紘も部屋住みでいた。

村田は、稲川親分から預かっている実子ゆえに、裕紘にもしものことがあっては……と甲府行きのメンバーからあえて裕紘を外していた。裕紘を甲府の喧嘩に行かせ、もしものことがあると、稲川親分に対し石井隆匡の立場がない。

村田は、裕紘に言った。

「若は、今回は事務所に残って親分のことを頼みます」

裕紘は、村田に言った。

「一家の者がやられたというのに、事務所に残っているわけにはいきません。行かせてもらいます」

裕紘の眼は、きらきらと燃えていた。

父親の稲川の若いころに似て、こうと決めたら一歩も引かぬ頑固さがあった。

村田は、稲川裕紘の顔を見てそれ以上止めることはできなかった。

裕紘は、すでにそのとき喧嘩支度をしていた。暗闇の中を先頭を切って車で甲府に向かった。

彼にとって、この喧嘩は、いわゆる初陣であった。裕紘、このとき二十二歳であった。

十月十日の朝方、横須賀から向かった数十台の車が甲府に着いた。

川上は、横須賀から来た一家の者たちを制した。

「この喧嘩は、おれたちで片をつけてくる。悪いが、横須賀から来た人達は、待機していてもらいたい。もし万が一のことがあったら、そのときは頼む」

翌日の朝、川上は、拳銃を背広の内ポケットにしのばせ、内藤の他にあと二人の若い衆を連れ、山田町にある加賀美土建の事務所に向かった。

川上と内藤は、事務所のドアを開け、中へ入って行った。

川上が、奥にいた貫禄のある男に念を押した。

「おまえが、加賀美猛か」

相手は、うなずいた。

その瞬間、川上は背広の内ポケットからベレッタを取り出した。加賀美に向けた。加賀美との距離は、二メートル近くあった。

「体を、もらうぞ！」

川上のベレッタが、火を噴いた。

二発、三発と撃ちつづけた。

内藤も、ベレッタを構えた。

加賀美は、事務所の中にあったスコップを、川上と内藤に投げつけた。鬼のような形相になっていた。

加賀美は、灰皿を投げつけながら、裏口から外へ走り出た。

川上は、逃げる加賀美めがけ、さらに引き金を引いた。

川上は、やがて加賀美から離れ、すばやく起き上がった。

八発も撃っていたから、相手は助かるはずはない。

事務所に引き返し、内藤に声をかけた。

「おい、引き揚げろ！」

内藤は、事務所の人間に拳銃をつきつけ、表に一歩も出られないようにしていた。

川上と内藤の二人は、事務所の外へすばやく走り出た。

二人は、エンジンを吹かして止めていた車に飛び乗った。

車は、石和に向けて走った。

事件を知った警察は、いちはやく非常線を張っていた。車は、何度か警察の検問にあったが、甲府へではなく逆の方面へ向かっていたので、無事通りすぎることができた。

石和温泉についた二人は、すぐに自首する覚悟であった。二人だけ自首して出るつもりであった。あとの者たちには、迷惑をかけないようにする肚はできていた。

川上は、横須賀の石井総長に電話を入れた。電話に出た石井総長が、思わぬことを告げた。

「横須賀に車で向かう途中の者たち十五人が、検問で逮捕されてしまった」

車でなく、検問を避けるため電車で横須賀に引き揚げた者たちは無事であった。稲川裕紘も、電車で引き揚げた組にいた。

石井総長が、川上、内藤に命じた。

「すぐに引き揚げてこい」

横須賀に引き揚げた川上は、内藤とともに石井総長の家の奥座敷に座った。石井総長は、二人に言った。

「おい、相手は生きているらしいぞ」

川上は、一瞬、恥ずかしさに顔が熱くなった。

加賀美の腹の中には、川上の撃った弾が三発入っていた。しかし、加賀美の事務所の隣は病院であった。手術が早く加賀美は、運よく命を取り止めていた。

二人からくわしい事情を聞いた石井総長は、二人に言った。

「これから、懲役に行くんだ。今夜は風呂にでも入って、ゆっくり疲れを癒せ」

石井は、あらためて川上、内藤の顔を見て、しんみりとした口調で言った。

「長いつとめになるかもしれない。おまえたちが何年行こうと、おれに任しておけ。無駄な懲役にはさせない。おまえたちが帰ってきたとき、さびしい思いはさせない……」

翌日、川上、内藤の二人は横須賀署に自首して出た。

川上は、結局殺人未遂で求刑十五年、実刑十二年を受けた。

内藤は、求刑十年、実刑八年を受けた。

加賀美土建の前で車に乗って待っていた二人のうち、一人は求刑八年、実刑五年、いま一人は、求刑六年、実刑四年を受けた。

二人が自首して出た翌日、横浜の林一家総長の林喜一郎が、加賀美の入院している甲府の病院に見舞いにあらわれた。

病室には、幹部が四、五人いた。

林は、石井と兄弟分であった。石井にかわって、加賀美に会いに出かけたのであった。

林は、岐阜でも戦いをつづけていた最中で、岐阜に甲府にと精力的に動きまわっていた。

林は、ベッドに横たわっている加賀美に、低いドスの利いた声で言った。

「落とし前をつけるためにも、二足のわらじをやめて、堅気になるんだな」

幹部たちが待機していたので病室が、にわかに殺気立った。

加賀美は、いきりたつ幹部たちを制し、林喜一郎を睨めあげた。

さすが配下三百人を擁する親分であった。重傷の中にも、取れるものなら取ってみろ、という気迫があった。

しばらく、張りつめた空気が流れつづけた。

加賀美が、ひとこと言った。

「三日後に、返事をする」

林喜一郎は、

「わかった」

と言うと、巨体をゆするようにして病室から出て行った。

あとに残った幹部たちは、部屋から出て行った林喜一郎を追おうとした。

加賀美が、幹部たちを制した。

「手を出すな！」

三日後、甲府の土建業者の有力者の社長が、熱海の稲川邸を訪れた。

社長は、応接間に通されるや、白髪の混じる頭をていねいに下げて、頼みこんだ。

「親分、ひとつ、加賀美の命だけは助けてやって下さい。本人は、堅気になって、土建業の道一筋に励むと言っております。よろしくお願いします」

稲川は、呼びつけておいた石井と林に言った。

「おまえら、いま聞いたとおりだ。堅気になった加賀美に、今後指一本触れても、おれが承知しないぞ」

　それを聞いた社長が言った。

「親分、甲府の縄張のことも、よろしくお願いします」

　稲川が、石井に言った。

「甲府の後のことは、おまえに任せる」

　稲川に言われた石井は、横須賀に加賀美一家の代貸長崎と、「穴切りグループ」のリーダーの小森敬介をさっそく呼んだ。「穴切りグループ」は、穴切り遊郭の一帯を取り仕切っていた愚連隊グループであった。甲府では、加賀美一家につづく勢力のあるグループであった。

　石井総長は、長崎と小森をその席で兄弟分にさせ、二人を川上がつとめから帰ってくるまで、甲府の代貸に据えた。

　川上三喜は昭和五十年、つとめを終えて出た。石井は稲川親分の承認を得て、川上を稲川会横須賀一家甲府川上組組長に据えた。

　稲川会横須賀一家川上組は、甲府盆地にある甲府市、山梨市、塩山市、韮崎《にらさき》市の四市を縄張にし、勢力を誇った。

統制と組織

　熱海市水口町に稲川邸が新築された二カ月後の昭和三十八年六月の末であった。梅雨が、鬱陶《うっとう》しく降りつづいている。

横山新次郎は、長い間考えたすえ、心の中でつぶやいた。

〈井上を、切らねばならぬ……〉

井上は、稲川の右腕ともいえる男であった。しかし、最近、井上の奢りが目にあまってきている。

井上が、箱根あたりに関東各地の親分たちを集めてしょっちゅう博打を開いていることは、横山の耳に入っていた。

親分たちも、稲川の顔を立てるために、こころよく応じてくれている。

ところが、井上は、博打が終わったあと、親分である稲川になんの挨拶もしていないらしい……。

井上が、自分の器量で近くの商店の旦那衆を集めて開いた博打とは、わけがちがう。関東各地の親分衆も、あくまで稲川への義理もあって出てきてくれているのだ。

それなのに、井上喜人の名で親分衆が集まってきている、と錯覚している。慢心が過ぎている。親を親とも思わぬ行動が重なりすぎている。

稲川の耳に入らぬ井上の行動も、横山の耳には、誰からとなく入っていた。

井上は、全国の親分衆と会うたびに、おのれの力を誇示している、という。

「稲川組の大半は、おれの配下だ」

と豪語し、井上の命令一下、稲川組は思いどおりに動く、と慢心している。

横山は、さらに険しい表情になった。

〈このまま井上を増長させておくと、組の鉄則を乱すもとになる。取り返しのつかぬことになる……〉

横山は、自分よりも齢の若い稲川を通じて自分のはたせなかった任侠道をまっとうしたいと思っていた。横山は、稲川組の百年後を見据えていた。

翌日の夜、横山は大船の自宅に稲川を呼んだ。この夜も、雨が降りつづいていた。

横山は、稲川に言った。

「稲川、井上を破門にしろ」

稲川は、横山の眼をジッと見た。

「………」

破門、という言葉が、稲川には雷鳴のような衝撃を与えた。相手は、稲川の右腕として組を支えてきた井上喜人だ。

長い間、沈黙がつづいた。

横山が、烈しい口調で言った。

「稲川、井上の慢心は、ますます激しくなっていくぞ」

稲川は、これまで兄貴分の横山の言うことに逆らったことはなかった。しかし、今回だけは……。

稲川は、横山に訴えるように言った。

「兄貴の言うことは、よくわかります。兄貴に逆らうわけではありませんが、このことは、しばらく考えさせて下さい……」

井上はいまでこそ慢心して目にあまる動きが増えているが、頭のよさを活かし、知将としてよく尽くしてくれた。

稲川には、井上への熱い情があった。

稲川は、井上とじっくり話し合ってみるつもりであった。

稲川は、横山に訴えた。

「井上のことは、いま一度、わたしに考えなおさせて下さい」

横山は、険しい表情のまま言った。

「稲川、よく考えるんだぞ。情におぼれては、組の統制は保てないぞ」

稲川は、世田谷等々力の児玉誉士夫邸に食事の招待を受けた。

横山から、井上の破門の話を持ち出されて二日後のことであった。

長い梅雨は明け、児玉邸の庭には、初夏の陽がふりそそいでいた。

筒袖の着物姿の児玉は、食事のあと、応接間でくつろぎながら、世間話をした。

その話の中で、児玉はふと言った。

「井上喜人という男は、将来、きみにとって明智光秀的な存在になるかもしれんぞ……」

「先生、どういうことでしょうか……」

稲川には、あまりに突然なことで、なんのことかわからなかった。思わず訊きかえした。

児玉は、鋭い、よく光る眼を稲川に向けた。心の中まで見とおすような眼光であった。

児玉は、一瞬間を置いて言った。

「具体的には、言えない。しかし、きみが、わたしのことを心の親と呼んでくれるので、きみの将来を心配してあえて言ったのだ」

稲川は、湯河原の道場のまわりの一千坪の土地を、最近売却した。そのとき、児玉の口ききで、児玉誉士夫と親しい商社に買ってもらった。その折衝に、稲川は井上喜人をあたらせた。

おそらく、その土地にからんでなんらかの問題があり、児玉は井上をそう判断したのであろう。

稲川は、児玉に頭を下げた。

「井上にどのようなことがあっても、わたしの不徳のいたすところです。もし御迷惑のかかったことがあるなら、このたびは、わたしに免じて許していただきたい」

児玉は、細い鋭い眼をなごめ、稲川を見た。

稲川の子分に対する心の大きさに、それ以上何も言うことができなかった。

稲川は、井上喜人に対する非難の火の手があちこちからあがりはじめたことに、いまさらながら心を悩ましていた。

児玉邸から帰った稲川は、翌日、熱海の自宅に横須賀の石井隆匡を呼んだ。

稲川は、厳しい表情で言った。

「石井、井上はおまえの兄弟分だが、大船の兄貴が井上を破門にしろ、と言って怒っているぞ」

「………」

石井は、その夜いったんふとんに入り眠ろうとしたが、また体を起こした。あぐらをかいて、考えつづけた。

真夜中の三時過ぎであった。

石井の頭の中は、井上の兄弟のことでいっぱいであった。

このままでは、横山の烈しい気性からして、稲川親分がかばおうとも、いずれは断を下させるにちがいない。

石井も、兄弟分である井上喜人の最近の行動に、納得できないことが多くなっていた。

たしかに、井上はひときわ秀《ひい》でたものを持っていた。石井は、井上から、判断力、統率力について教わった。

〈兄弟ほどに頭のいい、冷静な判断力を持った男が、どうして自分のこととなると目がくらむのか……〉

石井は、このごろ、そのことでしばしば淋しい思いをしていた。

しかし、井上はあくまで兄弟分である。兄弟分が破門になるのを、黙って見すごしているわけにはいかない……。

石井は、一睡もしないで考えつづけた。

石井は、夜の白みはじめたころ、固い決心をし、ふとんからそっと脱け出した。

翌日の昼、石井は、熱海水口町の小高い丘に新築された稲川邸を訪ねていた。左手を包帯で巻いていた。

窓からは、まばゆい陽が射しこんでいた。

しばらくして稲川親分があらわれた。

石井は、稲川親分がソファーに座るや、背広の内ポケットから半紙に包んだ小指をテーブルの上に差し出した。

石井は、思いつめた表情で言った。

「親分、もし許していただけるなら、これで井上の兄弟の破門を……」

稲川の顔が、一瞬強張った。

「おまえ……」

稲川は、石井にしんみりした口調で言った。

「兄弟分のために、親からもらった満足な五体を……」

稲川は、指を詰めればすべておさまるというやくざの古くからのしきたりを好まなかった。

しかし、稲川は、うれしかった。義に厚い子分を持ったことが……。

稲川は、石井の心を思いながら言った。

「おまえの指は、決して無駄にはしない」

翌日の朝、稲川は、大船の横山邸を訪ねていた。

横山新次郎に、石井が井上の破門を許してもらうため、指を詰めたことを話した。

稲川は、訴えるように言った。

「兄貴、なんとか、石井の指を生かしてやって下さい」

横山は、険しい表情のまま黙りつづけた。

しばらくして、口を開いた。

「わかった。今回は、石井の心を汲んでやろう」

石井は、昭和三十八年十一月二十三日、三代目の稲葉多吉から横須賀一家を引き継ぐことになった。三十九歳の若さであった。

横須賀一家は、横須賀、浦賀方面を縄張りとして明治時代前に結成された名門である。縄張りはかなり広く伊豆七島までを縄張としていた。

宮本廣志は、よく冗談で若い衆には言っていた。

「おまえら、いい加減なことをやっていると、伊豆七島に島送りにするぞ」

初代は、小菅兼吉、二代目は岡安桝五郎であった。

しかし、四代目を受け継ぐはずの石井は言った。

「おれは、四という数字が嫌だから、五代目にしてほしい」

石井は、四代目の「四」の字を忌み嫌った。そのため、横須賀一家で、明治元年ころ横須賀から日本橋芳町《よしちょう》に出て、芳町、蛎殻町《かきがらちょう》を縄張りとしていた斉藤岩吉の流れをくむ鈴木伊之助に四代目をとらせることにした。まず四代目の継承式をおこなわせ、その直後に、五代目の継承式をおこなった。そのために、石井は、横須賀一家五代目を名乗っているのである。

東声会会長町井久之

井上喜人の破門は、いったんおさまったかに見えたが、それから二カ月後の夏の終わりに、井上が事件を起こした。

井上は、その夜、赤坂の「ホテル・ニュージャパン」地下にある高級ナイトクラブ「ニュー・ラテンクォーター」で数人の舎弟を連れて飲んでいた。

井上たちが飲んでいると、目鼻立ちの鋭い、背の高い六尺近い偉丈夫が、若い衆を数人連れ、ホールに入ってきた。

東声会会長の町井久之《まちいひさゆき》であった。

町井は、韓国人の仲間たちからは、〝ファンソ〟と呼ばれて尊敬されていた。〝ファンソ〟というのは、韓国語で、オスの猛牛の意味である。

戦後、銀座を中心に暴れ回っていたころから〝銀座の虎〟とも呼ばれていた。町井は、終戦直後、銀座に進出、急激に台頭した外国人の勢力を集めのし上がっていった。

銀座に進出したときは三十人そこそこであったが、胆力と知力にものをいわせて、わずか数年で一千五百人もの構成員を擁する大組織に急成長した。

町井は、昭和三十八年当時は児玉誉士夫と深い繋がりを持ち、児玉とともに日韓国交正常化の舞台裏で暗躍していた。

町井は、韓国の朴正熙《ぱくちょんひ》大統領と親しく、児玉と朴大統領の橋渡しをしたともいわれる。

児玉、町井は、岸信介《きしのぶすけ》をはじめ、大野伴睦《おおのばんぼく》、河野一郎《こうのいちろう》、川島正次郎ら、いわゆる韓国ロビーといわれた政界の実力者たちの韓国との橋渡しもしていた。

町井は、三十八年の一月には、児玉の仲介で山口組三代目田岡一雄と舎弟分の盃を交わしていた。

町井は、井上たちのテーブルの隣のテーブルに座った。

しばらくして、井上が町井に声をかけた。

「町井君……」

町井は、酒が入って赤黒くなった顔を井上喜人に向けた。

じろり、と井上喜人を睨み据えた。

町井久之は、かつて碑文谷署に逮捕されたとき、怒って手錠をひきちぎったといわれるほど気性の激しい男である。

町井は、静かだが力のこもった声で言った。

「おまえさんに、君呼ばわりされるおぼえはねえ」

井上も、若いころは京浜、東海道の愚連隊では最も暴れ者で通っていた男である。いまは、稲川組の最高幹部であり、全国的に顔も売れている。

町井の言葉を聞いて、井上のそばについていた若い衆たちが、いきり立った。

若い衆の一人が立ち上がり、町井に飛びかかっていこうとした。井上が、とっさに制した。

「静かにしろ！」

そばでは、堅気の者たちが楽しく飲んでいる。

井上も、静かに町井を睨みかえした。

「話は、いずれつけてやる」

井上の腸《はらわた》は、煮えくりかえっていた。かならず、決着はつけてやる。そう心に誓った。

井上は、湯河原の「のぞみ旅館」の大広間で声を張りあげた。

「これから、東声会と、全面戦争に入る！」

夜の十二時を過ぎていたが、広間には、百五十人を超える稲川組の主だった者が集まっていた。井上が緊急召集をかけて集めたのであった。

広間には、異様に緊張した空気が張りつめていた。昭和三十八年夏の終わりであった。

井上は、いまさらながらこみあげてくる怒りにあおられるように言った。

「町井は、おれたちの組に喧嘩を売ってきた。近ごろ、のぼせ上がりすぎている」

井上は、その夜のうちに、稲川組の主だった者に召集をかけたのであった。東声会と全面戦争に入る肚であった。稲川組の代貸として全国的に顔が売れてきていた自分の誇りを傷つけられたことが許せなかった。

前列に座っていた長谷川春治は、あらためて井上の顔を見た。

その眼は、冷ややかであった。怒りをふくんだ視線であった。

〈なにが、組をあげての戦争だ。この争いは、おれたち稲川組とは、関係ねえじゃねえか〉

長谷川は、「ニュー・ラテンクォーター」で井上と同席していた若い衆たちから事情は聞いていた。

井上は、あくまで、てめえの誇りが傷つけられたことでわめいているだけではないのか。

別に、稲川親分が傷つけられたわけではない。組の代紋が傷つけられたわけでもない。

親分や、代紋が傷つけられたのなら、まっ先におれが体を賭けて飛びこんで行く。

しかし、今回の喧嘩は、あくまで井上個人の面子が傷つけられた、というケチなことに端を発している。それも、相手の町井久之に問題があるわけではない。町井を君呼ばわりした井上こそ、思いあがっている。

それなのに、組の幹部にまで召集をかけている。なんと思いあがった態度か。組の者を、まるで私兵扱いしている！

てめえが個人的に売られた喧嘩なら、なにも組あげての喧嘩にしないで、てめえだけで片をつけたらどうだ。

長谷川は、隣に座っている森田祥生の横顔を見た。

森田祥生の眼も、井上に冷ややかであった。

長谷川は、さらに横須賀の石井隆匡の表情も見た。

石井は、井上とは兄弟分であった。つい二カ月前も、大船の横山が、井上の最近の思いあがった行動を見かね、破門にしようとした。そのとき、石井は指を詰めて、兄弟分の破門を許してもらっていた。左手に巻かれた包帯は、まだほどかれていない。

その石井の表情も、強張っていた。

長谷川は、さらに川崎の山川修身の表情も見た。

山川は、井上の舎弟であった。山川の表情も、石井同様厳しかった。

町井は、稲川親分が心の親と決めている児玉と特別親しい親分である。稲川親分の立場を考えれば、ケチな、個人的な感情で争いごとを起こす問題ではない。親分の立場を、どうして考えてくれないのか。

井上は、日頃冷静でひと一倍頭の回転が早い。ところが今回の、井上らしからぬ行動や言動に、稲川組の幹部たちや井上の舎弟、若い衆は、一様にとまどいを見せていた。

井上は、組の者たちから、完全に浮きあがっていた。

長谷川は、井上に言った。

「このことは、親分は知っているんですか」

井上は、表情を硬くして言った。

「親分には、これから話す」

稲川は、兄貴分の横山新次郎といっしょに湯河原の錬成道場の大広間に座っていた。

そこに、井上が入ってきた。井上は、稲川と横山に、東声会の町井久之との喧嘩のいきさつを告げた。

「のぞみ旅館」に、喧嘩のためにすでに百五十人は召集している、ということも告げた。

井上は、自分の話を聞き、稲川親分がすぐにでも命令を下すかと思っていた。

稲川の顔色が、にわかに変わった。怒りをこめて井上に言った。

「すぐに、みんなを解散させろ！」

広い道場いっぱいに響きわたるほどの声であった。

稲川の顔が、怒りの色に染まっていた。

横山の顔も、怒りにゆがんでいた。

井上は、心臓をいきなり刃で一突きされたような衝撃を受けた。その場にいたたまれず、ただちに引き下がった。

井上が道場から出て行くや、横山が言った。

「稲川、おれが言ったことは、間違いあるまい。このままあの男を増長させておくと、取り返しのつかぬことになるぞ……」

任侠の筋を通す

稲川は、その日の夜九時ごろ、世田谷区等々力の児玉邸の応接間に呼ばれていた。東声会会長の町井も、ともに呼ばれていた。

いつものように久留米絣《くるめがすり》の筒袖《つつそで》の着物を着、暖炉を背にして座った児玉は、稲川と町井の二人の顔をあらためて見た。児玉の表情は、険しかった。

この時期、児玉は、全国の任侠団体を結集し、左翼に対抗させるために東亜同友会をつくろうとして、頓座していた。かわりに、関東の任侠団体だけでも結集して関東会をつくろうと動いていた。

現実に関東会が結成されるのは、この四カ月後の十二月二十一日のことであった。

任侠団体が、いまや面子のためにもめている時代ではない。

児玉は、苦々しい気持ちになっていた。

町井が、すかさず言った。

「わたしは、稲川親分に刃向かう気はさらさらありません」

稲川は、児玉に頭を下げた。

「オヤジ、御心配をかけて申しわけありません」

稲川は、井上がくだらぬ問題を起こし、児玉誉士夫にまで心配をかけたことを、心から恥じていた。

児玉は、稲川の言葉に、険しい表情をゆるめた。

「稲川君、よろしく頼む」

「御心配かけました」

稲川は、児玉にそう答えると、隣に座っている町井にも井上の非礼を詫びた。

町井も、恐懼《きょうく》して深々と、頭を下げた。

「わたしこそ、大人げないことをしまして、恥じております」

稲川は、町井の奢ることのない素直さに感心していた。

児玉は、頼りにしている稲川と町井久之のやりとりを眼をなごめて見ながら言った。

「ありがとう……」

「御心配をかけて、申しわけありません」

稲川が児玉邸を辞すとき、町井は、わざわざ表まで稲川を見送りにきた。

町井は、稲川が車に乗りこみ、走り出すまで礼儀正しく頭を下げていた。

稲川は、横浜に向けて車が滑り出すや、腕を組み、眼を閉じた。

二カ月前、やはりこうして児玉邸から熱海に帰る車の中で思ったものである。

〈井上の破門は、まわりからどう言われようとも、いま一度考えなおそう〉

しかし、今回は違っていた。

はっきりと肚を決めた。

〈井上を、切る〉

稲川は、井上をかばえるだけかばってきたつもりである。

これまで一度も逆らったことのない兄貴分の横山から、

「井上を破門にしろ」

と言われても、かばってきた。

心の親と決めている児玉誉士夫から、

「きみのところの井上君は、将来、明智光秀的存在になるかもしれんぞ」

と言われても、なお井上を切る気にはなれなかった。

しかし、今回は、すでに肚を決めていた。稲川は、底知れぬ心の大きさを持っていた。が、一度こうと決めてしまうと、梃子でも動かなかった。なにものをもってしても、一度決めた意志を変えさせることはできなかった。

稲川は、井上への烈しい怒りがこみあげてきた。

〈馬鹿者め……せっかく人一倍すぐれた力と頭を持って、あれだけの立場になりながら……〉

横須賀の兄弟である石井隆匡も、わざわざ指まで詰めて井上の破門を防いだのに……まわりの者の心もわからないで……。

稲川は、井上をぶん殴ってやりたい衝動にかられていた。

しかし、いまやもう、すべてが遅かった。組の中に、井上の直系の若い衆が半数近くいる。

万が一、井上が組を割って外に出る事態になれば、井上についていく若い衆もいよう。

まかりまちがえば、せっかく三千人を超えるまでにふくらんだ組の勢力が、二分されることも考えておかねばならぬ。

しかし、いまや問題は別であった。

稲川は、おのれに言いきかせていた。

〈たとえ組が二分されようとも、筋は通さねばならぬ……〉

横山は、「横浜ホテル」の一室で、森田に低い声で言った。

「森田、万が一のときには、おまえにもう一度体を賭けてもらうことになるかもしれんぞ」

横山は、思いつめた、ひときわ険しい表情をしていた。顔色も、少し青ざめていた。

森田は、横山の眼を見返した。

横山は、森田の眼をジッと見て言った。

「井上を殺ってもらうことになるかもしれぬ」

「………」

部屋には、重苦しい沈黙が流れていた。

横山は、さまざまな可能性を考えて手を打っていた。井上が反逆し、大勢の若い衆を引き連れ、組を割って出るかもしれなかった。

森田には、横山の思いつめた気持ちがひしひしと伝わってきた。稲川親分と稲川組のために、いま一度体を賭ける覚悟はあった。

稲川は、奥座敷で、横山に畏《かしこ》まった口調で言った。

「兄貴のいうとおり、井上喜人を切ります」

稲川の顔には、苦しみの色がありありとあらわれていた。

横山は、稲川のこのように辛そうな表情をはじめて見た。

〈よほど、苦しんだな……〉

横山は、稲川の心を思った。

「稲川……」

横山は、深くうなずいた。

稲川は、横山に訴えるように言った。

「井上を破門にしないで、堅気にさせます」

稲川が、悩んだすえに考えついた断であった。

井上の将来を考え、せめて、堅気に……と決めたのであった。

井上には、十二分な知恵がある。堅気として、立派に生きていけるはずであった。

横山が言った。

「いいだろう」

横山の厳しい眼と、稲川の鋭い眼が合った。おたがいに見合ったままであった。

おたがいの心の中は、わかり合っていた。

稲川は、「横浜ホテル」の一室に、井上を呼び出した。

窓の外では、激しい叩きつけるような雨が降りつづいていた。

井上は、いままでのような元気な姿でなく、青ざめた顔で、うつむきかげんに一礼し、部屋に入ってきた。

稲川は、井上の眼を見た。

射すくめるような恐ろしい眼であった。

「井上……今日から、堅気になれ」

井上の顔は、ゆがみ引きつった。

稲川は、言った。

「ともに体を張ってきたおれとおまえだ」

稲川は、血を吐くような口調で言った。

「おまえを助ける道は、おまえが堅気になるしかねえんだ。井上！」

井上は、強張り青ざめた顔で稲川を見つめた。

稲川はきっぱりと言った。

「それが承知できねえんなら、この場でおれがおまえの命をとる！」

「………」

「おまえが堅気になるか、おれが命をとるか、二つに一つだ、井上！」

ホテルの窓を、激しい雨が叩きつける。

息づまるような時間がつづいた。

井上は、ようやく口を開いた。涙声であった。

「親分、ありがとうございました……」

稲川は、ようやく鋭い眼をなごめた。

井上は、稲川の眼をジッと見た。その眼には、涙がにじんでいた。

「親分……いろいろと、長い間、御迷惑をおかけいたしました」

その言葉には、井上の断腸の思いがこもっていた。

稲川の胸にも、熱いものがどっとこみあげてきた。

〈井上……〉

稲川は、その夜、井上の舎弟、若い衆たちを集めて言った。

「おれについてくる者は、来い。井上とともに堅気になるものは、堅気になれ」

その結果、井上の舎弟、若い衆のすべては、稲川親分を慕い、任侠の筋を通した。

政治結社錦政会

児玉誉士夫は、世田谷区等々力の自宅応接間で、稲川に、険しい表情で語っていた。

「稲川さん、若い者たちがやれ肩が触れたの触れないの、顔を潰したの潰されたのと、屁みたいなことで貴重な生命を取り合うような愚をやめて、もっと天下国家のためになることを考えるべきだ。体を張るのは、人のためとか国のためだけだ。全国の任侠団体がおたがいの友和をはかり、いままでとちがった前進した生き方をしてもらいたい……」

昭和三十八年の初秋であった。

児玉邸の広い庭のあちこちからこおろぎの鳴く声が聞こえていた。

児玉は、六〇年安保での左右両陣営の対決の経験から、一党一派にとらわれず、日本が共産主義革命の危機にさらされたときいっせいに決起できる強固な大組織をつくろうとしていた。そのため、全国の任侠団体を結集し、「東亜同友会」をつくろうという遠大な構想を抱いていた。

児玉は、強調した。

東亜同友会を、たんなる政治的団体にするのではない。高度成長を迎え各地で多発化しているやくざ同士の抗争を未然に防ぐために、事件が起こってしまった場合、その解決にあたる全国的な権威ある連絡機関としても活かそう、と。

稲川は、これまで博徒一筋に生きてきた男であった。

安保騒動のときには、常日頃ムダ飯を食っている人間として、国のために少しでも役立てれば……と手銭、手弁で協力してきた。

しかし、政治とはまったく縁のないところで生きてきた男だ。

政治は、政治家に任せておけばいい。おれたち博徒の口を挟むことではない。稲川は、そう思っていた。

同時に、関西と関東の任侠団体を団結させようなんて、はじめから無理なことはわかっていた。関西と関東のやくざは、気質もちがう。強引に束ねようとしても、無理がある。

が、児玉は、心の親と決めた人物である。心の親が命を賭けている構想のためには、力を尽くそうと決めていた。

東亜同友会実現のための発起人会は、昭和三十八年一月に関東の会合が、二月はじめには、名古屋地区の会合が持たれた。

そして二月十日、関西地区の発起人会が京都の都ホテルで開かれることになった。いわゆる、〝京都会議〟である。この会議には、関東の親分衆も出席した。

中国、四国は、山口組の田岡一雄組長が動き、九州は、児玉自身が意思統一にあたった。

その〝京都会議〟のおこなわれる数時間前に、神戸市須磨の料亭では、山口組三代目の田岡一雄を兄、児玉と親しい東声会会長の町井久之を舎弟とする結縁の儀式がおこなわれた。

この結縁により、その夜おこなわれた〝京都会議〟はよりスムーズに進むかに見えたが、結局東亜同友会構想はさまざまな事情がらみで暗礁に乗りあげた。

その後、二月二十八日に世田谷区等々力の児玉邸で全国的な規模の幹部発起人会を開くまでに漕ぎつけたが、東亜同友会構想は、ついに幻に終わってしまった。

児玉は、稲川に、腹の底からしぼり出すような声で言った。

「稲川さん、全国規模での任侠団体の団結はうまく運ばなかったが、なんとか関東だけでも、と考えている。協力してほしい……」

稲川は、答えて言った。

「わかりました」

児玉は、関東だけでも結束をはかるため、根回しをはじめた。

稲川は、昭和三十八年十月十六日に、稲川組を錦政会と改め、政治結社の届け出をした。

錦政会の顧問には、右翼陣営の大物三浦義一《みうらぎいち》、児玉誉士夫、岡村吾一《おかむらごいち》、小沼正、吉田彦太郎らを迎えた。

児玉は、昭和三十八年十二月二十一日に、関東の任侠七団体を結束させ、関東会と名乗り、その結成式をあげた。場所は、熱海の「つるやホテル」であった。

住吉会の磧上義光、松葉会の藤田卯一郎《ふじたういちろう》、日本国粋会の森田政治《もりたまさじ》、日本義人党の高橋義人、東声会の町井久之、北星会の岡村吾一、それに錦政会の稲川の七親分の顔がそろった。

各団体の幹部三百人余が一堂に顔をそろえた。

右翼陣営からは、児玉誉士夫の他に、平井義一、白井為雄、中村武彦、奥戸足百の四人が出席した。

初代会長は、加盟七団体の中で年長者である松葉会の藤田卯一郎を推薦した。

児玉誉士夫が、最後に挨拶した。

「これを機会に、各団体ともおたがい友和をはかり、国のために尽くしてもらいたい」

それから、

「天皇陛下万歳！」

を三唱し、閉会した。

それから数日後、衆参両院全議員に、「自民党は、即時派閥抗争を中止せよ」と題する関東会七団体の連署による「警告文」が配付された。

《今日の日本は、自民党のみにくい派閥抗争によって亡国の方向へ大きく傾斜しつつある。

先般の総選挙において、自民党のある派閥が他の派閥の候補者に加えた中傷と妨害は最も悪質なものであって、自民党の当面の敵である左翼の候補者に対するよりも、さらにひどい非難と攻撃を加えたものであった。

このような恐るべき醜状《しゅうじょう》が全国到《いた》るところで展開された。

自民党の派閥抗争の責を、特定の派閥や個人に集中することは公正ではない。

河野一郎氏一人が政治的に失脚したところで、自民党の派閥抗争は断じて止むものではない。

河野氏の派閥的行動を非難攻撃している人達が、いまだに自分達の派閥を解体しないのは何を陰謀しているのか。

彼らは派閥解消に名を借りて河野氏の政治的失脚を狙っているといわれても仕方ないであろう。

近頃巷に乱れ飛んでいる個人攻撃のデマ中傷は、すべて来年の自民党総裁選挙にそなえての醜い事前運動であろう。

今や自民党の派閥抗争は全く末期的現象を呈している。この責任は自民党の各派閥すべてにある。

河野氏といえども同罪である。自民党の各位が真に心から派閥解消を切望するならば、このいまわしい派閥抗争の責任は自民党衆参両院議員の全員にあることを自覚するであろう。この自覚が生れない限り、自民党の派閥解消は断じて一歩も前進しない。

また自民党が派閥抗争に明け暮れている間に、日本の左翼勢力は着々と革命的実力を蓄積して、暴力革命の好機到来を待機している非常事態に気付くであろう》

この派閥勧告文は、河野一郎を暗に擁護するものであった。

稲川をはじめ、加盟七団体の親分衆は、このような内容の勧告文が出されたことは知らなかった。

この関東会の派閥勧告文は、政界に大きな波紋を投げかけた。

河野派を除く衆参両院議員は、関東会全体が、河野擁護の意思表示をしたかのごとく受け取り、関東会七団体の粉砕を検察、警察当局に指示した。

関東会と党人派との癒着の危険を感じとった官僚派が、さっそく潰しにかかったのだ。

年の明けた翌昭和三十九年二月初旬、警視庁内に「組織暴力犯罪取締本部」が設置された。

本格的に、関東会と、その加盟七団体の解散をめざして動き出したのであった。

三月二十六日、警察庁は、あらためて錦政会、松葉会、住吉会、日本国粋会、東声会、日本義人党、北星会の関東会加盟の七団体をはじめ、神戸の山口組、本多会、それに大阪の柳川組を加えた十団体を広域暴力団として指定した。

それまでは現行犯でないと逮捕されることのなかった博打も、非現行でも、逮捕される制度に変わった。

錦政会にとって、厳しい時代のはじまりであった。

盟友

趙春樹は、稲川親分の待つ横浜に向かう自動車の中で、心を弾ませていた。

〈いよいよ稲川親分の若い衆に……〉

昭和四十二年の六月はじめのことであった。

窓の外の左手に見える東京湾は、霧雨に煙っていた。

趙は、千葉県松戸市周辺を縄張とする箱屋一家総長であった。終戦直後から、向島に住んでいたので、関東中の博徒、テキヤたちからは〝向島の親分〟と呼ばれ、多くの信頼と人望を集めていた。

東京近辺の若手では、一、二を争う親分として、メキメキとその頭角をあらわしていた。

趙は、生井一家の先代であった近藤幸次親分の関係から、当時、日本国粋会に加盟していたが、いろいろな事情から、一年くらい前に脱会していた。

脱会と同時に、兄弟分であった稲川組横須賀一家総長石井隆匡から、何度となく、稲川組へ……との誘いの言葉をかけられていた。

趙も、稲川とは、戦後まもなくからのつき合いがあり、稲川のスケールの大きい人柄には、強く惹かれていた……。

その稲川のもとに、自分の一家一門を引きつれ、いまや若い衆になる決心をしていたのであった。

稲川に最終的な許しを得るために、車で向かっていた。

趙は、窓の外を走り過ぎる風景に眼を放ちながら、あらためておのれに言いきかせていた。

〈長い、回り道だった……〉


趙は、大正十二年、中国河北省の天津《てんしん》市に生まれた。

兄弟は十二人もいた。昭和十七年、趙は、徴用され、軍隊に入った。しかし、昭和十九年の八月、天津で日本軍に掴まり、捕虜となった。

天津から、渤海湾《ぼつかいわん》に注ぐ海河の下流にある港町の塘沽に送られた。そこから、船で日本へ送られた。

太平洋戦争末期の昭和二十年の正月、門司に着いた。趙は、さらに汽車で大阪を経由し、山形県の酒田に着いた。酒田の捕虜収容所に収容された。捕虜収容所には、中国人と英国人が収容されていた。中国人は、六百人近くいた。趙二十二歳のときであった。

昭和二十年八月十五日、終戦を迎えた。趙は、自由の身になった。

趙は、墨田区の向島に腰を据えることになった。向島に中国人がいて、その中国人の家に転がりこんだのであった。趙たち中国人グループは、戦後の混乱の中で、しだいに数を増していった。

趙たちは、浅草、上野、銀座と盛り場をわがもの顔に暴れ回る集団と化していた。

いつの間にか、趙は、その集団のボスになっていた。趙の統率力と、信義を重んじる性格が、配下たちの信望を得たのであった。

そのうち、趙は、日本の博打に興味をおぼえた。博打で一日中賭場に入りびたるようにさえなっていった。

やがては、自分の力で賭客《ときやく》を集め、賭場を開帳し、テラを取るまでになっていた。

趙が稲川に会ったのは、昭和二十三年の暮れであった。

趙は出口辰夫や、井上喜人と、その以前からの顔見知りであった。

趙が、集団で盛り場を荒し回っていたころ、当時愚連隊であったモロッコの辰のグループも、浅草、上野を暴れ回っていた。

二つのグループは、何度かぶつかり合い、血を流し合った。

リーダーであるモロッコと趙とが対立しあうこともたびたびであった。

ところが、モロッコと趙は、いつの間にか意気投合してしまった。

趙は、稲川がいる横浜に向かう自動車の中で、稲川組に入ろうと決意するまでの長い経路をあらためて振り返っていた。

〈いまになってみれば、郭智深の通夜博打での事件も、おれが稲川組へ入る運命の糸の綾だったのかもしれない……〉

講和条約の調印された昭和二十六年の暮れ、趙の弟分郭智深の通夜博打がおこなわれた。

郭は、趙とおなじ中国人で酒田の捕虜収容所でいっしょになり、中国に帰りそびれた仲間であった。

その葬儀の通夜博打は、近藤幸次親分の特別のはからいで近藤親分の別邸で盛大におこなわれた。

趙は、その当時近藤親分と正式に盃は交わしていなかったが、なにかと面倒を見てもらっていた。

近藤親分は、のちには生井一家八代目総長になるが、当時は、箱屋一家総長であった。

通夜博打には、近藤親分をはじめ、〝銀座のライオン〟といわれた生井一家七代目総長の篠原《しのはら》縫殿之《ぬいの》助《すけ》親分をはじめ、関東の親分衆が大勢顔を出した。

小田原から、稲川組の井上喜人、横須賀からは、当時双愛会系の石塚儀八郎親分の代貸でまだ稲川組に入っていなかった石井隆匡も顔を出してくれていた。

趙は、自分の弟分のために、錚々《そうそう》たるメンバーが顔を出してくれたのが、うれしかった。

〈郭よ、よろこべよ……〉

ところが、淀橋の玉ノ井一家の若い衆の中山修三が、酔っぱらって若い者の止めるのも聞かず、賭場に入ってきた。

盆に座り、博打に手を出したが、負けがこむと酔った勢いで、ぐずぐずとクダを巻きはじめた。

せっかくの郭の通夜博打が、台無しであった。わざわざ、式（賭場）を貸してくれた近藤親分にはもちろん、せっかく顔を出してくれた親分衆たちにも、申しわけが立たない。

その夜の博打の貸元は、趙と兄弟分で、酒田の捕虜収容所からいっしょであった、王祖和であった。

趙は、中山を外に連れ出すよう弟分たちに命じたが、中山は賭場から出ようとしない。

強引に連れ出して喧嘩になれば、なおさら賭場の客たちに申しわけが立たない。

夜がふけ、客も五人、六人とぽつぽつ帰りはじめた。

石井隆匡は、若い衆の稲澤和男を連れて引き揚げるとき、わざわざ趙のところに来て低い声でひとこと言った。

「趙さん、短気を起こしちゃ、駄目だよ……」

趙の耐えている気持ちを、自分のことのようにわかってくれていた。

「横須賀……」

心配かけてすまねえ……趙は心の中で言った。石井の言葉に感謝していたが、すでに殺る肚を決めていた。

趙は、ふだんは大人しかったが、相手があまりに筋の通らないことをしたときは、黙っておれない性格であった。

王祖和も、貸元としての顔が潰され、中山を殺るつもりであった。

趙の弟分に、「道具はないか」と訊いてきた。

趙は、弟分に命じた。

「弾を抜いて、ハジキを渡しておけ」

王には、捕虜になって酒田に来たときから特別に恩義を感じていた。王を長い懲役に行かすわけにはいかない。

親分衆がすべて引き揚げるや、趙はすぐに弟分の一人から、ブローニング・モデル１９３５を受け取った。

そのとき、中山は、まだ賭場でぐずぐずと言っていた。

王は、ふいに立ち上がった。拳銃を構えた。中山めがけ、引き金を引いた。

が、引き金の音だけであった。弾が出るはずもない。

趙は、すかさず中山の腹めがけて引き金を引いた。

轟音とともに、中山は腹を押さえてうずくまった。真白い盆の上に、鮮血がしたたった。

中山は、すぐに救急車で病院に運ばれた。

弾は腹から入り、腸を突きぬけ、尻のところで止まっていた。生命は、奇跡的に取り止めた。

趙は、王とは、近藤親分の別邸での事件であることを隠し通す約束をした。

趙は、事件後、横須賀にしばらく姿を隠していた。

横須賀に入りこみ、勢力を広げはじめていたモロッコの辰を訪ねたが、モロッコは留守であった。

趙は、石井を訪ねた。

石井は、趙のために、

「大変だろう……」

とわざわざ二十万円をくれた。当時、大銭打ちが立て盆に座っても、持ち銭が十万円という時代である。

趙は、石井の気持ちが心に沁みた。

趙は、一週間後、向島に帰った。そのとたん、王祖和の若い衆から、連絡を受けた。

「いま、王が逮捕された」

中山修三が、手術するとき麻酔を打たれ、手術の直後にとった調書で、

「王祖和と趙春樹に撃たれた」

としゃべっていたのだ。

趙は、自首して自分ひとりで罪をかぶる肚を決めた。もともと、本当に撃ったのは自分なのだ。

その日は、金曜日の夜であった。

月曜日に自首して出ることに決めた。

しばらくの娑婆への別れのために、土曜日は好きな競輪をやりに松戸競輪場へ行った。

日曜日には、後楽園競輪場へ行った。

趙は、観覧席に入った。そのとたん、張りこんでいた刑事に捕まってしまった。

趙は向島署に連れて行かれたが、しばらくは黙秘で通すことにした。時期が来れば、いくらでもしゃべれる。

趙は、警察署から検察庁へ容疑者を運ぶ押送車《おうそうしゃ》で、王と運良くいっしょになった。

王がささやいた。

「近藤親分が、なんとか話をつけると言っている。このまま、おたがいに黙っていよう」

結局、趙も王も、ある日突然釈放になった。

撃たれた中山修三が、前言をひるがえしたのであった。

「誰に撃たれたか、はっきりおぼえていない」

先に中山が取られた調書は、麻酔を打たれた直後であった。完璧な調書ではない、ということになったのであった。

趙は、この事件で親身になって動いてくれた近藤親分の心に惚れ、釈放後正式な若い衆になった。

趙は、後楽園事件についても思いを馳せた。

〈あの事件で、石井の兄弟が、おれのためにわざわざ駆けつけてくれた……〉

昭和二十九年の夏の暑い日であった。

当時住吉会系の富藤組の若い衆と趙たちが後楽園の競輪場でもめごとを起こした。

趙は、若い衆を三人しか連れていなかった。相手は、十数人いた。

趙たちは、かまわず相手に殴りかかっていったが、さすがに人数にはかなわなかった。

殴り合いの果て、傷ついた趙は、取り囲んだ連中を睨みつけて言った。

「明日、正午、ここで待ってろ！」

取り囲んだ連中も、答えた。

「おお、いつでも待ってるぜ」

その夜のうちに、横須賀の石井隆匡のもとに、趙が住吉会系の富藤親分のところの者たちともめたことが伝えられた。

石井は、自分のことでは、たいていのことは我慢をする人間である。

が、石井は、趙がやられたと聞くや、宮本ら若い衆を集め、その夜のうちに申しわたしたという。

「明日、三十人ばかり若い衆を集めろ。後楽園の競輪場へ行く。おれも、行く」

翌日の正午、趙は、若い衆を三十人ばかり連れ、後楽園競輪場へ乗りこんだ。趙をはじめ、全員懐には拳銃をしのばせていた。

その日も、炎の降るような暑さであった。

敵は、七、八十人も引き連れて待っていた。おたがいに、炎天下で、睨み合った。

そこに、石井が先頭に立ち、三十人近くの若い衆を引き連れ、助っ人に駆けつけた。

趙は、思わず石井に声をかけた。

「横須賀……」

石井は、趙の隣に立つと、黙って趙の眼を見た。

趙は、うなずいた。

〈わざわざ、おれのような者のために、ありがとう……〉

趙は、感謝してもしきれない気持ちであった。

中国から異国へ来ているゆえに、理不尽なことで痛めつけられると、人一倍怒りに燃えた。

逆に情けを示されると、人一倍、情が胸に沁みた。

おたがいに、七、八十人が睨み合った。拳銃を向け合った。

一触即発というとき、鉄兜《てつかぶと》をかぶった警官が、なだれをうつように駆けつけた。

拳銃を撃つと、警官に当る。趙春樹も、石井も、若い衆たちに命じた。

「引き揚げろ！」

もう一隊、鉄兜をかぶった警官の群れが押しかけてきた。

警官とのもみあいのすえ、両方ともその場から逃げ散った。

しかし、趙の若い衆三人と、石井の若い衆二人が逮捕されてしまった。

その夜、石井の若い衆の宮本廣志は、鎌倉にある富藤親分の自宅に、車二台、六人で、押しかけた。

下っ端の者の体をとっても仕方がない。とるなら富藤親分の体をもらおう、という肚であった。

全員、拳銃をしのばせ、富藤親分の家の玄関に入った。

ところが、殴りこみとは知らない富藤の妻が、おっとりした口調で迎えた。

「どうぞ、どうぞ、みなさんお上がりになってお茶を飲んで下さい。そのうち、ウチのひとも帰ってきますので……」

宮本たちは、目ざす富藤親分が留守と聞き、しばらく外で張りこんでいたが、朝方引き揚げた。

その夜遅く、趙は、石井の自宅を訪ねて詫びを言った。

「兄弟、若い衆に逮捕者まで出させて、すまねえ……」

趙は、これまで、石井のことを兄弟同様に思っていた。が、趙が、石井のことを「兄弟」と口に出して呼んだのは、このときがはじめてであった。

石井も、物静かな口調で趙に言った。

「兄弟……おたがいさまだよ……」

この事件以来、趙と石井は、正式な盃こそ交わさないが、おたがいを兄弟と呼び合うようになった。

〈石井の兄弟が稲川組に入ったのは、後楽園事件から数年後だった……〉

趙は、その当時のことを、昨日のことのように思い出した。

石井は、最初小田原の井上喜人と兄弟分になり、それから稲川組に入ったのであった。

石井が正式に稲川親分の盃を受けて若い衆になったときのよろこびに輝いた顔を、趙はいまだに忘れられない。

石井は、趙に言った。

「兄弟、おれは、幸福者だ……」

趙も、石井の兄弟のよろこびを、わがことのようによろこんだ。

「兄弟、よかったな……」

趙には、昭和二十三年、御殿場で稲川に初めて会ったとき、稲川親分にかけられた情のこもった言葉が、いつまでも忘れられなかった。

そのとき以来、稲川とは、賭場で何度も顔を合わせていた。

稲川は、顔を合わすたびに、いつもぶっきらぼうだが、情のこもった声をかけてくれた。

「おい、趙さん、元気かい……」

稲川は、会うたびごとに、スケールの大きい親分になっていた。

それでも、初めて会ったときと少しも変わらぬ態度で趙に接してくれた。

「趙さん、なにかあったら、いつでも声をかけてくれ」

趙は、いつも心の中で思っていた。

〈どこまで懐の深い人物であろうか……〉

石井の兄弟からも、稲川についていろいろと聞かされていた。

自分の眼でも、稲川の人柄を見ることができた。

稲川は、どこまでも生一本な男であった。人の悪口を言うのを、一度も耳にしたことがなかった。

絵図を書き、人をけしかけて喧嘩をさせるようなことを極度に嫌っていた。

堅気衆には、まったく迷惑をかけない。

自分のやったことを、決してひけらかすこともなかった。

趙は、思っていた。

〈小さいころ、やくざの伯父さんから何度か聞かされた、中国の古い遊侠の親分を思い出させる……〉

昭和三十八年には、箱屋一家の加盟団体である日本国粋会は、住吉会、松葉会、日本義人党、東声会、北星会、錦政会とともに、関東会に加入、任侠右翼への傾斜を強めていた。

しかし趙は、当時の日本国粋会の会長である森田政治とは、進む方向のちがいをはっきりと感じていた。

〈政治に情熱をそそぐなら、おれだったら政治家になる。おれは、生涯、一博徒として終わる〉

昭和三十七年の六月、生井一家七代目総長の篠原縫殿之助が逝去し、生井一家八代目総長には、趙の親分の近藤幸次が就いた。

そして昭和三十八年の五月、森田政治が生井一家九代目総長を襲名した。

趙は、その直後の昭和三十八年七月一日、賭博開帳図利で逮捕されてしまった。

一年半の懲役であった。

東京オリンピックの翌年、つとめを終えて出たときには、趙をいろいろと導いてくれた近藤幸次親分は、すでに引退していた。趙は、箱屋一家の総長に座った。

放免祝に向島に駆けつけてくれた稲川組の石井隆匡と、一夜ゆっくりと語り合った。

石井は、稲川も心配していたことを告げたあと、しんみりした口調で言った。

「近藤親分も、生井一家を引退したことだし、どうだい、うちの親分の身内にならないか……」

趙は、稲川には強く惹かれていたが、日本国粋会系である自分が稲川の身内になることは考えられなかった。

が、兄弟分つき合いをしている石井にそう言われ、心の中であらためて考えた。

〈近藤親分が引退したいま……〉

しばらくして、趙は、石井に言った。

「兄弟……ありがたい……だが、まわりの情勢もある、考えさせてくれ……」

それからまもなく、趙は、正式に日本国粋会を脱会した。

趙は、日本国粋会を脱会したいま自分の一家一門を引きつれ、稲川の身内になることを決心していた。

趙は、その日、稲川組が事務所代わりに使っている横浜ホテル３２２号室で稲川親分と会い、正式に稲川の若い衆になった。

第3章
龍と虎

山口組、稲川会の縁組

稲川は、昭和四十年二月に、稲川組や住吉会の各親分衆を集めて開いたいわゆる総長賭博で逮捕され、求刑五年、一審で三年半の判決を受けた。控訴し、結局三年の実刑と決まっていた。

福岡刑務所に服役中の稲川の出所が、いよいよ一カ月近く後に迫った昭和四十六年十二月下旬のひどく冷えこむ夜であった。

稲川組の事務所がわりに使っていた「横浜ホテル」322号室で、稲川組林一家総長の林喜一郎と、稲川組横須賀一家総長の石井隆匡が、話し合いをつづけていた。

石井は、親分の服役している福岡を思い浮かべ、

〈今夜あたりは、中（刑務所）も、冷えこんでいるだろう……〉

と案じながら、林喜一郎に言った。

「山口組の山本健一若頭が、うちのオヤジの出迎えに、大勢の若い衆を動員してくれる。飛行機をチャーターして、福岡まで大挙して出かけてくれるそうだ」

林喜一郎は、山本健一の精悍な顔を思い浮かべながら言った。

「頭も、義理固いな……」

この十二月に、山口組の若頭であった梶原清晴《かじわらきよはる》が逝去し、その組葬に、稲川組から百人ぐらいが出かけていた。

山本健一は、梶原清晴若頭亡きあとの若頭を継いでいた。

山本健一は、昭和二十年、復員ののち、山口組に出入りしはじめていた。

その後メキメキと頭角をあらわし、昭和三十六年には、山健組を結成。山口組の山陽道西下作戦のときの立役者であった。

福岡には、自ら斬りこみ隊長として乗りこんでもいた。

日頃から、

「うちの親分は、日本一の親分だ。おれは日本一の子分になりたい」

と組仲間に公言するほどの親分思いで、田岡組長からも絶大な信頼を受けていた。

当時、山本健一、四十七歳であった。

林喜一郎、石井隆匡、趙春樹の三人は、山本健一とは親しさを増していた。とくに石井は、山本との交友を強めていた。

石井は、山本との交流を深めるにしたがって、山本と意気投合していった。

山本は、豪胆であると同時に緻密な一面を持っていた。情も、深かった。山口組の屋台骨を背負って立つだけの男であることを、会うたびに再認識させられていた。

山本から教えられるところも多かった。

心底から男が男に惚れる、ということは滅多にないことであったが、石井は、山本に惚れこんでいた。

石井が言った。

「田岡親分も、若い衆たちの出迎えを了解してくれたそうだ」

林も言った。

「住吉会からも、大勢出迎えに行く、と言ってくれている」

「親分も、よろこぶだろう」

ところが、暮れも押しつまった十二月三十日、稲川は、福岡刑務所からひそかに東京府中刑務所に移送された。稲川組の幹部にすら知らされない、隠密移送であった。

福岡に大挙して出迎えの者が押しかけた場合の警備問題を考え、当局が府中刑務所へ移送したのであった。

年が明けてまもなく、留守中の親分の代行をつとめる林喜一郎が、稲川親分に府中刑務所に呼ばれた。

林は、特別面会ということで稲川親分に会った。

林は、自慢そうに言った。

「親分、うちの組から五千人だけでなく、住吉会からも山口組からも、大挙して出迎えに来てくれるそうです」

ところが、稲川親分から、意外な言葉が返ってきた。

「林、出迎えはやめろ。うちのやつに着替えを持たせて、一人で来させればいい」

「姐さん一人……」

林は、一瞬、信じられなかった。

おそらく、府中刑務所のまわりには、稲川の放免を祝って、二万人は集まるであろう。文字どおり、祭りのような盛大さになる。

林には、出所祝の盛大さで稲川の大きさを全国の親分衆たちに見せてやろう、という気持ちもあった。

稲川は、厳しい口調で命じた。

「いいな、ウチの若い衆も、一人も出迎えに寄こすんじゃねえ。他の組の者の出迎えも、ありがてえことだが、わけを言って断わってくれ」

「親分……」

せっかく、他の組からもたくさんの申し出があるのに……と言おうとして、林は、あとの言葉をのんだ。一度、こうと決めたら、梃子《てこ》でも動かぬ親分であることがわかっていた。

稲川は、厳しい口調のまま言った。

「世間に、迷惑がかかる」

林は、きっぱりと言った。

「親分、わかりました」

林は、稲川の命令どおり、山口組をはじめ、各組の親分衆に、お気持ちはありがたいが、出迎えは遠慮していただくよう、緊急に連絡をとった。

稲川は、出所四日後の一月二十四日、林喜一郎と石井隆匡らを引き連れ、尼崎の関西労災病院に入院中の山口組三代目田岡一雄を見舞いに出かけた。

この日尼崎は、午後から雨が降りはじめ、濃霧注意報が発せられたほど霧が深かった。

田岡は、昭和四十年に狭心症、心筋梗塞症を併発して倒れ、それ以来病院生活をつづけていた。

稲川は、田岡を放免祝のため無理に熱海に来させては悪いと思い、自分の方から足を運んだのであった。

世間では、山口組と稲川組とが激しく対立していると思いこんでいた。

そういう状況下にあったから、もし、稲川が、田岡組長のところに出所後真っ先に足を運んだことがわかれば、不思議に思ったことであろう。

稲川は、福岡刑務所の中で、山口組の若い衆になにかと世話になったことがあった。その礼も言っておきたかった。

田岡は、稲川が案じていたより元気であった。

ベッドに身を起こした田岡に、稲川は、福岡刑務所の中で若い衆に世話になった礼を言ったあと、言った。

「福岡まで迎えに来て下さる手はずになっていたそうですが、本当に心配をかけまして……」

田岡は、元気な稲川の顔をジッと見て言った。

「ウチの梶原の葬儀のときにも、わざわざたくさんの若い衆たちに来ていただいている。おたがいさまです。それより、元気そうでなによりだ……」

それから、なごやかな話し合いがつづいた。

世間には、両者がいがみあっているように思われている。が、親分同士、おたがいに肚を割って話し合えば、親戚でもあり、あらためて相手の大きさがわかった。

横須賀一家総長の石井隆匡は、東京の向島の料亭で、山口組若頭の山本健一と会っていた。

石井が、稲川会の理事長の座に座ってまもなくのことであった。

山本は、小柄な体であったが、さすがに山口組を背負って立つ人物である。座っているだけで、あたりを圧するものがあった。

眉の入れ墨が、ひときわ目立った。

石井は、山本にあらためて頭を下げた。

「親分の放免祝といい、東京本部への贈物といい、心遣いありがとうございました」

山本は、石井の頭を下げるのを制した。

「いや、こちらこそ礼を言わなくては……稲川親分には、出所後わざわざ、神戸まで足を運んでウチの親分の見舞いに来ていただき、ありがとうございました」

話し合いは、なごやかにすすめられた。

話の途中、山本が、熱っぽい口調で言った。

「わしは、うちの親分を、日本一の親分と思っている。しかし、おたくの稲川親分に接し、わしは、うちの親分が龍なら、稲川親分は、虎だと思うてますわ……」

山本の言葉には真実味がこもっていた。

石井は、山本から自分の親分を褒められ、なによりうれしかった。酒は一滴も飲んでいなかったが、いい酔い方をしたときのようなここちよさであった。

山本が、しんみりした口調で言った。

「おたがいに、いい親分が持てて、しあわせ者や。この稼業に入って、いい親分の持てるほどしあわせなことはない……」

山口組の中でも武闘派の筆頭で、「行け行けの山健」との異名をとっている山本は、日頃から「うちの親分は、日本一の親分だ。おれは、日本一の子分になりたい」と公言している男でもあった。

石井も、山本とまったく同感であった。

石井は、あらためて山本の眼を見て言った。

「おたがいに、日本一の子分になろう……」

山本も、石井の眼をジッと見返した。

二人は、おたがいの眼と眼を見合ったまま、しばらく言葉がなかった。

それから二日後の昼、石井は、六本木の稲川会本部で、稲川にうかがいを立てていた。

「親分、山口組若頭の山本健一と、兄弟分の縁を結びたいと思っているのですが……」

「山本と……」

奥の部屋のソファーに腕を組んで座っていた稲川は、石井が山本と親交を深めていることは聞いていたが、正式に兄弟分の縁を結びたい、と言われ、さすがに一瞬驚いた。

稲川は、腕を組み、しばらく考えつづけた。

〈山本は、いい男だ……〉

出所後、田岡を見舞いに行ったとき、三代目の口ぶりからも、山口組の若頭である山本健一を信頼していることがうかがわれた。

石井が、あえて兄弟分の縁を結びたい、と思う気持ちも十分にわかっていた。

稲川は、眼の前にある山口組からの贈物である柱時計を見ながら石井に言った。

「石井、いい縁じゃないか……」

石井は、稲川親分に頭を下げた。

「親分、ありがとうございます……」

石井は、心の中で誓っていた。

〈親分……山口組と兄弟分の盃を交わし、親分に恥をかかせるようなことはいたしません……〉

山口組の若頭である山本健一と兄弟分の盃を交わしておいて、もし山口組が世間が案じているように関東に攻めこむようなことがあれば、稲川親分に恥をかかせることになる。

山本と兄弟分の盃を交わすことは、重大な責任を負うことであった。

稲川には、石井のそのような気持ちもわかっていた。

また、石井と山本の兄弟の盃を交わしたときに、関東の他の組織からの、囂々《ごうごう》たる非難の声があがることもわかっていた。

「稲川会は、山口組の関東進出の手引きをするのか！」

稲川は、石井と山本との兄弟分の盃によって、山口組と深い縁のできるいい機会かもしれない、と思った。

〈むしろ、稲川会が山口組と手を結ぶことで、関東、関西、ひいては日本中の任侠団体の親睦が、よりいっそう強くなる〉

それから一カ月後、やはり向島の料亭で、山口組若頭山本健一、山口組若頭補佐の益田佳於、稲川会理事長の石井隆匡、稲川会専務理事の趙春樹の四人が食事をしていた。

益田は、若いころから山本と行動をともにしてきた〝盟友〟で、山口組幹部の中では、山本と最も親密な関係にあった。

益田は、田岡組長と同じ徳島の出身ということもあり、田岡一雄からも目をかけられていた。

益田佳於は、昭和二十七年に三代目山口組の直若になった。

昭和三十七年には、配下数十人を引き連れ、神戸から横浜に進出。

昭和三十八年の四月には、田中清玄《たなかきよはる》らの唱える「麻薬追放同盟」横浜支部長になっていた。

山口組の中では、最も関東に明るく、交際も広かった。益田佳於、このとき四十二歳であった。

趙は、兄弟分である石井を通じ、益田との親交を急速に深めていた。

おたがいに肚を割って話し合ううち、益田のことをそれまで多少誤解していたことがわかった。

益田と会うたびに、おたがいに共鳴するものをおぼえていた。

山本健一と石井隆匡が兄弟分の縁を結ぶとともに、山口組若頭補佐益田佳於と、稲川会専務理事趙春樹との兄弟分の縁も結ぶ方向に話がすすんでいた。

その年の十月二十四日の午前十時過ぎ、神戸市灘区篠原本町の、田岡一雄組長の邸宅に、黒塗りの車四台が横づけになった。

車から、稲川をはじめ、石井、趙ら幹部九人がつぎつぎに降り立った。

山本と石井、益田と趙の兄弟分の盃が、同時におこなわれることになっていた。

マスコミは、この日の盃を「日本の地下組織の歴史を塗り変える儀式」と書いた。

空は、秋晴れで、吸いこまれるような青さであった。

大勢の山口組の若い衆に出迎えられ、稲川らは正面玄関を入った。

正面玄関には、木彫りの大鷲が、翼を広げていた。

正面玄関を入った右手奥から、護衛に詰めている若い衆たちが出てきて並び迎えた。

田岡一雄も、一階奥左手の応接間で待っていてくれた。

稲川は、田岡に丁重な挨拶をした。

「このたびは、いろいろ御配慮をいただきましてありがとうございました」

田岡一雄は、厳しい眼をなごめて言った。

「いや、今日は、うれしくて……おめでとう」

稲川は、若い衆にかわって三代目の体を支えるようにして、二階に向かった。

二階には、大広間が広がっていた。広間と次の間との境の襖は取りはらわれていた。畳五十枚の広さがあった。山口組の祝事や定例会は、この大広間でおこなわれることになっていた。

二階大広間の正面にある床の間左手には、大理石の大きな置物が据えてあった。

山菱の代紋の下に、《山口組三代目組長　田岡一雄》と刻みこまれている。

その他、翁《おきな》と嫗《おうな》の像などが飾られていた。

やがて、山本と石井、益田と趙の二組の盃事がおこなわれた。

大広間には、張りつめた空気が漂った。

大広間の神前には、山口組側から山本、益田、稲川会からは、石井、趙が、それぞれ向かい合って座った。

二人の前には、真新しい三方が置かれ、その上に、素焼きの盃が二つ、懐紙でつながれていた。

取り持ち媒酌人が、口上を述べた。

「ただいまより、山口組田岡一雄若衆山本健一と、稲川会稲川聖城若衆石井隆匡、兄弟分、固めの盃事をとりおこないます……」

二つの盃に、均等に酒がつがれた。

石井は、山本と同時に盃を口に運んだ。

石井も山本も、飲み干すや、懐紙で盃を包んで懐にしまった。

石井は、山本と手を固く握り合った。

〈兄弟……〉

取り持ち媒酌人が、二人の握り合った手を、上と下から固く押さえた。

山本と石井とが同時に凛とした声を放った。

「兄弟、よろしく頼みます……」

つづいて、益田と趙の兄弟盃がおこなわれた。

稲川は、二組の盃事を見守りながら、田岡に心の中で呼びかけていた。

〈これまで、おたがいに紆余曲折があったが、これからは……〉

稲川は、関東の他の組の親分たちにも、心の中で話しかけていた。

〈この縁組が、はたして山口組が関東に進出してくる手引きとなるか、逆に歯止めとなるか、これからの結果が、すべてを語るだろう……〉

稲川裕紘の誓い

稲川会長が総長賭博にからむ事件で三年半のつとめを終えて出た昭和四十七年三月に、稲川会は、港区六本木に本部事務所を構えた。

その直後に、松葉会の大幹部の永作捨己が当時稲川会の理事長であった石井と会った。

そのとき、永作捨己から話が出た。

「どうでしょうか。近いうちに、稲川さんのみなさん方と、うちの松葉会の主だった者たちとで食事でもいかがでしょうか……」

永作捨己は、稲川の兄貴分である亡き横山新次郎と縁故関係にあり松葉会と稲川会の窓口になっていた。

さっそくおたがいの会の上層部同士が向島の料亭「桜茶屋」に集まり、なごやかな話し合いの時間を持った。

それから間もなくして、日本国粋会からも同様の話が出、おたがいの会の大幹部同士が集まり会食した。

つづいて、住吉連合会の五代目堀政夫《ほりまさお》総裁からも同様の話があり、住吉連合会と稲川会の大幹部同士が一堂に会した。

「それなら、いっそのこと、関東の博徒九団体のトップ同士が、一堂に集まり食事の会を持ってはどうか……」

稲川の提案により、その年の十月二十日、関東の博徒九団体の親分衆や、最高幹部たちが、向島の料亭「桜茶屋」に集まった。

その日の宴の最中に、どこの会からともなく話が出た。

「これから、こういう会を毎月一度持つことにしましょう。そして、各団体の交友、親睦を、いっそう深めましょう」

おたがいの組同士で、無益な血を流し合う愚を、それぞれの組の親分も最高幹部も、いやというほど知っていた。

おたがいの組同士の親睦がはかれれば、末端で起こった間違いも、トップ同士の話し合いで食い止められる。

おたがいの組同士の親睦は、どの組も願っていたことだが、それまで実現の機会がなかった。

が、その日をもって、せめて博徒だけでも親睦の会を持つことになったのであった。

会の名は、最初二十日に集まったことから「関東二十日会」と命名された。

関東の博徒である住吉連合会、松葉会、日本国粋会、日本義人党、二率会、交和会、双愛会、東亜友愛事業組合、稲川会の九団体の親睦会であった。

それ以後、毎月二十日、夕方の六時から、その月の当番の会が決めた場所で会合を持つようになった。各会から、会長をはじめ最高幹部三人から五人が出席した。

末端での抗争も、その月の当番の組がすぐに仲裁に入り、大きな抗争が火を噴かぬよう抑えた。「関東二十日会」が結成されて以来、関東でおさまらぬ事件は、ひとつとしてなかった。

いまや、関東二十日会の親睦と友好関係の深さは、日本全国の任侠団体からうらやましがられている。

熱海湾上空の夜空に、華麗な花火が打ち上げられていた。

稲川は、熱海の自宅二階の大広間の窓から闇空に花開く一瞬の幻を見つづけていた。

昭和四十九年八月五日の夜であった。この日、毎年恒例の熱海市主催の花火大会が開かれていた。

稲川といっしょに理事長の石井隆匡も夜空に打ち上がる花火を見ていた。

二人とも、何も言わないで花火を見つづけた。

花火を見ながら、石井隆匡が稲川親分に言った。

「親分さん、ひとつお願いがあるんですが」

畏まった口調であった。

「碑文谷一家を継ぐ長谷川のあとの熱海を、裕紘に死守させていただきたいと思いますが、どうでしょうか」

稲川は、一瞬複雑な表情をした。

熱海の山崎屋一家の縄張は、長谷川に死守させていた。

その長谷川も、碑文谷一家九代目総長の跡目を継いで東京に出ることに決まった。

石井は、そのあとの熱海を稲川裕紘に死守させてもらえないか、とのうかがいをたてたのであった。

石井は、自分のもとで部屋住みから苦労した稲川裕紘の長い修業時代をあらためて振り返って言った。

「裕紘も、もう大丈夫です。熱海を十分に死守できる力をつけております」

稲川は、腕を組み、険しすぎるほどの表情で石井の言葉に耳を傾けていた。

石井は、稲川の実子裕紘への厳しさを知っていた。

裕紘が、はじめてテラを取ったとき、回銭を父親である稲川親分のところに借りに行った。そのとき、稲川は、甘えるんじゃない……という厳しい表情になり、返事をしなかった。

ただひと言、物静かに言った。

「裕紘……半端では、この渡世は生きられないぞ」

結局、稲川は、裕紘に回銭を貸さなかった。

実子だからといって、決して甘やかさなかった。石井の眼には、むしろ、他の若い衆たちより厳しく突きはなして鍛えているように映った。

昭和四十年、裕紘は、賭博開帳で神奈川県警に逮捕された。初めての逮捕であった。非現行であった。

そのとき、裕紘は、黙秘権を使いつづけ、ひと言もしゃべらなかった。

調書ができなくて困りはてた県警本部の係官たち数人が、稲川のもとにやってきて訴えた。

「親分、ひとつお願いがあるんです。稲川裕紘が、まったくしゃべらない。なんとか納得させて認めさせてもらえませんか。そうすれば、裕紘は執行猶予になるし、保釈にできる」

「あんたたち、勘違いしてもらっては困る！」

稲川は、怒りを顔にあらわして係官たちに言った。

「裕紘は、おれのせがれだ。裕紘を主犯にしろ。ほかの者を幇助《ほうじょ》にして、保釈してやってくれ」

稲川は、そう言い張った。

わが子ゆえに、よけいに千尋《せんじん》の谷に突き落とす厳しい態度でのぞんでいた。

そのあとで稲川の兄貴分の横山新次郎と森田祥生が二人で磯子の警察に面会に行き、裕紘の説得にかかった。

「裕紘、おまえの口の固いのは、わかった。認めろ」

横山にそう言われても、裕紘はついに口を割らなかった。最後まで突っ張りつづけた。

しかし、石井が外から冷静な眼で判断して、裕紘は二代目という甘さから脱皮し、大きく育ってきた。

むしろ、石井が想像していた以上の成長ぶりであった。稲川親分から頼まれて裕紘を預かった自分としても、裕紘がここまでになったことがうれしかった。

稲川は、ほかでもない息子の裕紘を長い間修業させていた石井からそのように言われ、素直にうれしかった。

稲川は、石井にあらたまった口調で言った。

「石井、長いあいだ……ありがとう」

突然に親の稲川に内証で入れ墨を入れて、この稼業に入った裕紘を厳しく育ててくれた石井には、感謝しきれないものを感じていた。

〈裕紘も、石井にそこまで言われて、幸福者だ……〉

次の日の夜、稲川は熱海の自宅の応接間に裕紘を呼んだ。

近況を聞いたあと、裕紘に言った。

「おまえに、長谷川の後を任せる。長谷川同様、りっぱに死守しろ」

裕紘は、最近いっそう鋭さをましてきた眼を輝かせて言った。

「命を賭けて、守らせていただきます」

裕紘は、感激に胸を熱くしていた。父親に、初めて認められた、ということがなによりうれしかった。この稼業に入ったときから、父親に一日も早く認められたい、と思いつづけてきた。そのために、どのような厳しい修業にも耐えてきた。

父親から、

「おまえのような半端なやつは、この稼業を止めてしまえ！」

と言われることが、一番恐ろしかった。

他の堅気の商売なら、父親からいかに商売を止めてしまえ、といわれても、止めたくなかったら止めなくてもすむ。

しかし、親分を父に持つ裕紘にとって、親分である父親から止めろ、と言われると、この稼業では生きてはいけない。よけいに必死であった。

その父親から、父親が初めて持った由緒ある熱海の縄張を死守しろ、と命じられたのだ。

裕紘は、父親が熱海の山崎屋一家の縄張を受け継いだときの三十五歳という年齢を意識していた。

ロッキード事件と児玉誉士夫

戦後最大の疑獄事件といわれたロッキード事件で児玉誉士夫の名があがったとき、稲川は、いの一番に児玉邸に駆けつけたい思いにかられた。

稲川にとって、ロッキード事件と児玉との関わりは、まったく寝耳に水であった。

ロッキード事件は、そもそもは、アメリカから火の手があがったものであった。

昭和五十一年の二月四日、アメリカ上院外交委員会多国籍企業分科委員会が公聴会でロッキード航空機会社の対外売り込み工作についての文書を発表。ロッキード社は、同社のエアバスＬ１０１１型機トライスターを日本へ売り込むのに、右翼の大物児玉誉士夫を同社代理人として、昭和四十五年から五十年にかけて約七百万ドルの工作資金を児玉に渡し、代理店の総合商社丸紅に三百二十二万ドル、香港にあるＩＤ社に二百十五万ドルの、計一千二百四十万ドル余りを支払ったという。

なお、それらの工作資金が、日本の政府当局者に流れたこと、児玉が国際興業社主の小佐野賢治をロッキード社に紹介、二人でロッキード社の対日工作を援助し、丸紅の檜山会長、大久保専務らが政府当局者への資金提供を進めたことなどをロッキード社副会長のコーチャンが証言したのであった。

稲川は、稲川会本部の奥の会長室で、理事長の石井ともども見舞いに行くべきかどうか、迷っていた。

世田谷区等々力の児玉邸に押しかけては、マスコミの餌食になる。

〈おれは、やくざ者だ〉

そのおれが、このような事件のさなかに真っ先に児玉邸に行けば、マスコミは、児玉誉士夫とおれとの関係をまるで鬼の首でも取ったように書きたてるにちがいない。児玉にとって、不利な展開になることになる。

〈おれが見舞いに行かない方が、かえって親孝行になる〉

稲川は、事件のほとぼりが冷めるまで、児玉邸には顔を出すまい、と心に決めた。

稲川は、児玉邸に電話を入れた。

秘書の太刀川恒夫《たちかわつねお》が出た。稲川の名を告げると、児玉がすぐにかわって電話に出た。

稲川は、児玉の体の心配をまずし、元気であることを確認すると、児玉に言った。

「オヤジ、世間でオヤジのことをどう言おうと、おれは、オヤジを信じています」

稲川は、児玉とは稼業がちがっていた。雲の上でおこなわれている政治の世界のことは、まったくわからなかった。ただ、政治には裏の裏があることはわかっていた。単純にとらえることのできない複雑な世界であることもわかっていた。

児玉は、少し気分の晴れたような声で言った。

「稲川君、心配かけてすまないね……」

稲川は、児玉に言った。

「オヤジ、おれにできることがあれば、なんでも言って下さい」

これからも、児玉の命を狙う者がいるかもしれなかった。稲川は、児玉にどういうことが起ころうと、体を賭けても守るつもりであった。

「稲川君、ほんとうにありがとう」

稲川は、電話を切るなり、石井に命じた。

「オヤジも、これからはなにかと大変だろう。毎週、日を決めて、かならずオヤジのところになにか届けろ……」

児玉邸につとめている十人近い若い衆たちや、弁護士たちの食糧だって大変なものである。この週から、毎週土曜日、欠かさず児玉邸に肉や魚を届けた。

昭和五十一年の三月二十三日には、俳優の前野光保《まえのみつやす》が、日の丸のはちまき、左腕に日の丸の腕章という特攻隊スタイルで小型飛行機に乗り、児玉邸に突っこむという事件が起きた。児玉邸は半焼した。

稲川は、その知らせを聞くや、石井理事長をすぐに児玉邸に走らせた。

石井理事長は、屋敷の外で、日本義人党の高橋義人に児玉の安否を聞き、無事を聞いて、安心して引き揚げた。

ロッキード事件の捜査は、つづけられた。

三月十二日に、所得税法違反で児玉を告発。五月十日、外為法《がいためほう》違反で児玉を起訴。五月二十四日議院証言法違反で全日空社長若狭得治《わかさとくじ》を告発。六月二十二日には、全日空専務沢雄次ら三人を外為法違反で、丸紅前専務大久保利春を偽証罪で逮捕し、事件の真相究明にしだいに迫っていった。

その後、丸紅、全日空、児玉ルート、それぞれであいついで容疑者が逮捕され、七月二十七日には前首相田中角栄《たなかかくえい》までが外為法違反で逮捕され〝戦後最大の疑獄事件〟へと発展していった。

稲川は、翌昭和五十二年の三月、児玉の調べがひととおり終了したとみるや、

〈もうオヤジを見舞ってもいいだろう……〉

と判断し、石井を連れ、児玉邸を訪ねた。

応接間に通され、児玉と秘書の太刀川、稲川、石井の四人でなごやかに話し合った。

秘書の太刀川は、稲川が昭和三十五年の安保のあと、児玉邸に単身乗りこんだとき、案内した当時は新入りの秘書であった。昭和三十八年から四十一年までの四年間は、のちに総理大臣になる中曽根康弘《なかそねやすひろ》の秘書として修業し、この当時は再び児玉の秘書にもどっていた。

児玉は、少し痩せたように見えたが、眼光は依然鋭かった。稲川の心の中まで見とおすような視線であった。

稲川は、うれしそうに言った。

「オヤジ、案じていたより、はるかに元気そうじゃないですか。オヤジが元気でさえいてくれれば、わたしはなによりうれしいんです」

児玉は、鋭い眼をなごめ、ありがとうよ……というようにうなずいた。

稲川は、児玉にあらためて言った。

「オヤジ、口はばったいようですが、昔の稲川じゃないんです。これまでは迷惑をおかけしましたが、このへんで親孝行をしたいんです。なにかあったら、なんでもわたしに言って下さい」

児玉は、うれしそうに何度もうなずいた。

稲川は、かつて児玉に世話になっていながら、今回の事件で手の平を返すように去っていく者がいる

ことを耳にしていた。

稲川は、思っていた。

〈オヤジ、おれは、一度結んだ契《ちぎり》は、自分の命のあるかぎり守ります〉

企業舎弟第一号

石井が設立する「北祥産業」社長となり、日本における、いわゆる「企業舎弟」の第一号といわれる庄司宗信《しょうじむねのぶ》は、昭和七年一月一日、富山県富山市に生まれた。

庄司は、昭和二十年四月、旧制富山中学に入学した。柔道部に入った。

素行は、だれから見ても目にあまった。花札などの賭博はする。煙草は吸う。悪さの限りを尽くした。あげくのはてには、二年生のとき、教師を殴りつけた。ついに放校処分となった。

それから二年後の昭和二十四年、富山県庁の職員として就職した。富山市議をつとめた祖父の知り合いのかなり強力な口利きがあったせいである。試験もなく、就職できたのである。

土木課に勤める生活がはじまった。それとともに、定時制高校にも通った。

役所というところは、激しい気性の庄司には物足りなかった。ぬるま湯に浸かりきっているようであった。自分がいったいなにがしたいのかわからないいじれったさと居心地の悪さを感じながら過ごした。

庄司は、家業である質屋を継ぐつもりはさらさらなかった。経済的に困っている人を相手に商売することには、虫酸《むしず》が走った。

そのうち、庄司は、芸者と恋に落ちた。

自分の生きる道を見つけられないもどかしさとも絡み合って、庄司は、芸者との恋に燃え上がった。死んでもかまわないと思えるほどのめりこんだ。その恋が、つねに抱いている鬱々とした思いを吹っ切らせた。

〈このまま公務員をつづけたところで、出世する見込みはまったくない〉

庄司は、富山県庁に辞表を出した。芸者と富山県の高岡市に移り住んだ。結婚までした。

庄司は、高岡にある洋食屋で働かせてもらうことになった。そこは、明治五年から上野で営業している精養軒でコックをしていた腕の確かなひとがチーフをしていた。庄司は、そのチーフの下で、コックになるために働いた。

四年後、独立した。洋食屋の店長が保証人となって、銀行からの融資を元手に洋食屋を開いた。いずれは、和風レストランをはじめようと思っていた。庄司の商売は、順調だった。銀行からの借金も完済し余裕が出た。

だが、それとともに、悪い虫が目を覚ました。仕事が終わって、火遊びをはじめた。愛人をつくった。博打にも手を出した。もともと和風のレストランをはじめようと貯めていた資金まで、そっくり吸われてしまった。妻との間には子供がひとりできていたにもかかわらず、庄司は離婚を決意した。

庄司は、単身で上京した。昭和三十九年、東京は、オリンピックにむけて盛り上がっていた。銀座八丁目のクラブ「シャングリラ」で働きはじめた。

庄司は、特殊なオードブルがつくれるほど腕が立った。そのうえ、若い店員ホステスを束ねるのがうまかった。

人当たりのやわらかい庄司は、ホステスのあしらいもうまかった。彼女たちが体調を崩したと訴えてくれれば、彼女たちの機嫌をうまく取りながら、店で働かせる術を知っていた。

ホステスたちの意欲を盛り上げるために、若くて見栄えのするウエイターを集めた。年配の男たちの客を相手にして心の中ではうんざりしているホステスは、気持ちに張りが出て楽しく働いた。

庄司が、特に気を配ったのは、自分の客を持つ、いわゆる、「売り上げ」のホステスではなく、売り上げのホステスにつく「ヘルプ」といわれるホステスであった。彼女たちは、自分のお客を持っていない。

庄司は、華やかに輝くママやホステスを縁の下で支えつづけた。

庄司は、そのうち、銀座のクラブ「シャングリラ」の雇われママであった古城麗子から相談を受けた。

「庄司さん、どうしても独立したいから、力になってください」

古城は、銀座にクラブ「モンブレーブ」、クラブ「サンマリノ」を出した。庄司は、古城の番頭として、百万円ほどの月収をもらった。

古城の番頭として三年を過ごしたころ、東洋化成社長の萩原重治から頼まれた。

「おれのやっている店を、なんとしても引き受けてくれ」

萩原は、〝銀座の萩パパ〟呼ばれるほど、銀座でならした事業家である。古城が店を出すときのスポンサーにもなっていた。だが、自分で銀座八丁目の電通通り裏に出しているクラブ「花」が左前になってしまったのである。

庄司は、クラブ「花」を経営することにした。資本は、萩原に保証人となってもらい、銀行から五百万円ほどの融資を受けた。昭和四十三年に「東和商事」を設立した。

庄司は、質の高いホステスを集めることからはじめた。しかし、庄司は、どのようなホステスがどの店にいるかといった事情には疎かった。酒が飲めないので、自分で銀座で遊ぶことがなかったからである。

そこで、それまで培った人脈をフルに動員した。銀座で遊び慣れた客から話を聞いた。

庄司の考えるクラブにかなうホステスをリストアップし、みずからそのホステスに電話をかけた。喫茶店に呼び出して、新たな店に来てほしいと口説いた。

そのころは、ホステスが店を移る動きは、店の質、あるいは、スカウトする人間の誠意が大きかった。報酬の高さは二の次であった。その意味では、社長である庄司自身が直接スカウトしていることは、ホステスたちに安心感をあたえたのかもしれない。庄司が思ったような女性たちが集まった。

庄司は、あえて料金設定を、銀座のクラブのなかでももっとも高くした。

客は、はじめは顔をゆがめた。

「なんだ、この勘定は」

しかし、それがむしろ、銀座の遊び人たちの心をくすぐった。「『花』に行った」ということは、「高い勘定を払って遊んだ」という代名詞となった。

「花」は、連日盛況で、五十坪のフロアにあるテーブルの大きさを、当初よりも小さめなものに変えた。ひとりでも客を多く入れようとした。ついにはガラス張りのダンスフロアにまでテーブルを置いた。それでもなお、入れない客がいた。隣のビルにある喫茶店で順番待ちをしていた。

開店からわずか半年にして、古城の経営する「モンブレーブ」を追い越すほどの売上を上げた。開店資金も思った以上に早く返済でき、利盃をプールできるようにまでなった。

お客には、「ヒゲの殿下」として有名な三笠宮寛仁《ともひと》親王も来店した。ホステスと同伴出勤することもあった。

ただ、庄司は、テーブルについて客にあいさつすることはなかった。あいさつに出るのは、田中角栄、中曽根康弘といった政財界の大物と呼ばれるひとたちが来客したときだけであった。

庄司の耳には、自分への不平を口にする常連客の声も耳に入ってきた。

「ろくに挨拶もしないで。おれはこれだけ使っているのに。何様のつもりでいるんだ」

しかし、庄司は、自負していた。

〈テーブルにへばりついていることが、おれの仕事ではない〉

高い勘定を払ってでも客が来てくれる店をつくり、その店にふさわしい上質のホステスたちをそろえる。それこそ、自分の仕事だと割り切っていた。政財界の大物にあいさつするのも、あくまでも相手の顔を立てるだけのものであった。

庄司が一見すると傲慢に見える態度をとっても、「花」の客足が減ることはなかった。

「花」が銀座の高級クラブとして定着していたことに加え、三十歳半ばにすぎない庄司を、だれもがオーナーだとは思わなかったことが幸いした。だれもが、「花」のオーナーは、てっきり萩原だと思いこんでいた。それゆえに、客たちは、傲慢とも思える庄司の態度も、「どうせ、あいつは、雇われ社長だ」と口にすることで溜飲を下げた。

庄司は、萩原という大樹に身を寄せることでき、つい反発を避けた。

庄司は、開店から一年半後、「花」を移転した。電通通りの表通りにできた新築のビルの地下一階に移転した。それまでの五十坪から、七十坪という広さにした。ホステスは、七十人にもおよんだ。

なお、それまでの「花」のあった店は、「カンカン花」として「花」の姉妹店とした。

稲川会横須賀一家総長である石井隆匡がたびたびおとずれるようになったのは、「花」がまさに夜の花を満開に咲かせている昭和四十五年の春であった。

石井は、「花」に顔を出したときには、いつもジュースかお茶を飲んでいた。酒を受けつけない体質らしく、飲むと酔いの色がすぐに顔に出る。

庄司は、石井とは、なぜか初めから息が合った。

石井も、同じことを感じたようだった。

「社長、これから兄弟つき合いをしよう」

石井と庄司の関わりは、このようにしてはじまった。

鶴田浩二のトラブル

昭和五十年に入ってから、俳優の鶴田浩二《つるたこうじ》が、庄司に言った。

「おれ、ワンマンショーには出ないから」

鶴田は、任侠映画ブームとともに、「人生劇場シリーズ」、「博徒シリーズ」、「明治侠客伝三代目襲名」、「関東シリーズ」、「博奕打ちシリーズ」に出演。それとともに、その渋い歌声で人気もあった。

庄司は、鶴田と懇意で、毎年、「花」で鶴田浩二のワンマンショーを開いていた。「花」にとっても、鶴田のワンマンショーは売りのひとつであった。鶴田が、ワンマンショーに出ないと言い出したことは頭の痛いことだった。

〈なにを、ヘソを曲げているんだ〉

庄司は、はじめは、なぜ急に鶴田がそんなことを言い出したのか、わからなかった。

原因は、田宮二郎《たみやじろう》にあった。

田宮は、二枚目のルックス、身長百八十センチでスリムでありながら筋肉質であることに加え、甘い二枚目から冷酷なエリート、ユーモラスな拳銃使い、やくざ、欲望のためなら手段を選ばない悪役までもこなす人気俳優であった。「白い巨塔」などに出演するいっぽうで、「タイムショック」の司会もつとめた。

鶴田は、田宮に焼き餅を焼いていたのである。自分が「兄貴」と慕う映画プロデューサーの俊藤浩滋が、田宮二郎をかわいがるのが許せなかった。

庄司は、頭を抱えた。

〈まったく、それしきのことで……〉

それでも、鶴田のワンマンショーは、「花」の売りのひとつである。鶴田には、なんとしてでもワンマンショーに出てもらわなくてはならない。

庄司は、手をつくした。住吉連合の小林楠扶《こばやしくすお》、右翼の重鎮である岡村吾一に口を利いてもらった。

それでも、鶴田は、「出ない」の一点張り。庄司は、ほとほと困った。

〈こうなったら……〉

庄司は、石井に相談してみた。

石井は、ふたつ返事で答えた。

「山健さんに話をしてみよう」

石井は、山口組の山本健一、通称山健とは兄弟分の仲になっていた。山本にさっそく頼んだ。

山本は、俊藤プロデューサーを呼んだ。

「鶴田浩二が、あることで揉めて、『「花」でやる興業に出ない』と言っている。出るようにしてやってくれよ」

それを聞いた俊藤プロデューサーは、鶴田を叱りつけた。

「馬鹿野郎、トラブルがあろうとなんであろうと、『鶴田浩二を使いたい』と言われれば、出ろ。おまえ、タダで働くわけじゃないだろう。ちゃんとそれだけのつき合いがあって、それだけのギャラを出すんだから。何様だよ。よろこんで、『花』に出ろよ」

やっと、鶴田は、ワンマンショーに出ることになった。

このことによって、庄司と石井とのつながりはよりいっそう深いものになった。

昭和五十一年には、石井は、国際興業社主である小佐野賢治とともにラスベガスに遊びに行った。庄司も、同行した。小佐野がラスベガスで定宿にしていたホテルのＶＩＰルームに泊まった。

のちに茨城カントリークラブの会員権乱売に絡む脱税で逮捕されるケン・インターナショナル代表の水野健が、このときの現地案内役を買って出た。

石井と水野とは、破れ傘一家の入村徳次の紹介で昭和四十七年ごろからのつき合いであった。

きっかけは、昭和四十七年七月に設立した「鶴ヶ島ゴルフ倶楽部」であった。水野は、埼玉県入間郡の百四十二平方メートルにおよぶ土地にゴルフ場を開設しようとしていた。

ところが、開発を発注しようとした市川造園土木が拒んだ。そのころの水野には、まだ信用がなかったのである。

そこで、水野が、石井に口利きを頼んできたのである。

石井は、自分が経営する土木業の巽産業を通じて、市川造園土木の社長とは知り合いだった。

「水野は、おれの知り合いだから、便宜を図ってください」

石井は、水野の保証人にもなった。そこまでされては、市川造園土木の社長も断りきれなかった。

「鶴ヶ島ゴルフ倶楽部」の開発を請けた。開場したのは、昭和五十五年七月二十四日のことであった。

だが、水野が開発した茨城ゴルフカントリークラブと同様に、ここも会員権を乱売したために、のちに、会員から、「プレイできない」と訴訟を起こされることになる。

石井は、昭和五十二年の秋、久保田石材幹部などを務めた木倉功雄の紹介によって加藤暠《かとうあきら》と昵懇《じっこん》となった。

石井は加藤のすすめで、昭和五十三年に黒川木徳《くろかわきとく》証券に口座をひらいた。加藤に任せた株取引で、約二億円の利益を上げた。これを機に、加藤は、石井の株式投資の指南役として関係を深めていった。

加藤は、昭和十六年八月二十四日、広島県佐伯郡能美島高田で生まれた。

三人兄弟の末弟で、母親は、二歳の時に亡くなる。父親も相場師で投機の失敗から一家は離散。加藤は、三歳の時、広島市内の親戚宅に預けられた。加藤四歳の昭和二十年八月六日、アメリカの爆撃機B-29「エノラ・ゲイ」が落とした原子爆弾「リトルボーイ」の爆心地から一・五キロで被爆。しかし、瓦礫《がれき》のなかから奇跡的に救出された。

子供のころから勉強はよくでき、名門の広島修道高等学校に進学。高級官吏になるのが夢だった。だが、原爆の後遺症か、喀血、肺結核の療養にその後四年を要した。当時の結核はまだ難病で、霊峰宮島を望む療養所での生活が、後年の宗教へ傾倒するきっかけとなったのではないか、と言われている。

療養後は、山口県立岩国高等学校に編入。早稲田大学商学部をトップで合格し、上京した。早大在学中は勉強とアルバイトに精を出したが、アルバイトで儲けた金でギャンブルにも夢中になった。

大学をトップクラスで卒業したものの、四年の遅れは大きく、一流企業に就職することはできなかった。三洋証券に就職し、父親と同様に「相場師」としてのキャリアをスタートさせる。しかし、支店長とケンカし一年で退職。

その後は、キャバレー「クインビー・チェーン」に就職し支配人にまで上り詰めるが、自己の目標とは違い退職。

その後、娯楽機器販売会社の社長などを勤める当時二十九歳の青年実業家・関口政安の個人秘書となる。当時株を担当していて、三億円近くを動かしていたといわれている。

が、関口は、中日球場を所有していた中日スタヂアムが手形のパクリにあい倒産した中日スタヂアム事件から、名前が浮かび上がった。ついには、関口の四人もの殺人教唆《さつじんきょうさ》事件が発覚して、加藤はこの会社を去った。しかし、あくまでこれは裏の顔で、加藤はそのことにまったく気がつかなかったといわれる。ちなみに、関口は、平成元年に死刑が確定した。

加藤は、この後、黒川木徳証券の歩合外交員として、兜町に復帰した。ここで説得力のある弁舌と、明晰な頭脳、また人間的魅力で顧客を獲得していった。特に総会屋を通じて、大企業の経営者、政治家に近づいたと言われる。ディーゼル機器株の仕手戦で、財団法人日本船舶振興会創設者で、政財界の黒幕としても知られ日本の首領《ドン》とまで呼ばれた笹川良一《ささがわりょういち》の信頼を得てから、さらに力を付けた。

四発の銃声

田中組の田中新太郎組長は、昭和五十四年十二月二十三日午後五時二十分過ぎ、北九州市小倉北区赤坂二丁目「サファリマンション」一階１０２号室の奥の十五畳の居間で炬燵に入り、テレビに見入っていた。田中組長は、九州小倉で最大の勢力を誇る工藤会の最高幹部であった。

愛人の村井紀子も、いっしょに、炬燵《こたつ》に入っていた。彼女はクラブを経営していて、店に出る前であった。

突然、鍵をかけていたはずの玄関の鉄扉が開き、一人の男が侵入してきた。

男は、濡れた紺の戦闘服を着ていた。齢は、二十四、五歳か。背は百六十五、六センチで、青白い長い顔をしていた。頭髪は五分刈りで、眼つきは鋭い。

若者は、ブーツのような靴をはいたまま、土足で奥の居間にまで飛びこんできた。

田中は、そのときになって、若者が誰だか思い出した。

「何だ、おまえ！」

若者は、工藤会と対立する草野一家系極政会の組員であった。

若者は、田中組長の正面から、頭めがけて引き金を引いた。拳銃は、米国製のスミス・アンド・ウェッソン、回転式38口径五連発であった。轟音とともに火を噴いた。

田中組長の頭から、血が噴き出した。

若者は、さらに、田中組長のこめかみを狙い、引き金を引いた。田中組長のこめかみからも血が噴き出した。

若者の拳銃は、つづけて、田中組長の腹、胸めがけて二発、火を噴いた。

四発は、確実に田中組長に命中し、田中組長は炬燵の横にうつ伏せに倒れ、絶命した。

部屋に入ってから一分足らずのできごとであった。

稲川会長は、工藤会最高幹部の田中組長が、草野一家系極政会の組員二人に射殺されたことを知るや、六本木の本部事務所で腕を組み太い眉をしかめた。

〈工藤会長と草野総長は、もともと親子なのに……〉

もともと、工藤会会長の工藤玄治と、草野一家総長の草野高明とは、親分子分の間柄であった。

草野総長は、工藤会の大幹部であったが、昭和三十八年に九州侵攻を図った山口組の組員二人を殺し、北九州市小倉南区北方幸町の紫川に捨てた、いわゆる〝紫川事件〟で十年の懲役刑を受けた。草野総長は、服役中、組の解散声明を出した。

ところが、草野総長が昭和五十二年春に出所するや、工藤会の中の旧草野組組員が草野総長を担ぎ、新しく草野一家が旗揚げされた。

それに加え、草野総長は、福岡県の二日市温泉で、昭和五十四年暮れ、山口組直系の博多の伊豆組組長の伊豆《いず》健児《けんじ》と兄弟分の盃を交わした。

工藤会は、山口組と対抗する関西二十日会系であったから、事情は複雑な様相をおびてきた。

しかし、草野総長と伊豆組長との縁組の席には、工藤会長、矢坂組長も後見人として出席した。

ところが、田中組長だけは欠席した。

つまりは、大勢として工藤会と草野一家は、〝共存〟路線をとっていこうとしていたが、田中組長は、その路線に反発したかたちになっていた。

福岡県警捜査四課と小倉北署は、田中組長殺害事件をきっかけに工藤会と草野一家とが全面戦争に入りはしまいか……と警戒を強めた。

稲川は、工藤会長、草野総長ともども古くからの知り合いであった。

稲川の賭場に、工藤会長と草野高明はよく顔を出してくれた。そのとき、当時子分であった草野高明は、工藤親分のお供として顔を出していた。

稲川が小倉の賭場に顔を出したときも、草野高明は工藤会長のそばで親分をしっかりと守っていた。

〈もともとは縁の深い親子が、これ以上血で血を洗うような喧嘩をしなければよいが……〉

稲川は、工藤会長と草野総長の二人の顔を脳裏に浮かべ、一日も早く無益な戦いの終わることを祈った。

稲川は、同時に、林一家総長であり稲川会会長補佐の林喜一郎と、森田一家総長であり稲川会副理事長の森田祥生ら数名に香典を持たせ、小倉に向かわせていた。

林らは、九州を任せられている稲川会稲川一家の小川吉春の案内により、小倉北区黄金町にある工藤会事務所に向かった。

事務所の三階にある田中組長の祭壇に線香をあげ、田中組長の冥福を祈った。田中組長の密葬の終わった翌日であった。

林は、最高幹部を失った悲しみに沈んでいる工藤会長に言った。

「うちの親分で役に立つことがあったら、いつでも言って下さい。すぐに飛んできます」

七十歳を超えた工藤会長は深々と頭を下げて言った。

「わざわざ九州までありがとうございました。会長によろしくお伝え下さい」

稲川は、それから数日後、本部事務所に稲川会相談役の井上与市を呼んだ。

井上与市は、〝競馬のあんちゃん〟と呼ばれるほどの競馬好きであったが、工藤会長も大の競馬好きであった。工藤会長名義で堂々と馬主に名を連ねていた。井上と工藤は、競馬と博打との二つの縁で、とくに深く結びついていた。

稲川は、めっきり白髪の増えた井上与市に言った。

「あんちゃんも知っているだろうが、工藤会と草野一家との喧嘩をこのまま放っておくと、取り返しのつかないことになる。あんちゃんが下って行き、工藤さんとじっくり話し合ってみてくれないか」

井上与市は、さっそく小倉の工藤会事務所に連絡を入れた。

工藤会長に、田中組長の悔やみを言ったあと、

「ウチの会長が、心配している。そのことで、そちらに下って行きますから……」

と言った。

工藤会長は、

「お気持ちはありがたいですけれど、しばらく待って下さい」

と答えた。

「じつは、親戚にあたる合田一家の二代目浜部総長が、草野一家とのことでは、いろいろと心配してくれている。いま、二代目は、博打のことで警察で取り調べを受け、拘留中だが、まもなく出てくる。わたしの一存では決めかねる。それまで待っていただき相談したあと、あらためて返事をさせていただきたい」

昭和五十年、合田一家総長が亡くなり、浜部一郎が二代目として合田一家の跡目を継いだ。それからしばらくして、工藤会と草野一家との対立がはじまった。浜部は、頭を悩ました。

合田一家初代の合田幸一と工藤会の工藤玄治会長は、兄弟分の盃を交わしている。しかも、おなじ関西二十日会のメンバーでもあった。しかも、草野総長は、合田親分に非常に尽くしていた。合田親分も、生前は草野総長をかわいがっていた。その工藤会長と草野総長とが対立しているのだ。浜部総長も、なんとかこの喧嘩をおさめようと必死であった。

稲川は、井上与市から工藤会長と浜部総長とのいきさつを聞くや、

「浜部総長の出てくるのを待とう」

と答えた。

しかし、心の中では不安な思いにとらわれていた。

〈一日も早く解決しなければ、この先どんな大きな間違いになるかもしれない……〉

昭和五十六年二月四日午前零時過ぎ、小倉北区堺町一丁目の「ニュー南国ビル」内のクラブで飲んでいた工藤会系矢坂組の矢坂顕組長が、五人の若い衆に守られるようにして外に出た。

矢坂組長らは、外車に乗りこんだ。

そこに、草野一家系大東亜会の佐古野繁樹会長が通りかかった。五人の若い衆を連れていた。

工藤会最高幹部田中組長射殺事件以来、草野一家と工藤会との発砲事件は、相ついでいた。

佐古野会長グループが、外車に乗る矢坂組長に言った。

「おい、外車が邪魔だ。どけ！」

そのとたん、両者の若者たちが口論をはじめた。

矢坂組長は、あわてて車から降り、喧嘩を止めに入った。

両者が、激しいもみ合いになった。

そのとき、矢坂組の組員が、上着のポケットに手を入れた佐古野会長のそぶりを、とっさに拳銃をぬく、と錯覚した。

三メートルもない至近距離から、佐古野会長の胸めがけてスターリング自動式拳銃22口径の引き金を引いた。

佐古野会長の、右胸を銃弾が貫いた。

さらに、佐古野会長の右脇腹めがけて撃った。

佐古野会長は、大動脈や肺から血を噴き出した。

しかし、佐古野会長は、倒れながら22口径の拳銃をぬき、矢坂組長を撃ち返した。

火を噴いた拳銃は、矢坂組長の右胸に命中した。

佐古野会長は、さらにつづけざまに二発撃った。

矢坂組長の右大腿部と右腕に命中した。

そのうちの一発が、肺を貫いた。

矢坂組長も、その場に崩れるように倒れた。

一本の狭い道をへだて、二人の親分が、血に染まって倒れた。

大東亜会の副会長は、倒れた佐古野会長を助けようと腰をかがめた。

そのとたん、副会長は右肩を撃たれて倒れた。

三人は、それぞれの組員たちの車や、タクシーで病院に運ばれたが、佐古野会長は、右胸部と左鎖骨に弾が二発撃ちこまれて貫通しており、間もなく出血多量で死亡した。

矢坂組長も、右下胸部と手足に四発の銃弾を受け、約五十分後に死んだ。

副会長は、両肺に弾が貫通しており、重体であった。

福岡県警捜査四課と小倉北署は、午前一時、ただちに小倉北署内に「暴力団組長射殺事件捜査本部」を設置した。

同時に、県下三十九署から警察官約九百人を動員。

工藤会の矢坂組事務所、田中組事務所、草野一家本部周辺三カ所の道路を全面封鎖。

三事務所への警官張り付けと、北九州市へ通じる主要道路の検問などを実施し、報復防止や第二の事件発生防止のための厳戒体制を敷いた。

山口県から工藤会支援のために合田一家が、博多から、山口組系の伊豆組が、草野一家支援のために駆けつければ、全面戦争に拡大する恐れがある。

さらに、山口組と関西二十日会との全面戦争にだって発展しかねない。

小倉北署は、四日午後、捜査本部長自ら工藤会長と草野総長とに会い、厳重な警告を発した。

「絶対に二次抗争を起こすな」

合田一家二代目の浜部一郎は、矢坂組長と佐古野の二人が射殺された——という知らせを受けるや、

〈遅かった……〉

と臍《ほぞ》を噛んだ。

〈もっと早く、稲川会長に仲裁に入ってもらうべきであった……〉

浜部総長は、田中組長射殺事件直後、下関の警察から出るや、工藤会長を訪ねた。

そのとき、工藤会長から稲川会長のことを聞かされた。

「稲川会長が、今度の喧嘩を心配してくれて、井上与市さんをこちらに寄こす、と何度か連絡があったが、二代目が出てくるまで待ってもらうよう答えておいた」

浜部総長は、即座に言った。

「会長、稲川会長からわざわざ言葉があったのなら、これはひとつお願いした方がいいんじゃないですか……」

ところが、当時生きていた矢坂組長が待ったをかけた。

「二代目、これをそのまま稲川会長に任せたんでは、工藤会は、向こうを向いて歩けんようになる。うちも、由崎がとられたんじゃけん」

浜部総長は、激しい口調で言った。

「そげな仲裁誰が入るか。仲裁ちゅうもんは、どっちかが無理をしたとき初めて入るんじゃ。相手がこれをとったから、うちもこれをとって、それで辻褄が合ったところで仲裁を頼む、なんちゅうのは、おれは入らんぞ。稲川会長にも頼めん……」

そのうち、矢坂組と大東亜会との、おたがいの組にとって重要な矢坂顕と佐古野繁樹が殺し合ったのである。

浜部総長は、断腸の思いであった。

〈田中組長が殺されたとき、へたな面子を捨てて稲川会長に仲裁を頼んでおけば、矢坂組長も命を落とさずにすんだものを……〉

浜部総長は、事件直後、小倉北区京町にある草野一家の事務所に、幹部五人を使いに出した。

九州戦争を止めた

合田一家幹部は、草野総長に言った。

「このまま工藤会との争いをつづけるようだと、しまいには、うちの合田一家が相手になるようなことになりかねない、と二代目が言っております……」

草野総長は、苦渋の表情を浮かべながら言った。

「わたしは、工藤会長に対し、敵意はさらさら持っておりません。まして先代からお世話になっている合田一家に対しても、逆らう気持ちはありません。抗争を、これ以上繰り返す意思もありません」

草野総長の肚を聞いた幹部たちから報告を受けた浜部総長は、すぐに黄金町にある工藤会事務所を訪ね、工藤会長に会った。

殺された矢坂組長の遺影の前で、浜部総長は、工藤会長に草野総長の言葉を伝え、言った。

「会長、これからどうされますか。二つに一つじゃないでしょうか。もし、これでもなお草野一家と戦う気なら、わしも合田一家をあげて応援させていただきます。しかし、今度の抗争について関東の稲川さんが心配してくれています。会長の肚ひとつでわしが、これからすぐにでも東京へ上ります」

工藤会長は、しばらく無言でいたが、やがて浜部総長に頭を下げた。

「二代目、よろしく頼む……」

その言葉を聞いた浜部総長は、さっそく前々から面識のあった横浜の稲川会会長補佐の林喜一郎に電話を入れ、合田一家幹部が上京する旨を伝えた。

浜部総長から電話のあったことを林から聞いた稲川は思った。

〈心配していた〝九州戦争〟の解決のきっかけになる話だといいが……〉

翌日、合田一家幹部八人が上京してきた。

「ホテル・オークラ」の一室で、稲川会の趙春樹理事長はじめ、長谷川春治本部長、森田祥生副理事長、和田永吉副理事長、山川修身副理事長、森泉人副理事長、田中敬事務局長ら最高幹部が、合田一家幹部から、いままでの九州戦争のくわしいいきさつと、今回、合田一家二代目総長の名代として上京するにいたった経緯をくわしく聞いた。

合田一家幹部が言った。

「合田一家は、稲川会長が仲裁の労をとってくださるなら、全面的に協力させていただきます」

稲川会幹部が答えて言った。

「遠いところを、どうもご苦労様です。うちの親分の顔を立てていただいてどうもありがとうございます。さっそく会長と相談して、九州へ下ります」

合田一家幹部が引き揚げるや、稲川会最高幹部は、その場で緊急幹部会を開いた。

一切の事情を稲川会長に報告すると、稲川会長は幹部に、すぐに小倉に下るように命じた。

翌二月二十四日、稲川会長の名代として、趙春樹、長谷川春治、森田祥生、森泉人の四人が、急遽羽田発午前八時、一番の福岡行の飛行機に乗りこんだ。

稲川会先発隊ともいうべき四人が福岡に着いたときには、福岡は雨が降っていた。

工藤会の事務所に着くと、まわりは、鉄兜をかぶった機動隊が、楯や棍棒を持ってものものしい警戒をつづけていた。

もし他の組から助っ人に来た場合、抗争がエスカレートするので、事務所に入らせないためであった。

しかし、稲川会が仲裁のために福岡へ立ったことは、すでに警視庁も福岡県警も情報を得ていた。

稲川会の者だが、と名乗るとすぐに通してくれた。

稲川会幹部四人は、三階の広間に安置された遺影に線香をあげたのち、その前で、工藤会幹部と話し合いに入った。

七十歳を超えた工藤会長、工藤会幹部の者たちと二階の応接間で話し合いに入った。

工藤会の幹部たちは、最高幹部の田中新太郎と矢坂顕の二人を射殺されていることで怒りを抑えかねているようであった。

幹部の中から、いくつかの仲裁に関する条件が出された。

稲川会幹部四人は、一応はその条件について耳は傾けたが、条件つきの仲裁に入るつもりはなかった。

四人は、工藤会事務所を辞すと、今度は工藤会と争っている京町の草野一家の事務所に向かった。

稲川会の趙春樹理事長が、草野総長に言った。

「向こうが、条件を出してきているようですが、われわれは、この条件は、草野さんと工藤さんと、まず手打ちをし、おたがいに手を握り合えば、もともとは親子だから、そのあとでどんな話でもできることだと思っております」

稲川会四人の幹部は、草野一家の話を十二分に聞いた上で、雨の中を再び工藤会事務所に引き返した。

稲川会四人の幹部は、工藤会の工藤会長と幹部たちの意見を再び聞いた。

それから、草野一家の事務所にまた足を運んだ。

すでに時刻は夕方になっていて、雨はいっそう激しくなっていた。

稲川会の趙理事長は、工藤会長の肚のうちを草野総長に話した。

草野総長は、聞き終わるときっぱりと言った。

「親に矢を向けたわたしが、悪いのです。みなさんに、すべてをお任せします」

四人は、総長にそう言われ、ホッとすると同時に、新たな責任の重さを感じた。

翌二十五日、稲川会の稲川会長と、第二陣である林喜一郎、和田永吉、山川修身、田中敬、それに若い衆数人が福岡空港に降り立った。

昨夜は小倉は雨であったが、この日は、雪に変わっていた。零下を下り、あたりは凍っていた。十年ぶりの厳しい寒さであった。

飛行場は、福岡県警の機動隊により、ものものしい警戒体制がとられていた。

稲川会の稲川会長をはじめ、幹部たちがやってくることは、警視庁からの情報で、福岡県警はわかっていた。

稲川会の者たちを、地元の関係者たちが大挙して出迎えるにちがいない。そのとき混乱が起きるかもしれないとのおそれから、機動隊が厳重に警戒に当っていたのであった。

ところが、稲川会の第一陣として小倉に入った趙理事長をはじめとする四人の幹部だけのおとなしい出迎えであった。福岡県警側も面くらっていた。

稲川をはじめ幹部たちは、車に乗り、工藤会本部のある黄金町に向かった。工藤会本部のまわりは、相変わらずものものしい警備体制が敷かれていた。

稲川会長は、工藤会事務所に上がると、三階の工藤会長の自室に上がった。田中新太郎組長や矢坂顕組長の遺影に線香をあげ、悔やみを言ったあと、工藤会長とじっくり話し合い、工藤会長の肚のうちを聞いた。

稲川会長は、工藤会を出ると、一段と激しくなった雪の中を、京町の草野一家の事務所に向かった。

草野一家の事務所のまわりも、機動隊に取り囲まれ、厳重な警戒体制がとられていた。

稲川会長は、幹部を引き連れ、応接間に入った。

佐古野繁樹会長の遺影に線香を上げた。佐古野会長の冥福を祈った。

それから草野総長と膝をまじえてゆっくりと話し合った。

前日、先発で来ていた趙、長谷川、森田、森ら幹部たちから草野総長の肚は聞いていたので、話は早かった。

草野総長の話を聞き終わると、稲川会長が言った。

「草野君、では、これから工藤会長のところに行こう」

草野総長は、稲川会長に頭を下げた。

「よろしくお願いします」

稲川会長は、草野総長とおなじ車で、工藤会本部に再び向かった。

稲川会長は、三階の工藤会長の自室に草野総長を連れて上がり、工藤会長と草野総長を会わせた。

そして、稲川会長が言った。

「工藤さんと草野君は、もともとは親子じゃないですか。親子喧嘩をして子が親に楯をつくようなことはいけないことだ。子が親に詫びることは、世間の誰に聞かせても、恥ずかしいことではない。笑われるどころか、むしろりっぱなことでしょう」

草野高明は、工藤会長と稲川会長に素直に頭を下げた。

「いろいろと、御迷惑をおかけいたしました」

工藤会長の目頭が、一瞬うるんだ。

工藤会長にとって、草野高明は、もともとは自分の若い衆であった。

稲川の脳裏には、草野高明が、自分の賭場に工藤会長のお供をして訪ねてきていたころの二人の姿が浮かんでいた。

稲川は、草野高明に声をかけた。

「草野君、これからは、親孝行するんだなあ……」

工藤会長と草野総長の二人は、おたがいにどちらからともなく手を取り合い、固く握り合った。

稲川の目頭も、つい熱くなっていた。

〈思えば、たくさんの貴重な犠牲者を出した抗争事件だった……〉

稲川は、二人の手を固く握り合った姿を見ながら、大役を果たせた安堵にようやく全身の緊張を解いていた。

その夜、さっそく手打ち式がおこなわれることとなった。本来なら、喧嘩の手打ち式は、日と時間をあらためて、古式にのっとっておこなわれるべきものであった。

しかし、今日解決できることは、今日のうちに解決をつけておくというのが稲川流の流儀である。合田一家の配慮と協力を得て、その夜のうちに手打ち式がおこなわれた。

ましてや、たがいに縁のない組同士の抗争ではない。もともとは親子の喧嘩である。おさまれば、解決は早い。

そのうえ、稲川は、翌二十六日には、合田一家先代合田幸一親分の七回忌がおこなわれるということを、小倉に来て初めて知ったのである。

工藤会と合田一家とは親戚であった。しかも、草野高明は、先代の合田幸一親分に特にかわいがられていた。

七回忌を前に、工藤会長と草野総長の二人の手打ちを終わらせておきたかった。

手打ち式の場所は、奇しくも、かつて工藤会矢坂組の矢坂顕組長と草野一家大東亜会の佐古野繁樹会長とが撃ち合い死んだ「ニュー南国ビル」と目と鼻の先にあるビルの中華料理店の広い宴会場であった。

手打ち式は、夕方の六時からおこなわれた。全員、背広姿であった。

上席に、工藤会長と草野総長、その両側に、合田一家総長の浜部一郎、稲川会会長の稲川が座った。

下席には、工藤会、草野一家のそれぞれの幹部三十人が座った。

その両隣の席に、合田一家、稲川会の幹部たちが並んだ。総勢二百人近くが集まっていた。

合田一家二代目総長浜部一郎の挨拶があったあと、稲川会長にかわって、稲川会副理事長の森泉人が立ち上がり、厳粛な声で言った。

「稲川会長にかわり、森泉人が乾杯の音頭をとらせていただきます。なお、この乾杯が終わると同時に、工藤会と草野一家の手打ちの儀式はすんだことにさせていただきます」

森泉人は、ひと呼吸置き、ビールのグラスを高々とあげて言った。

「乾杯！」

宴会場いっぱいに力強い声が響きわたった。

「乾杯！」

つい昨日まで、血で血を洗う喧嘩を繰り返していたおたがいの組の幹部たちであったが、いずれも小倉では顔見知りの間柄である。張りつめていた緊張がいつの間にか融け合っていた。

乾杯がすむと、合田一家二代目の浜部総長が立ち上がって言った。

「今日、ここにめでたく手打ちが終了しました……これもひとえに、わざわざ東京から小倉まで駆けつけて下さった稲川会長の仲裁あっての円満解決でした」

浜部総長は、あらためて工藤会と草野一家の幹部たちの顔を見回し、ひときわ強い口調で言った。

「今後再び、これまでのように工藤会と草野一家が喧嘩をするようなことがあれば、ここにいらっしゃる稲川会長の顔を潰すことになる。そのときは、喧嘩を仕掛けた組に対し、合田一家が相手になる！」

一瞬、宴会場の空気が張りつめた。

工藤会の幹部たちも、草野一家の幹部たちも、浜部総長の激しい言葉をよく理解し、胸に刻みうなずいていた。

この手打ち式により、たびかさなる流血騒ぎに戦々恐々としていた小倉の市民たちは、安心して夜の街に遊びにいけるようになった、とよろこんでいた。

この電撃的な手打ちがおこなわれて以来、工藤会と草野一家とのもめごとは、その後一切起きていない。

田岡組長との最後の食事

稲川は、二月二十五日の夕方、工藤会と草野一家とのいわゆる〝九州戦争〟の手打ち式を終えるや、稲川会事務局長の田中敬に命じていた。

「あさっての朝、三代目のところに〝九州戦争〟の結果を報告に行く。その旨を三代目の本部に連絡しておけ」

草野一家の草野総長は、山口組系博多の伊豆組伊豆組長と兄弟分の盃を交わしていた。

そのため、〝九州戦争〟がエスカレートし、山口組と、反山口組といわれている工藤会が加盟している関西二十日会との戦いにまでいたらねばいいが……と稲川をはじめ心ある者たちは先行きを心配していたほどであった。

山口組三代目の田岡一雄も、自分の輩下である博多の伊豆組と草野一家との関係から、〝九州戦争〟の行方を人一倍心配しているにちがいない。

稲川は、そのまままっすぐに東京に帰らないで、三代目に〝九州戦争〟の終わったことを報告して引き揚げようと思ったのであった。

ただし、夜中に訪ねると相手に失礼にあたる。ましてや、三代目は病床の身である。二十七日の朝に訪ねる旨連絡を入れさせていたのであった。

新神戸駅へ着くと、山口組最高幹部数名と五、六十名もの組員が、長時間寒さの中をホームに整列、稲川たちを出迎えた。

稲川たちは、手配されていた車で雪の中を六甲山の麓《ふもと》、神戸市灘区篠原本町にある山口組本家に向かった。

御影石に固く守られるように囲われている玄関も、深い雪におおわれていた。

稲川と稲川会幹部が車を降りると、玄関にも多数の幹部たちが出迎えに出ていた。

稲川と稲川会の幹部たちは、玄関を上がり、左手洋間の奥の一段高い日本間に入った。

日本間の真ん中には、大きな黒檀のテーブルがおかれていた。

その左手に稲川が座った。

正面を向いて、趙理事長をはじめとする稲川会幹部が座った。

しばらくして、田岡組長が奥の部屋から組員に支えられるようにして日本間に入ってきた。

その姿は、稲川が想像していたより元気そうであった。

田岡組長につきそうようにして、文子夫人も入ってきた。

田岡組長は、正面の座布団に座ると、横手に座っている稲川に手を差しのばすようにして言った。

「稲川君、こっちに、こっちに……」

稲川は、田岡組長の言葉に甘え、田岡組長の右手の座布団に座りなおした。

二人は、床の間を背にして座った。

稲川は、田岡組長、文子夫人と挨拶を交わしたあと工藤会と草野一家との抗争を手打ちさせた経緯を、田岡組長に細かく報告した。

田岡は、稲川の手をしっかりと握った。長い闘病生活のためであろう、痩せた手であった。

田岡は眼を細め、心からよろこんだ。

「いや、ありがとう。ありがとう……きみが出て収めてくれるのを、いつかいつかと待っていた……」

稲川も、田岡の手を強く握った。

稲川は、田岡のよろこんでくれる姿を見ながら、あらためて報告に来てよかった……と心の中で思っていた。

田岡は、はずんだような声で言った。

「久しぶりに、二人でお茶漬でも食べようかねえ……」

稲川は、田岡に無理をさせまいとした。

〈三代目は、長い病床生活で、食欲もないだろうに……〉

しかし、田岡は、文子夫人に、言った。

「お茶漬を持ってきてくれんか。稲川君と、いっしょに食べるんや……」

やがて、文子夫人自ら膳を運んできた。

稲川は、膳に出された茶碗を見て、一瞬わが眼を疑った。茶碗には、稲川会の代紋が焼かれていた。

湯呑みにも目をやった。

湯呑みにもまた、稲川会の代紋が焼かれているではないか。

三代目が、稲川のために、わざわざ稲川会の代紋入りの茶碗と湯呑みをつくっておいてくれたのだ。

稲川は、三代目の温かい心づくしに胸が詰まった。

〈三代目、そこまで……〉

稲川はまさか、それが田岡組長との最後の食事であり、この世での最後の場面になるとは思いもしなかった……。

その日の午後、稲川をはじめ幹部たちは田岡邸を辞し、激しい雪の中を新幹線新神戸駅に向かった。

山口組の幹部たちや若い衆が大勢で、新幹線のホームまで送ってきた。

その中の山口組最高幹部の一人が、稲川会長のうしろ姿を見ながら、稲川会の森泉人にしみじみと言った。

「森さん、こういう親分は、もう二度と出んわ……」

石井隆匡と東京佐川急便渡辺広康社長

いっぽう、庄司の経営するクラブ「花」には、もうひとり、石井にとっても、庄司にとっても、切っても切れぬことになる人物が客としておとずれていた。東京佐川急便社長の渡辺広康である。

石井と渡辺とを引き合わせたのは、たがいが通う高級クラブ「花」の店長である庄司宗信であった。

庄司は、「花」で、渡辺に石井を紹介した。

「渡辺さん。横須賀の親分さんです」

石井は、白髪であった。一見優男で、頭も切れそうである。渡辺は、不思議な気がした。

〈これが、本当にやくざか。銀行の頭取と紹介されてもおかしくない〉

石井は、それから、「花」で渡辺と顔を合わせると、いっしょに飲むことが多くなった。

いっぽう、庄司は、斬新だった。ビンゴゲームを始めて店全体を盛り上げたのも、庄司が初めてであった。

ツービートのコンビで売れていたビートたけしなどのタレントも、よく来店した。

のちに石井隆匡の秘書となる川瀬章は、それからまもなく庄司の花グループで働くようになった。

川瀬は、昭和二十年五月二日に横須賀で生まれた。

昭和四十九年、大学の学生ながら、徳間書店社長である徳間康快《とくまやすよし》から二億円を借り入れし銀座八丁目にクラブ「ルーベンス」をオープンした。

「ルーベンス」は、福島県東白川郡矢祭町にあったゴルフ場を買収するために集めた二億円の一部でくられた。

ところが、徳間が狙ったゴルフ場は、買収できなかった。徳間は、集めた二億円を返済しなくてはならなくなった。そのために、「ルーベンス」を売り払った。

川瀬は、いきなり放り出された。

昭和五十一年、「花」のスカウトマンである野尻豊に声をかけられた。

「うちの庄司に、会ってくれ」

川瀬は、庄司と会うや、花グループで働くことになった。

川瀬は、「花」に入っておどろいた。

〈これは、堅気の店とは思えないな〉

客を送るときには、店のバーテンがこぞって出口まで送るのである。送るのは、男ばかりであった。

花グループ六店の年間の売上は、十億円にもおよんだ。庄司は、昭和五十年代後半までのほぼ十五年間、「夜の帝王」の名をほしいままにした。

庄司は、自分がこれほどまでに店を広げられるとは夢にも思っていなかった。富山県の高岡にいたころには、まったく考えられないことであった。

〈自分の力ではない。まわりのひとたちのおかげだ〉

自分自身に言い聞かせていた。しかし、思ったよりも利益が上がると、つい気がゆるんでくる。それとともに、経理面もゆるんだ。株投資をはじめた。

さらに、庄司は、これまでとはまったく畑ちがいの事業をはじめることにした。自動車の三角停止板の生産・販売である。道路交通法が改正となり、故障車は、車体の後方に正三角形で反射板のついた三角停止板を置いて停止していることを知らせなくてはならない義務を負うことになった。特に、高速道路を走る車は、車載することが義務化された。つまり、事実上、車には三角停止板を積むことが義務化されたのである。

庄司は、三角停止板はかならず売れると見込んだ。三角停止板を生産する工場を買収した。

〈これは、かならず売れるぞ〉

確信を抱いていた。ところが、庄司が許認可を取ったときには、大手によって先を越されていた。庄司の工場ではとても太刀打ちできるものではなかった。

庄司の昼間の事業は、せっかく順調に伸びていた「花」の経営状態を奈落に突き落とした。庄司には、借入ばかりが増えていった。債務は十億円以上にのぼった。庄司は、いわゆる、昼間の事業から撤退することにした。それればかりではなく、昭和五十六年には、クラブ「花」をはじめとしたそれまでの六店舗すべてを閉めざるをえなくなってしまった。

クラブ「花」の常連であった三笠宮寛仁親王は、残念がった。

「社長、どういうこと？　なんで、『花』を辞めたの。あんないい店を、どうしたの」

その言葉は、さすがに庄司には痛かった。

振り返ってみれば、事業家としての見識がなかった。庄司の手元には潤沢な余剰金があり、たとえ借入をしても充分な返済能力があった。日本経済の基本であった不動産で財を増やすこともできた。その当時、いくら銀座といえども、五億円もあれば、いい土地は購入できた。まだまだ日本の経済の基本は、不動産であった。銀座という格好の場所にいながら、庄司は、不動産投資にはまったく頭がまわらなかった。

庄司は、「花」をたたんだあとに、「女子大生クラブ花」を、銀座に開店することにした。銀座のスカウトマンとして鳴らしていた天野憲治が、新宿で女子大生クラブで成功していた。それを銀座で開こうというのである。

「女子大生クラブ花」という新たなクラブをまかされたのは、川瀬章であった。

石井隆匡は、昭和五十三年十一月、警視庁捜査四課に逮捕された。昭和五十一年九月、東京都内の会社社長らに、韓国の釜山市内でトランプ賭博「バカラ」で楽しませた。帰国後、負けた客から、厳しい取り立てをした容疑などであった。

石井は、ほかの幹部にくらべて資金の集め方はうまかった。外に向けて派手に見せている石井ではあったが、じつは、台所事情は火の車であった。側近によると、石井が逮捕されたころには、週に三日か四日は、手形の書き換えをしていた。石井が抱える借金は、なんと三十五億円にもふくらんでいた。

まだ石井の刑が確定していないころ、東京都葛飾区小菅にある東京拘置所に、稲川会長が面会におとずれた。

「出てきたら、おまえに会長を譲るから」

稲川は、石井にそう言った。

石井が拘置されているとき、碑文谷一家九代目の長谷川春治、森田一家の森田祥生のふたりは、石井の面会に行った。

そのとき、石井が、長谷川にささやくように言った。

「これから、おれも長い懲役に行くことになる。理事長として、会長にも会にも、迷惑をかけることになる。留守のあいだ、代わりの者を理事長に据えるよう、会長に話してくれ」

石井は、せっかく稲川会長から理事長の要職に据えてもらったのに申し訳ない、会のためにも、一日も早く理事長の代わりを立てるべきだ、と思っていた。

長谷川が言った。

「わかりました。オヤジにそのように伝えておきます」

稲川は、翌日、六本木の稲川会本部で、長谷川、森田から、石井の言葉を聞いた。石井の心中を思った。

〈石井、おまえもこれから大変だろう……安心してつとめに行けるよう、新しい理事長を、すぐにでも立てる〉

稲川は、石井に面会に行き、後任の理事長問題について言った。

「後任の理事長を、趙春樹にする」

石井は大きくうなずき、言った。

「あとのことは、よろしくお願いします」

稲川は、それから数日して、箱屋一家総長の趙春樹を新しい理事長に据えることを決めた。

〈趙なら、石井に代わる大役をはたせる……〉

昭和五十五年五月の終わり、稲川は、趙春樹を新理事長に据えることを発表した。

石井は、昭和五十六年八月に五年の実刑を受け、長野刑務所に服役した。石井は、罪をすべて自分で被り、他人には迷惑をかけなかった。なんとも潔かった。

稲川会長は、肉親でないので、石井が刑務所に入ってからの面会はかなわなかったが、石井は、毎朝、起床時間である六時より一時間早い五時には起きて房の床に正座し、静かに経を読んでいると耳にした。般若心経を読むこともあった。石井の母親の実家が神奈川県平塚市にある日蓮宗のお寺なので、法華経を読むこともあった。

石井が、より大きな風格を身にそなえつつあることを感じ、うれしかった。

宮本廣志の息子で稲川会幹部である宮本隆志《みやもとたかし》は、石井が服役している七年ほど、稲川聖城のゴルフ担当をしていたことがある。そのときに、稲川が、打ち明けた。

「これは、内緒だぞ。石井が、七十二億円、小遣いでくれたことがあった。けど、それをひと月で使ってしまったよ」

稲川会長の羽振りの良さは、半端ではなかった。石井が七十二億円もの金を用意したのも立派だが、それを、たった一カ月で使いきってしまう稲川というひともたいしたものだと、宮本は舌を巻いた。

そのような親密ぶりが仕事上のつきあいとなり、ケンインターナショナルの決算資料には、稲川会系暴力団と同名の団体へ「仮払い金」名目で一千万円を支払ったことが明記されている。

山口組三代目田岡組長逝く

昭和五十六年七月二十三日の午後三時過ぎ、東京六本木の稲川会本部事務所の田中敬事務局長に、ある筋から電話が入った。

「山口組三代目の田岡組長が、危篤らしいです……」

田中は、稲川会長をはじめ、各副理事長に緊急連絡をとった。

趙理事長は、中国へ墓参のため不在であった。

稲川会長をはじめ、最高幹部十数人が東京駅に集合し、夕方五時ごろ新幹線で神戸に向かった。

稲川は、新幹線の中で、田中からくわしい事情を聞いた。

田岡組長は、二十三日午前七時過ぎ、自宅で苦しみはじめた。

救急車で午前八時、関西労災病院に入院。主治医の中川秀夫外科部長らがＩＣＵ（集中治療室）に収容して治療にあたったが、呼吸不全、末梢循環不全で同午前十一時ごろ、危篤状態となった。

病院では、強心剤を投与するいっぽう、酸素吸入などをつづけているが、容体は悪化しているという。

稲川は、険しい表情をし、心の中で祈っていた。

〈三代目、持ちなおして、再び元気な姿を見せて下さい……〉

稲川の脳裏には、〝九州戦争〟の報告に行ったときの想像していたより元気そうであった三代目の姿が、まるで昨日のことのように浮かんでいた。

いっしょにお茶漬を食べたときの姿も、くっきりと浮かんでいた。

田岡組長は、昭和四十年五月、心筋梗塞で倒れ、関西労災病院に入院。それ以来、関西労災病院に入退院を繰り返し、闘病生活をつづけてきた。

五十四年は病状も落ち着き、有力直系組長らを引き連れ、京都の祇園祭見物のほか、白浜温泉や瀬戸内海の船上パーティなどに再三出かけたことも耳に入っていた。

五十四年十二月六日には、大津市内のホテルで開かれた大阪酒梅組の五代目の襲名披露にも出席、全国の任侠団体にその健在ぶりを示した。

ところが、その直後の十二月二十日ごろ、突然発作を起こし、病状が悪化していた。

その後、稲川は、何回となく見舞いに行っていたが、〝九州戦争〟の報告に行ったときには、元気さを取りもどしているように映った。

三代目は、これまで何度も白刃の下を潜りぬけてきた。

最近では、山口組と松田組とのいわゆる〝大阪戦争〟の最中、京都のクラブ「ベラミ」で松田組傘下の大日本正義団の鳴海清《なるみきよし》に狙撃されてもなお、生きぬいていた。

病魔との戦いにおいても、奇跡的に回復することを、稲川は一心に心の中で祈りつづけていた。

しかし、新幹線が名古屋を過ぎたころ、車内の森泉人に電話が入った。稲川会理事長の趙春樹と兄弟分の盃を交わしている山口組益田一家総長の益田佳於からであった。

益田佳於が、悲しみを押し殺すような声で言った。

「組長が、ただいま七時三十一分に亡くなりました……」

森泉人は、益田からの報らせを、ただちに稲川に報告した。

稲川は、三代目の死の報らせを聞くや、腕を組み、眼を閉じた。

〈三代目……〉

まるで、自分の体の一部がもぎとられたような悲しみをおぼえていた。

幹部たちも、車内で一同悲しみに沈んでいた。

稲川をはじめ稲川会幹部たちは、新幹線で新神戸へ着き、雨上がりの道を田岡邸に車で向かった。

田岡邸に着いたと同時に、田岡組長の遺体が関西労災病院からワゴン車で田岡邸に運ばれていた。

正面玄関周辺には、山口組幹部ら三百人を超える組員が並んで出迎えていた。

稲川は、田岡組長と最後に顔を合わせた一階左手奥の日本間に案内された。

稲川は、危篤と聞いてすぐに駆けつけたため、他のどの組の親分よりも早く田岡邸に入ることができ、三代目との因縁の深さであろうか、と思っていた。

しばらくして、稲川は、二階の広間に通された。

広間に、田岡組長の遺体が安置されていた。そのそばに、憔悴した文子《ふみこ》夫人が座っていた。

遺体の枕元にあげられた線香は、一本だけであった。姐さんのあげた線香であろう。幹部の誰も、親戚の者も、まだ線香をあげていなかった。

文子夫人が、頭を下げた。

「稲川さん、お願いします」

稲川は、田岡組長の死顔を見た。

〈いい顔をしている……〉

まるで眠ったような顔をしていた。

何度も白刃の下を潜っただけでなく病魔とも闘いつづけ、生死の淵を突っ走ってきた男の顔とは思えなかった。

稲川は、田岡組長に、心の中で声をかけた。

〈三代目……結局、畳の上で死ねたんだ。大往生じゃないですか……〉

稲川は、樒《しきみ》を手に取った。

水の入った盃に浸した。

二度と開くことのない三代目の青ざめた唇に、この世で最期の水をふくませた。

稲川は、心の中で田岡組長に語りかけた。

〈三代目よ、どうか安らかに……あとのことは、わたしの力で、できるかぎりのことはさせていただきます……〉

三代目山口組組葬

山口組三代目田岡一雄組長の葬儀は、昭和五十六年七月二十五日に、田岡家葬、七月二十八日に、密葬がおこなわれた。

山口組の本葬は近づいていたが、誰が葬儀委員長をつとめるのか……いろいろともめ、決めかねているようであった。

山口組組葬のチラシ（案内状）を、前もって作り全国に配らねばならない。そのため葬儀委員長ならびに葬儀関係者を早めに決めねばならない。

八月の終わりごろ、稲川は、警視庁にたまたま用事があって顔を出した。

そのとき、顔見知りの警部が、稲川に声をかけてきた。

「稲川さん、山口組の葬儀委員長選びは、なかなか難しそうですね」

稲川も、文子未亡人の大変さを思い、つぶやくように言った。

「そうですね、難しい問題ですね……」

山口組から連絡が入ったのは、それから二日後であった。文子未亡人から、東京の港区六本木にある稲川会本部に電話が入った。

「稲川さんに、ぜひ相談に乗っていただきたいことがありますので、上京いたしますが、会長さんの御都合はいかがでしょうか……」

稲川は、田中敬事務局長から、文子未亡人から電話の入ったことを聞くや、すぐに自分自身で文子未亡人に電話を入れた。

「姐さんにわざわざ来ていただかなくても、用事があればわたしの方から神戸に出向きます」

文子未亡人は、田岡一雄の死後、長い間の看病生活や、葬儀のことなどで大変疲れているにちがいない。こちらから出向いて行こう、と思った。

稲川は、最高幹部数人を連れて、新幹線で、さっそく神戸に向かった。

田岡家に入り、田岡組長の霊前で焼香したあと、正面玄関左手奥にある応接間に入った。

六カ月前、田岡組長とお茶漬を食べた部屋であった。田岡組長がこの世にいない、ということが、ふと嘘のように感じられた。

部屋には、文子未亡人と、山口組最高幹部たちが、ずらりと並んでいた。

文子未亡人は、稲川にあらためて頭を下げ、言った。

「葬儀委員長を、稲川さんにぜひともお願いしたいと思います」

稲川にとって、思わぬ申し出であったが、一瞬間を置き、きっぱりと答えた。

「わたしでよかったら、つとめさせていただきます」

稲川は、三代目の死に水をとったとき、心の中で三代目に語りかけていた。

〈あとのことは、わたしの力でできるかぎりのことはさせていただきます〉

三代目の霊に報いるためにも、葬儀委員長という大役を無事はたすことを、その場で心に誓った。

しばらくして、稲川は、文子未亡人に声をかけた。

「ところで姐さん、施主は、山健ですか」

文子未亡人は、一瞬複雑な表情になった。

筆頭候補である山口組若頭の山本健一は、昭和五十一年三月、拳銃不法所持など五つの罪の併合審理により神戸地裁で懲役三年六カ月の実刑判決を受け、五十四年に刑が確定し、大阪医療刑務所に服役中であった。

娑婆に出られるのは、一年先の五十七年の八月を待たなければならなかった。

稲川は、かつて関西労災病院に田岡一雄を見舞いに行き、三代目と姐さんと三人でいろいろ話し合ったとき、三代目の口からはっきりと「四代目は、山健」と聞いていた。

いくら山本健一がつとめに行っているとはいえ、施主に山本健一を選ぶのは当然、と思っていた。しかし、施主は山本健一ではないようである。

文子未亡人は、困惑した顔で言った。

「施主は、直若が全員で……」

稲川は、一応納得はしたが、文子未亡人のその言葉を聞き、三代目亡きあとの四代目を誰に決めるかは想像以上に複雑だと思った。

人間なんてものは、持ちつ持たれつだ。相手を立ててこそ、いつか自分も立てられる。もしここで、山本健一を立て、施主は山本健一に……という者がいれば、のちのち問題は起きまいが……。

稲川はそう思い、その声を待った。

しかし、同席していた最高幹部たちの誰からも、

「山本健一を施主に……」

の声は聞かれなかった。

〈山健がつとめから帰ってきても、四代目問題は、もめるな……〉

稲川は、あらためてそう思った。

山口組組葬のおこなわれることに決まった十月二十五日の前日二十四日午後一時過ぎ、稲川は、趙理事長はじめ二十人近い最高幹部をともない、新幹線新神戸駅ホームに降り立った。

ホームには、三十人を超える山口組最高幹部ら組員が整列し出迎えていた。

稲川らは、山口組組員に囲まれるようにしてホームを降り、山口組が用意した外車に分乗し、灘区篠原本町の山口組本家に向かった。

稲川は、窓の外を振り仰いだ。

台風が過ぎ去ったと聞いていたが、かすかに雨が降っていた。

稲川は、天に祈った。

〈明日は、なんとか晴れて欲しい……〉

翌二十五日は、稲川の心配を吹き飛ばすように、神戸の空には、抜けるような青空が広がっていた。

〈三代目を送るにふさわしい、秋晴れになった……〉

稲川は、心の中でよろこんでいた。

稲川は、前夜泊った「神戸ポートピアホテル」から幹部一同を引き連れ田岡家に朝の九時二十分には入っていた。

本家奥の仏間で、あらためて文子未亡人に頭を下げられた。

「稲川さん、今日は、いろいろとありがとうございます」

「いや……」

兵庫県警と警察庁では、はじめのうちは「山口組組葬は、まかりならぬ」と強硬な態度をとっていた。

山口組では、すでに会葬案内状五千部を作成、全国の友好団体に配っていた。

稲川は、葬儀委員長を頼まれるや、田岡家の管内である灘署に葬儀についてのお願いとともに挨拶におもむいた。

そのとき灘署の署長は、困惑した顔で言った。

「稲川会長、出席者を、せめて全国で百人に制限してもらえませんか」

「百人というわけには……しかし、各組出席者を五人以下に押さえることは約束いたします」

稲川は、約束したとおり、各組出席者を五人以下に押さえるよう全国に通達を出していた。

本葬のはじまる午後二時の三十分前、稲川は、文子未亡人とともに葬儀場に向かった。抜けるように青い空に、新聞社のヘリコプターが数機、あわただしく舞っていた。

葬儀場は、田岡邸に隣接する七百坪の空地であった。式場のまわりは、警官や機動隊員が取り囲んでいた。ジュラルミンの盾を持った機動隊員が一メートル間隔で並び、垣根をつくっている。

兵庫県警は、神戸市長選もおこなわれたこの日、朝から厳戒体制に入っていた。

会場前には、「現地警備本部」を設置、制服警官と私服警官と三百四十人の機動隊員、さらに交通機動隊員まで動員、その数八百四十人で警備に当っていた。

稲川は、警備のものものしさを眼のあたりにし、責任の重大さを感ずるとともに、警察の山口組に対する取締りの厳しさを、あらためて感じた。

組葬には、アメリカのＡＢＣ放送、スウェーデンの国営テレビ、さらにソ連のタス通信をはじめとする二十社におよぶ特派員が詰めかけていた。

稲川は、式場の正門前に立ち止まった。

樒を中心に草花でアーチが設けられている。

上中央には、菊と真紅のカーネーションで造られた山口組の山菱の代紋が眼の覚める美しさに飾られていた。

左手には、「三代目山口組組葬」と墨で大書された看板が立てられている。

二百メートルを超す周囲の石垣には、白地に黒で山口組の代紋を染め抜いた大型の幔幕《まんまく》が張り巡らされている。

組幹部の者の説明によると、この広場で組葬が何度も開かれているが、この幔幕を張り巡らせたのは、初めてのことという。

稲川は、落ち着きはらった足取りで会場へ入って行った。

参列者の中から、畏敬《いけい》のどよめきが起こった。

「稲川さんだ」

「おい、あれが関東の首領の、稲川だぜ」

会場真ん中には、一枚張りの超大型テントが張られている。中には、椅子が千脚用意されている。

稲川は、文子未亡人とともに、会場の中央の椅子にゆっくりと腰を降ろした。

眼の前の中央には、菊をふんだんに使った縦十メートル、横二十メートルほどの屋根つきの祭壇が設けられていた。

祭壇の奥の中央には、三代目組長の遺骨が置かれている。

その上に、畳一畳大の上半身の遺影が飾られている。

その両脇には、子供の背丈くらいの蝋燭《ろうそく》が立てられ、「永照院仁徳一道義範大居士」という田岡一雄の戒名が彫りつけられている。

供花も、ずらりと並んでいた。

喪主の文子夫人、本葬儀執行委員長稲川聖城稲川会会長、親戚総代として、田岡のもとで修業をしていたことのある高橋二郎双愛会会長、山口組と親戚関係にある老舗酒梅組五代目谷口正雄組長、業界の長老格の諏訪健治諏訪組組長……らの名が供花に添えられている。

山口組の最高幹部である山本健一若頭と、田岡組長の四人の舎弟、八人の若頭補佐の供花は、祭壇の一番前列に並べられている。

稲川のまわりの椅子が埋まりはじめた。

関東から住吉連合会会長の堀政夫をはじめ、関東二十日会の親分衆たちが続々と詰めかけてくる。

稲川会の幹部たちは、会長が葬儀委員長ということで山口組組葬の客というより葬儀関係者という立場で、山口組の組員たちとともに参列者の側に立っていた。

稲川の背後から、ささやき声が聞こえる。

「さすがに、日本の首領の葬儀だ。出席者は、全国の親分たちばかりだ。稲川さんが葬儀委員長になったこともあって、本来ならとうてい出席するはずのない親分たちも、つぎつぎにやってくるじゃないか……」

そのうち、不思議そうな声があがった。

「おい、北海道同行会の親分たちの顔も見えるぞ」

北海道同行会は、地元北海道の百三十一団体にものぼるテキ屋を中心とし、七団体の博徒もふくめた盟友団体であった。

昭和五十五年の五月二十日、山口組の中でも特に戦闘的といわれていた加茂田組二百人が、札幌市豊平区平岸のマンションの一室に、北海道支部事務所を開設、看板をかかげようと全日空機で千歳空港に乗りこんだ。

北海道同行会は、札幌に事務所開きをさせてなるものか……と、全道から六百人近くの傘下組員を千歳空港に動員した。

翌二十一日、加茂田組と北海道同行会の組員たちが、虻田郡《あぶたぐん》のスキー場にある「高原ホテル」でついに衝突、石の投げ合いがはじまり、怪我人まで出た。

一般市民まで巻きこんでの大惨事にまで発展することを恐れた北海道警は、二十一日の夕方、加茂田組の二百人を千歳空港から大阪へ引き揚げさせた。

それ以来、北海道同行会は、山口組の北海道進出を警戒していた。山口組の葬儀には顔を出さないはずであった。

しかし、北海道同行会は、この年の五月、稲川と稲川会幹部との会食を機に、稲川会との融和を深めていた。

その会長である稲川が葬儀委員長をつとめる葬儀ということもあって、代表者が顔を出したのであった。

ささやきは、さらにつづいた。

「関東関西の親分衆も、代理を立てず、大挙して列席している」

「おい、いま座ったのは、小倉で山口組系の伊豆組組長伊豆健児と兄弟分の盃を交わした草野一家の草野高明総長と九州戦争でドンパチをやった、工藤会の工藤玄治会長じゃないか」

「まちがいねえ。さすがに立派な顔ぶれがそろったなあ……」

稲川は、席に着いた工藤会長の顔に眼を放った。

工藤会長と眼が合った。

九州の長老、工藤会長は、稲川に丁重に頭を下げた。

稲川も一礼をして、なごやかな表情で応えた。

稲川は、あらためて田岡一雄の遺影に眼を向けた。

〈三代目、九州戦争の報告に来たとき会ったのが最後になりましたね〉

その日の田岡の顔が遺影と重なり、稲川の目頭が思わず熱くなった。遺影がゆれはじめた。

やがて、山口組若頭補佐小田秀臣《おだひでおみ》小田秀組組長の声が響き渡った。

「それでは、ただいまから故三代目山口組組長田岡一雄殿の山口組組葬をとりおこないます」

山口組組葬の導師は、真言宗の高野山の僧侶二十人が務めた。

二十人の読経が、朗々と響き渡りはじめた。

稲川は、眼を閉じ、読経の声に耳を傾けた。上空を、報道関係のヘリコプター数機があわただしい音をたてて舞いつづける。読経の声が聞きとりにくい。

稲川は、眉を寄せ、神経を集中させて読経の声を耳に入れ、心に沁みとおらせた。

三代目が幽明境《ゆうめいさかい》を異にしたことが、実感としてひしひしと伝わってきた。

田岡一雄との三十七年間にわたる思い出が、あらためて稲川の脳裏を走馬灯のように駆けめぐりつづけた。

読経が中断されると、焼香の前に、葬儀委員長の挨拶や弔辞が読まれる。

会場いっぱいに、

「本葬儀執行委員長、稲川殿、御挨拶」

という声が響き渡った。

稲川は、静かに眼を開けた。

稲川は、黒の紋付を着た稲川会副理事長の森泉人をともない、祭壇の前の正面に歩み出た。

稲川は、会葬者に一礼をした。

森は、一歩前に出てマイクの前に立ち、墨で書かれた巻紙をおもむろに代読しはじめた。

「本葬儀執行委員長、関東稲川会会長稲川聖城に代わりまして、葬儀執行委員長の挨拶を代読させていただきます。代読は稲川会副理事長の森泉人でございます。よろしくお願い申し上げます。まず冒頭におきまして、本日、故三代目山口組組長田岡一雄殿の本葬儀に当りまして、不肖稲川が葬儀執行委員長の大役を仰せつかりましたが、何分不慣れなために、みなさまに対しまして何かと不備不行き届きな点が多々ございましたことと思います。本席を借りまして冒頭にお詫び申し上げる次第でございます。なにとぞ、平素の御好誼《ごこうぎ》に免じて御容赦を下さいますようお願い申し上げます。

なお、本日は全国の業界の先輩、ならびに御友人各位におかれましては、公私ともに何かと御多忙のところを遠路本葬儀に御会葬、御参列を頂きましてまことにありがとうございました。葬儀関係者を代表いたしまして衷心《ちゅうしん》より厚く御礼を申し上げる次第でございます。

なおまたただいまは、御霊前に対しましても御丁重なる御芳志を頂戴いたしましてまことにありがとうございました。重ねて厚く御礼申し上げます。また故人生前中は、業界のみなさまには格別の御好誼をいただきましてまことにありがとうございました。故人になり代わりましてここに厚く御礼を申し上げる次第でございます」

よく通る声であった。上空に舞いつづけるヘリコプターの音をはね返すように、森泉人の凛とした声が流れつづける。

「御承知のように三代目親分は六十八歳の若さでその立派な人徳を惜しまれながら他界なされましたが、その偉大な業績と、その遺徳は、われわれ業界の鑑として永久に不滅の名を残しました。幼少にして父母両親を失い、天涯孤独ともいうべき境涯《きょうがい》から身を立て、われわれ業界の中にあっても、任侠の正道を一筋に精進努力なされ、その間には港湾荷役の仕事を全国的な組織に統一するなど社会的にも大きく貢献をいたしました。その高潔な人格と偉大な業績とは、われわれ後輩に大きな教訓と尊敬を与えて参りました」

稲川は、森泉人の声を通し、幽明境を異にした三代目に語りかけをしていた。

おなじ修羅の道を突っ走りつづけるしか生きる道のなかった三代目への、最後の語りかけであった。

「三代目親分の人間的な魅力は、わたくしたちが一番良く承知しているところでございます。いまさら言うまでもなくその高潔な人格と、立派な業績とを顧みるとき、正に日本一の昭和の侠客と言わざるを得ないのでございます。警察が何といおうと、マスコミが何と騒こうと、三代目親分は立派でした。幼少にしてすでに不運な境遇に生きなければならなかった波乱の人生の中でなお社会的な正業に力を注いだ立派な人生観と一筋の道を全うなされた偉大な信念とは、ひとびとが尊敬の念を以《もっ》て見上げるあの霊峰を頂く大山のように高く、潔く、そして、四方八方から風をうけても微動だもしない尊厳をさえ感じさせるのでございました」

三千余に上る会葬者たちは、田岡一雄に対する稲川の語りかけに、身動ぎもせず聞き入っていた。代読の森泉人の声が、つづいて会場のすみずみまで響き渡る。

「これからなお厳しい社会を生きてゆくわたしたちに学ぶべき多くのものを残して哀惜の涙の中に、未だ六十代の若さで遂に幽明境を異に致しましたが、本日、全国各地から御焼香に御参列を頂きました。こんなに大勢のみなさまの温かい御回向《ごえこう》に接するとき、三代目親分は、さぞかし泉下で皆様に対しまして深く感謝をしていることと推察するものでございます。本日は、まことにありがとうございました。なお、挨拶の末尾になりましたが本葬儀執行に当りまして、御支援、御協力をいただきました各界のみなさまに厚く御礼を申し上げまして、まことにかんたんでございますが本葬儀執行委員長の挨拶に替えさせていただきます。本日はまことにありがとうございました」

挨拶が終わると、稲川は、多数の参会者に対して深々と頭を下げて、最前列の元の席に戻った。

つづいて、順に焼香がおこなわれた。三千余におよぶ参会者のしめやかな焼香がおこなわれる中で、稲川は、瞑目《めいもく》し、あらためて三代目に別れを告げていた。

〈三代目……さようなら……〉

第４章 裏経済

「政治家、弁護士、医者を大事にしておけ」

長野刑務所に入っている石井隆匡が、仕手戦の雄、加藤暠と組んでおこなっていた無尽講が発覚した。ひとりから頭金として一千万円を十人から預かった計一億円を次回から十回に分けて、入札者に一千万円ずつを十人に返す。また次回より五百万円ずつ十人が出す。合計五千万円の無尽講であった。なお、配当金額の多い人を入札者と決める。だが、ただのまわり持ちである無尽講であれば、捕まることはない。しかし、場所代、配当という名目で、はじめに一千万円をとったことが、相互銀行法違反につながった。

神奈川県警としては、なんとしても、石井を挙げたかった。恰好の容疑である。

宮本廣志らは、石井の起訴を食い止めたかった。だが、無尽講のメンバーはあくまでも秘密になっていて、メンバーを知らされていない。話のつけようがなかった。

石井は、五年の実刑に、さらに一年の実刑判決が加わった。

加藤暠は、その間、顧客の人望が厚く、医師・社長・政治家などの約八百人の大口投資家を糾合し、昭和五十四年四月、「誠備グループ」と言う名の投資家集団を結成していた。誠備とは、中国（山東省）発祥の宗教「道院」に由来する。道院の慈善団体名は「世界紅卍字会《せかいこうまんじかい》」である。

そのころの活動は、小型株に投機する「兜町最強の仕手筋」として注目を集めていた。特に、株式市場を支配する四大証券、野村・日興・山一・大和を目の敵にし、「個人投資家主体の市場へ変えよう」と力説。加藤崇拝者が増大し、最盛期には会員が四千人を超えた。破天荒な新しい時代の相場師として、「兜町の風雲児」とマスコミも大いにはやし立てた。

特に、誠備グループが全力投入した「宮地鉄工所の仕手戦」は、有名であった。同社は、同グループにより買い占められ、役員の派遣を受けた。加藤が手掛けた銘柄はどれも大きく値上がりし話題を呼んだ。昭和五十五年の所得は七億円を超えたと言われた。

いっぽう、宗教にものめり込み、度々四国八十八カ所を回った。このすべての寺に百万円の札束を御布施として置いたといわれる。伊勢神宮参拝も歴代首相も入れない一番奥まで参内を許されたという。またこの年世間を騒がせた昭和五十五年四月二十五日に東京都中央区銀座で一般人が一億円を拾った「一億円拾得事件」のお金も加藤が落としたもの、と噂された。

人望のある仕手筋としての顔を持つ反面、裏社会を後ろ盾としたと言われており、テレビの特集のインタビューで「明日の朝には、わたしの首がその辺に転がっているかも知れない」とも述べるなど、政財界・裏社会などとの繋がりを匂わせている。

　また、このころ、故郷能美島に加藤家の墓を建てるため帰郷した折には、防弾仕様の車で、屈強なボディガード付きだったという。

　加藤は、昭和五十六年二月、所得税法違反で逮捕された。昭和五十三年、昭和五十四年の二年間で、三十二の他人名義口座を使っての株売買で二十四億四千万円を脱税、また同じ二年間に顧客の七億二千万円の脱税を共謀したというのである。

　加藤は、昭和五十六年五月二十一日、脱税の罪で起訴された。

　加藤は、初公判で語った。

「お客さんの名前や実態は、言えません。無罪を立証できなくてもしかたない」

　公判では、参議院議員で「参院のドン」とも異名をとった玉置和郎《たまきかずお》、経済企画庁長官をつとめた衆議院議員の小坂徳三郎《こさかとくさぶろう》の名が上がった。しかし、加藤は、政治家顧各の全容を決して明かさなかった。

　加藤は、顧客を投資規模でランク分けし、組織していた。典型的な例が「廿日会」である。会員は、三十人前後で、それぞれが数十人の人脈を持ち、そこから資金を集めて加藤に託した。会員の手元に株券は届かず、加藤が率いる誠備が押さえていた。会員は、投資資金だけを預けさせられて、売買は、加藤の自由であった。

　加藤には、所得税法違反という罪名で実刑判決を下されたが、もちろん東京地検の真の目的は、顧客名と黒幕を吐かす事であった。厳しい取調べで吐くだろう……との予想だったが、加藤は断固として顧客名を明かさなかった。加藤の顧客は、大物政治家・大物経済人・著名スポーツ選手・著名芸能人がズラリといたとされ、加藤が口を開けばみな失脚したであろう、と言われた。

加藤は、東京拘置所に収監された。

横須賀にあったコトブキ屋という菓子問屋が、加藤の会員となって資金を集めていた。石井の妻は、そこに二百万円ほど預けていたという。しかし、加藤が逮捕されたことで、パーになってしまった。さすがに、コトブキ屋は悪いことをしたと思ったのか、いくらかを石井の妻にもどしたらしいが、加藤自身からのもどしはなかった。

宮本廣志によれば、石井が賭博に関わったといっても、容疑は外国為替法違反である。石井が、加藤畳の罪もかぶって六年もの実刑判決を受けたのは、名前ばかりで力のない弁護士しかつかなかったからである。裏を返してみると、それだけ力のある弁護士はつきにくかったのかもしれない。

石井は、宮本によく口にしていた。

「政治家、弁護士、医者を大事にしておけ」

政治家は、つながっていればかならず役に立つ。商売をしていれば何かトラブルが発生するので、弁護士とのつながりは大切になる。さらには、体はかならず病気になる。だから、医者の知り合いはあったほうがいいというのである。

石井は、六年の懲役刑に服することになった。

宮本は、無尽講に関わる裁判を傍聴に出かけた。被告人席に立った加藤は、数人いる弁護士に、ほとんど弁護させることはなかった。自分を護るのは自分とばかりに、自分で滔々《とうとう》と弁護した。

宮本は、ほとほと感心した。

〈頭のいいひとは、いるもんだな〉

加藤と石井がおたがいを認め合ったのは、誠備事件の裁判に石井が証人として証言台に立ってからである。

昭和五十八年六月三十日、東京地裁誠備事件第五十九回公判に、長野刑務所に服役中であった石井は出頭し、証人席に着いた。

石井は、淡々とした口調で証言をはじめた。

「加藤さんに、銘柄や売買はすべて任せるからと株式取引を頼みました。昭和五十三年には、二億円の利益を上げました」

株の利益はすべて加藤の所得と主張していた検察側に、大きな痛手をあたえる証言であった。

石井の証言で、加藤は無罪判決を勝ち取った。判決の日には、多くの加藤ファンが傍聴席に詰めかけた。

加藤は、石井に、深い恩義を感じ、ふたりの仲は急速に深まっていく。

石井は、加藤のことを絶対的に信頼していた。

「加藤は、命の次に大切なものを預けられる男だ」

加藤は、昭和五十八年八月、保釈された。

平成二年四月二十日、二十四億四千万円とされた加藤の脱税に対して、無罪判決が下りた。五月八日に判決は確定した。

山口組四代目問題

稲川会長は、昭和五十九年の初め、六本木の稲川会本部奥の部屋のソファーで、事務局長の田中敬からの報告を受け、満足そうに言った。

「よかった。これも『関東二十日会』と『神農会』のみなさんの理解と協力あってのことだな……」

「神農会」というのは、関東のテキヤ、飯島連合会、姉ケ崎連合会、極東関口会、極東三浦連合会……など百数十団体の神農道の親睦会であった。

が、これまで、博徒とテキヤは対立することはあっても、一堂に会しての話し合いを持ったことはなかった。

稲川が、あらためて言った。

「いまは、博徒だ、テキヤだと言って肩を怒らせている時代じゃない。することは、おたがいにわかっているんだ。つまらないことで世間を騒がせて、自分の首を締めることは、厳《げん》として慎むべきだ」

稲川は、田中敬に訊いた。

「関東二十日会ができて何年になるかな……」

「六本木のこの事務所ができた年ですから十二年になります」

「そうか……もう十二年になるのか……」

稲川は、「関東二十日会」のこのような親睦を、せめても、東京近辺の神農道の業界にまで広げようと常々考えていた。

事務局長の田中敬に、テキヤとの親睦会を持つよう動けと命じていた。

田中敬は、住吉連合会の佐藤吉郎局長と会い、住吉連合会堀政夫総裁に協力をお願いした。

堀総裁は、さっそく極東三浦連合会の松山眞一《まつやましんいち》総長、大山光一最高顧問、池田亨一会長と話し合い、二月十四日の会合にまで漕ぎつけたのであった。

二月十四日、午後一時から、新宿の「京王プラザホテル」四十二階の「藤の間」で、神農会のトップリーダー三十三名と、関東二十日会のトップリーダー二十名が一堂に顔を合わせた。

稲川会からは、会長の稲川、本部長の長谷川春治、副理事長の森田祥生、森泉人、田中敬の五人が出席した。

会食に先立ち、住吉連合会の堀政夫総裁が挨拶に立った。

「両業界が交流を深めて親睦をはかり、くだらない争いがエスカレートして抗争にまで発展させるようなことは、関東では絶対になくさなければなりません。そのためには、関東二十日会だけでなく、神農会の指導者にも御協力願い、何か争いが起きたら、おたがいに連絡をとり合って早急に解決していきたいとぞんじます。また、義理事においても、話し合いの場を持ちたいので、今後もこのような食事会を持ちたいものと思っていますので、よろしくお願い申し上げる次第です」

その席にいた神農会の古老の親分衆も、いまだかつて、自分たちの年代においても、過去、大正から昭和にかけても、このように、関東の博打うちと、神農会のトップクラスが一堂に会して親睦の会を持ったことは、例のないことであったと、いまさらながら感慨の念を深くしていた。

乾杯の音頭は、稲川会会長稲川聖城の代理として、稲川会事務局長田中敬がとった。

「まことに僭越《せんえつ》でございますが、御指名によりまして、親、稲川になりかわり、乾杯の音頭をとらせていただきます。本日は、神農会のみなさま方と、関東二十日会の方々により、かかる意義ある会食の宴をもうけることができましたことは、まことに御同慶にたえない次第でございます。ここに関東神農会と関東二十日会のますますの親睦と、発展を心から祈願いたしますと共に、各会、各一家御一門の御繁栄と本日御来席の皆々様の御健勝を御祈願申し上げまして、乾杯！」

力強い乾杯の声が、会場いっぱいに響いた。

それから、関東二十日会二月の月当番である東亜友愛事業組合の山村局長が、稲川会の稲川会長をはじめとする関東二十日会に所属する各会の会長ならびに出席幹部たちの紹介をはじめた。

つづいて、神農会を代表し、極東三浦連合会池田会長が、神農会の各親分衆の紹介をはじめた。おたがいに紹介し合ったあと、一時間を超えるなごやかな話し合いが持たれた。

稲川は、集まった関東の博徒、テキヤの最高幹部たちを眺め、あらためてこういう会を持ってよかった……とおのれに言いきかせていた。

関東の任侠団体だけでなく、日本の任侠団体が、いずれはこうしてなごやかな会合を持てるようにならなくてはいけない……いや、持てるように努力し、なんとかそういう方向に持っていくことが、業界の長老としてのおれのつとめかもしれない……。

山口組四代目が正式に決定するとみられている昭和五十九年六月五日の山口組の定例組長会を四日後にひかえた六月一日の昼下がり、山口組最高幹部の一人が、「ホテル・オークラ」の一室で切迫した口調で稲川会長に言った。

「おじさん、このままでは、四代目問題で、ウチの組の者同士が、血で血を洗う争いをすることになる。われわれの手では、もう燃えあがった火を消すことも出来ない状態です」

稲川は、太い眉をよせ険しい表情になった。

〈なんとかしなければ、亡き三代目が嘆く事態になる……〉

山口組三代目田岡一雄は、四代目を若頭であった山本健一と決めていた。稲川が、田岡一雄を「関西労災病院」に見舞いに出かけたときも、田岡は、稲川の前ではっきりと、後継者は山本健一と口にしていた。

しかし、山本は、田岡一雄が昭和五十六年七月二十三日に逝去してまもないわずか半年後の昭和五十七年の二月四日に、三代目の後を追うようにして亡くなった。

山本健一の死によって、後継者選びは、暗礁に乗りあげた。

昭和五十七年の六月一日、山口組最高幹部会は、若頭補佐山本広《やまもとひろし》を組長代行に、十五日に、竹中組組長竹中正久《たけなかまさひさ》を若頭に選んだ。

その二大勢力を担ぐ二派によって、熾烈《しれつ》な後継者争いが繰り広げられていた。

稲川は、山口組の最高幹部のうちの誰が四代目の座に就こうとも、山菱の代紋を受け継いだ四代目には、どんな協力も惜しまない肚であった。

しかし、四代目は、すんなり話し合いでは決まりそうにない雲行きであった。

田岡の葬儀委員長をつとめた稲川は、三代目の死に水を取ったとき、三代目に誓っていた。

〈あとのことは、わたしの力でできるかぎりのことはさせていただきます〉

三代目や、残された姐さん、山口組の組員たちのためにも、山菱の代紋が真っ二つに割れ、組員同士が血で血を洗う争いをすることは、なんとしてでも防がねばならぬ。

稲川は、険しい表情のまま言った。

「あんたの気持ちは、よくわかった。さっそく、神戸の本家へ行って話をしてみよう」

六月三日、稲川は、副理事長の森泉人と理事長補佐であり稲川一家宇佐美組の宇佐美昌盛組長の二人を連れ、神戸の山口組本家を訪ねた。

応接間で、最高幹部たちといっしょにあらわれた文子未亡人に、稲川は言った。

「姐さん、四代目の問題が、ひどくもめていると人の噂で聞いたので、心配してきたんですが……」

文子未亡人は、

「稲川さん、ご心配かけまして……」

と言ったあと、毅然とした態度で言った。

「四代目問題は、心配いりません。すでに、決まっております。四代目は、竹中です」

稲川は、すでに四代目は竹中に決まっていると姐さんの口からはっきりと言われ、ほっとした。

姐さんはじめここにいる者たちの肚が決まっているなら、それ以上心配する必要もあるまい。

「それより、稲川さんに、お願いがあるんです」

文子未亡人は、あらたまった口調で稲川に言った。

「稲川さん、どうか四代目を継ぐ竹中の後見人になっていただけませんでしょうか」

稲川は、一瞬考えて言った。

「わたしでよければ……」

文子未亡人は、安心した様子で、さらに言った。

「稲川会と親戚である会津小鉄会の図越利一総裁に、推薦人になっていただきたいんです。稲川さんからお話ししていただけますでしょうか……」

稲川は、即座に答えた。

「いいでしょう。図越総裁には、帰り道京都に寄って頼んでみましょう」

稲川は、その足で会津小鉄会の図越利一総裁に会い、推薦人の一人になってもらうよう頼んだ。

図越総裁も、稲川から、文子未亡人と山口組幹部たちからの願いごとだと聞くと、即座に快く引き受けてくれた。

稲川は、会津小鉄会からの帰り、車の中で、森泉人にひと安心したように言った。

「長い間宙に浮いていた四代目が、これで決まった。よかった、よかった……三代目も、これで安心するだろう……」

六月五日の山口組定例組長会で、最高幹部たちを前に、文子未亡人が挨拶した。

「主人の意志として、山健が亡きいま、竹中を四代目に推薦します。今後、いっそうみんなのご協力をお願いいします」

ところが、同じ時刻、定例組長会をボイコットした山口組山本広組長代行をはじめとする反竹中派の最高幹部たちは、山口組からの脱退を決め、記者会見を開いた。

「四代目就任に同意しない」

その後、山本広らは、三代目田岡一雄の一の字をとり、一和会を結成し、本部を神戸に置いて組織固めに入っていた。

そうした緊迫の中の七月十日朝の十一時から、徳島県鳴門市の旅館「鳴門」で、山口組四代目竹中正久組長の襲名式がとりおこなわれたのである。

二階の百三十畳の大広間には、全国から集まった百人を超える親分衆たちが、紋付、羽織袴姿で出席していた。

正面には、「天照皇大神」、右には「八幡大武神」、左には、「春日大明神」の掛軸と、祭壇が設けられている。

故三代目の代理として、霊代と呼ばれる文子未亡人が向かって右側の上手の椅子に座っている。

左側の下手の上座に、四代目竹中正久組長が端座している。

後見人である稲川は、上手の最も上座に座り、つづいて推薦人である会津小鉄会の図越総裁をはじめ、住吉連合会の堀政夫総裁たちが顔をそろえていた。

なお、稲川会からは、見届け人である趙理事長の代理人として、副理事長の森泉人が出席していた。

会場の外では、ヘリコプターのエンジンの音が響きつづける。

準備委員長である山口組四代目舎弟頭の中西一男《なかにしかずお》組長が、マイクを取り挨拶した。

つづいて媒酌人の大野一家義信会会長津村和磨が、大音声で口上を述べた。

「ご列席の一統様に申し上げます。これより山口組四代目襲名相続式典をとりおこないます。この式典は諏訪一家諏訪健治総裁のお取り持ちのもとに、わたくし、大野一家義信会の津村和磨が仕切らせていただきます」

口上が終わり、儀式に移った。

津村媒酌人と、その両脇に控えていた二人の若い衆が祭壇に進んだ。

一礼のあと、大きく柏手を打ち、三拝した。

そして定位置に戻り、さらに二人の若い衆は祭壇から徳利、鯛、盛り塩、盃の順序で津村媒酌人の前に並べた。

一連の神事が一段落し、ふたたび、津村媒酌人が声を張り上げた。

「これより山口組三代目の御霊に成りかわりまして、霊代・田岡文子氏と、跡目を相続なさいます竹中正久氏の間で盃を交わします」

津村媒酌人の口上がつづいた。

「ご一統様に申し上げます。この盃は山口組四代目相続の盃でございます。よろしくご見聞願います」

見届け人の見聞が終わると、若い衆の一人が盃を捧げて、文子未亡人のもとへ歩む。

一礼したあと、文子未亡人はそれを三口半に静かに飲み、気持ちだけ残した。その盃を、介添人が、竹中正久の前に運んだ。

津村媒酌人の声が、さらに響きわたる。

「竹中正久氏に一言申し上げます。このお神酒を飲み干せば、すなわち貴殿は山口組四代目継承者と相なります。一家一門の頭領たる者、常に何事にも清濁併せのむ覚悟を持ち、かつ三代目の名を汚さぬよう、これ務めねばなりません。むろん、貴殿の格の高さはつとに知らるるところではありますが、その持って生まれた格をさらに高め、侠道に精進なされるよう、ここにお願い申し上げます。この盃、一気に飲み干し、懐中深くおしまいください！」

稲川は、竹中組長の一挙一動を見守りつづけた。

大広間は、水を打ったような静けさであった。

一呼吸おき、少しばかり上体をかがめるようにして竹中組長は盃を飲み干した。

そして、盃をすぐさま懐中に入れた。

その後「承認書」「譲渡書」が朗読され、つづいて先代からの「守り刀」「任侠奥伝の巻物」が、竹中組長に手渡された。

「それでは、霊代と四代目は席をお替わりください」

津村媒酌人に促されて二人は立ち上がった。

「席が替われば、すなわち当代です」

同時に祭壇の両脇の名札がはがされた。

下から二人の名を、それぞれ入れ替えた新しい名札があらわれた。

「まことにつたなき盃事ではございましたが、ここに山口組四代目襲名相続式典はつつがなく終了いたしました」

媒酌人は一礼し、すぐさま一本締めとなった。

後見人である稲川は、襲名式がとどこおりなく終わったことを見とどけるや、あの世の田岡一雄に心の中で呼びかけた。

〈三代目……安心して下さい。若い、立派な四代目が誕生しました。これで、三代目の育ててきた山口組も、四代目のもとでいっそうの結束を固め、揺らぐことはないでしょう〉

その日夕刻、稲川は、森泉人副理事長等とともに、徳島空港から羽田空港へ向けて飛び立った。

稲川は、飛行機の窓からまばゆいばかりに輝く鳴門海峡を眼下に見下ろした。

阿波の鳴門の渦潮が激しく渦巻いていた。

稲川の耳には、その渦巻く高い音が強く響いてくるようであった。

稲川にはその音が、これまで生きてきた七十年の荒々しい激動の年月の音のように響いた。

〈よくも、おれのような暴れ者が、この歳まで修羅の中を生きぬいてこられたものだ……〉

稲川は、深い感慨にとらわれていた。

稲川は、渦巻く鳴門の渦を見据えながら、おのれに言い聞かせた。

〈おれには、稲穂の代紋のためにも、全国の任侠団体のためにも、まだまだやらねばならぬことが山ほどある……〉

稲川は、両方の肩にあらためて大きな責任の重さを感じていた。

白無垢鉄火

いっぽうこのころ、稲川会長は、趙理事長に言った。

「おれは、跡目を理事長にと思っているんだ……」

が、口の重い趙理事長は答えた。

「それは、とんでもない。わたしは、そんな器ではないです。そのうち、横須賀（石井）が帰ってきますよ」

それから間もなく、趙理事長は親しいある親分に漏らしたという。

「オヤジがわたしを跡目にとか言っているが、それは、曲がりなりにも理事長を無事につとめたわたしへのオヤジの褒美の言葉だよ。その言葉だけで、わたしはありがたい」

昭和五十九年七月七日、石井は、刑期を終えて長野県須坂市にある長野刑務所から出る直前に押送された神奈川県横浜市港南区にある横浜刑務所から出た。

出所のとき、何千人という出迎えがあるということで、警察や刑務所側が憂慮した。が、実際に出迎えたのは、宮本廣志と、着替えを持った石井の姐さんに、石井の息子信之だけであった。稲川会長の厳命があったからである。

「刑務所へ大勢で出迎えに出ることはあいならん」

つきあいのある他組織の親分衆は知らせを聞いて駆けつけたが、全員、横須賀の家で待ってもらった。

石井は、出た足で、稲川会長のもとを訪れた。その席で、稲川会長の口から、おどろくべきことを聞かされた。

「石井、おれとおまえは、高い所からみんなを見ていようよ」

その言葉は、稲川会二代目会長の座を譲るのは、石井ではないことを示唆していた。

稲川は、つづけた。

「理事長の趙春樹に、譲ろうと思う」

稲川は、自分がまだ現役で健康なうちに二代目を決めておこうと思ったのである。

子分たちにあとを任せて、自分は高いところから、もう少し見ていようと思っていた。

石井は、ためらうことなく、深くうなずいた。

「わたしは、全面的に、向島（趙）に協力します」

が、あいさつを終えて稲川の元を辞したあと、側近にきっぱりと言った。

「オヤジがそう言っている。おれにしたって、兄弟に譲るっていうんだから、よろこんで支えるよ」

よりにもよって、譲るのは、石井にとっては兄弟分とはいえ、「五厘下がり」の「弟分」にあたる趙であった。が、石井は、側近に、あくまで落胆の色は見せなかった。

側近は、自分の考えを口にした。

「いまはそう言われても、いまにかならず、『おまえが、二代目を継いでくれ』と言われるに決まっています」

側近は、石井が刑務所に入っている七年もの間、稲川会長のもとで雑用をしていた。稲川会長の気持ちや考え方はわかるようになっていた。

石井は、気持ちを切り替えるかのように、側近にきっぱりと言った。

「なにか、実業をやろう」

石井は、もともと、昭和四十二年に、土建業を営む巽産業を設立した。のち横須賀一家六代目総長となる宮本廣志が副社長に就いた。

稲川会長が「オヤジ」と呼ぶ右翼でフィクサーの児玉誉士夫からも注文を受けていた。実業への意欲は、旺盛であった。

だが、あくまでも、石井が本気だったのは任侠の世界であった。二代日襲名の目が無くなって、実業に力を注ぐことを決心したのである。

石井は、側近に言った。

「堅気の仕事をしよう」

側近は、石井に、庄司宗信をあらためて引き合わせた。庄司は、経営していた銀座のクラブ「花」が潰れて、特に決まった職もなかった。

庄司は、昭和五十九年十一月半ば、一週間ほど前に横浜刑務所を出所したばかりの石井に、栃木県の鬼怒川温泉に誘われた。

〈これまでの垢を落としたいんだな〉

のんびりとした湯治《とうじ》のつもりで、庄司はお供した。

庄司は、石井とふたりきりで、温泉につかった。

庄司は、石井に背中を見て、おどろいた。

〈印刷、ないや〉

印刷とは、刺青のことである。庄司は、「花」を経営しているころ、石井といっしょにゴルフをしたことはあった。が、石井は、いつも風呂には入らずに帰ってしまった。そのせいで、石井の背中に、その世界で生きる証ともいうべきそれが彫りこまれていないことを庄司は知らなかった。石井は、いわゆる、白無垢鉄火であった。

のちに稲川会三代目会長となる稲川裕紘は、どんなに暑いときでも七分袖のシャツを着ていた。その袖からは、かなりのものと想像できる刺青がのぞいていた。そのようにして、なるべく表には出さないようにしていたものの、ひとたび汗をかいてシャツが透けると、その背中にみごとな刺青が浮いて出たものだった。

その意味でも、石井は、やくざの世界でも特異な存在であった。武闘派の多いやくざのなかで、政治経済をはじめとして世の中の動きにも目を向けていた。やくざの世界だけでなく、どこに行っても一際群を抜くだけの才能があった。人を束ねる力も持っていた。

庄司は、常々思っていた。

〈石井さんには、政界にも確固としたパイプもある。経済界にも人脈がある。これからは、児玉誉士夫のようなフィクサーになってほしい〉

石井は、温泉で刑務所の垢を落とし、部屋で庄司と向き合ったとき、庄司にはじめて打ち明けた。

「おれは、ムショの中で、よく考えた。これからは、いつまでも裏社会だけで生きていたくはない。表社会でも、活躍したい。そのために目につけているのは、不動産と株だ。かならずや不動産と株の時代になる。おれも、それを手がけたい。そこで……」

石井は、みずから合法的なビジネスをめざそうと決意した。

「博打で仲間内で金を取り合うのは、時代遅れだ。これからのやくざは、税金を払わなくてはいけない」

暴力団を取り巻く環境も厳しくなっていた。昭和五十七年の商法改正により、総会屋、暴力団への企業からの利益供与が禁止された。暴力団組織は、新たな資金調達ルートの開拓に着手せざるをえなかった。

石井は、出所してからは、麻雀も競馬もしなかった。入所前に持っていた競走馬もすべて手放した。勝負事からはすべて足を洗い、仕事、自分の夢に専念することをのぞんでいた。

石井は、鋭い眼を庄司に向けた。

「そのための会社を、つくりたい。おまえに、そこの表向きの代表に据わってもらいたい」

いくら表向きの代表とはいえ、それだけの経営実績がなくてはならない。しかも、石井が信頼できる人物でなくてはならない。庄司こそ、まさに、その適任だと石井は思ったにちがいなかった。

庄司は、これこそ、自分にあたえられた仕事だと思った。ここをきっかけとして、石井を、児玉誉士夫のようなフィクサーにすることができるかもしれないと感じた。石井の番頭として生きることを決意した。

「ぜひ、お願いします」

「そうか、じゃあ、仕事をしよう」

庄司は、いわゆる、「企業舎弟」の日本での第一号となったのである。

いっぽう、東京佐川急便社長の渡辺広康は、石井とは、「花」で顔なじみであった。が、石井が刑務所から出てからは、まだ出所祝いに行っていなかった。

渡辺は、石井を、横須賀市の防衛大学近くの石井邸に訪ねた。渡辺は、度肝をぬかれた。

〈これが、やくざの親分の家か……〉

総檜《ひのき》造りの家を想像していた。ところが、眼の前には、西洋の館のようなレンガ造りの華麗な家が建っている。

応接間に通され、風呂敷包みを解きながら、石井に言った。

「じつは、この絵は、北炭の萩原吉太郎《はぎわらきちたろう》先生がお持ちになっていたものです。総長は、絵に造詣が深いとお聞きしていましたので、ご満足いただけるかと……」

日本画の人物画であった。渡辺の眼には、なんということもない人物画に見える。

石井は、軽くため息をついた。

「これは、みごとなものだ。おそらく、三億は、下るまい」

渡辺は、石井の眼力に正直おどろいた。

「さすが、お眼が高い」

渡辺は、あらためて石井邸の応接間を見渡した。ふつうのやくざの家は、虎の皮や、巨きな象牙がこれみよがしに飾ってあるものだが、石井の家は異なっていた。ロココ調の調度に囲まれていて、およそやくざの親分の邸とはおもわれなかった。

渡辺は、感心しながら言った。

「この部屋に飾られるなら、この絵もよろこぶでしょう」

渡辺と石井の仲は、これを機にのっぴきならないまでに深まっていく。

渡辺の夜のつき合いが派手になっていったのは、昭和四十九年、東京佐川急便社長に就任したころからであった。

銀座のクラブ「サントノーレ」、元女優で、のちに直木賞を受賞する小説家・山口洋子《やまぐちようこ》の経営する

「姫」、庄司の「花」、さらに「フォンテンブロー」、「ピロポ」などの銀座のクラブの常連として名前をとどろかせ、ホステスに豪勢に札ビラを切った。銀座の五本の指に入るまでになった。

陶器の壺に入った最低十五万円はするスコッチのロイヤルサルートを飲んでいた。連れの客や店のホステスには、レミーマルタンのルイ十三世などの、六十万円から八十万円もするブランデーを振る舞った。ルイ十三世を、一日に二本も三本も入れる。相撲取りを連れて来ると、一夜五、六百万円は飛んだ。

金払いは、じつによかった。店が月一千万円の請求書を会社に送っても、なにも言わなかった。

渡辺は、銀座の馴染みのクラブのママを連れては、築地の「吉兆」、赤坂の「川崎」といった名門料亭に通った。年増の芸者が好みで、よく呼んだ。芸者が三味線を弾き、小唄を歌うのを楽しんだ。乱れることなく、品のいい遊び方をした。年増芸者を、「最後の〝止めマン〟してあげる」と言ってからかうくらいであった。帰りには、女将にご祝儀といって、ポンと五十万円を渡した。

渡辺は、佐川急便会長の佐川清《さがわきよし》が京都の祇園でするように、東京赤坂などの花柳界で豪遊した。佐川が祇園の舞妓を残らず買いきって遊び、全員に着物を買ってやったように、東京赤坂などの花街で、その花街の芸妓を買いきって豪遊、芸妓たちに着物を買いあたえた。

まだ石井と飲み歩く前は、渡辺もかわいげがあった。ちょっと金を儲けた人のいい金持ちが、単純なお大尽遊びをしている、という程度に周囲からは受け取られていた。石井と飲み歩くようになってからは、態度が変わった。まず、ホステスへのチップの渡し方が変わった。それまでは、テーブルの下から、そっとチップを渡していた。が、財布からこれみよがしに札びらを切るようになった。

経済やくざ石井会長、東京進出

庄司は、どのような商売をはじめるか、石井隆匡と話し合った。庄司は、その当時盛んだった不動産投資を提案した。

「ゴルフ場開発が、いま盛んですよ」

石井もうなずいた。

「それはいい。それに、ホテルもやってみたい」

石井の出所祝いは、さまざまな関係者から届けられた。そのなかには、堅気の社長十人からのものもあった。ひとりがだいたい一千万円ずつ、合わせて一億円を少し上まわった。

その当時は、「株投資」の言葉はおくびにも出さなかった。

受け取った出所祝いについて話し合った。

そのころ石井が信頼していた易学者阿部芳明《あべよしあき》は、石井に進言した。

「この一億円は、一千万円だけ残してお返しなさい」

阿部は、星回りや方位といった、さまざまなものから、運勢を見た。

石井は、素直に阿部に従った。一千万円だけを残し、九千万円は返却した。

石井は、昭和六十年二月、「北祥産業」を資本金三千万円で設立した。「北祥産業」の名は、阿部が命名した。

石井は、阿部の言うように自分の守護神を毘沙門天だと信じていた。「北祥産業」と、石井の設立した企業名に「北」をつけたのは、毘沙門天《びしやもんてん》が東西南北のうち、「北」を守っているからだということであった。

「北祥産業」は、千代田区麹町三丁目の一角、半蔵門通りにあるビルの五階の503号室に事務所をかまえた。石井みずからは会長の座に就き、庄司が、社長に就任した。

事業目的として（1）不動産の売買、仲介、（2）日用品、家庭雑貨の輸出入、（3）歌手、芸能タレントの養成などが掲げられた。

石井は、庄司に物静かに語った。

「義理がけ博打のように、同じ顔触れで金が行ったり来たりしても、利益にはならん。これからは、事業拡大することも考えないと……。そのために、これから、次々と企業を設立していく方針だ」

石井は出所以来、総長賭博に出ることもなく、競馬、麻雀もいっさい控えた。ラスベガスでのバカラ賭博が、唯一の例外といえるものであった。

庄司は、北祥産業が設立して間もなく、江東区新砂にある東京佐川急便に出かけた。

東京佐川急便は、「佐川急便」グループ約百社のなかの中核産業である。そのころ、従業員は四千人を超えていた。

かつて庄司が経営していた「花」の得意客であった渡辺広康は、いまや、東京佐川急便の社長として、佐川グループナンバー2の実力者となっていた。

庄司は、「北祥産業」の名が刷りこまれた名刺を、渡辺に差し出した。

「渡辺さん、ぼくはちょっと縁があって、稲川会の石井会長といっしょに仕事をさせていただくことになりました。石井が会長で、わたしが社長になって新しい会社を立ち上げたんですよ。石井が『ぜひ挨拶に行きたい』と言ってます。社長、どうですか？」

渡辺は言った。

「ぜひ、石井会長にお会いしたい」

庄司は、後日、あらためて石井とともに東京佐川急便をおとずれた。その際には、気持ちとして、渡辺が、石井に、一千万円を包んだ。

庄司は、さっそく不動産情報の収集に専念した。

そのうち、庄司の耳に、興味深い情報が飛びこんできた。

「東京佐川急便が、配送センター用地を物色している」

さらにくわしく調査した結果、東京佐川急便が特定の暴力団と結びついていないと判断した。

庄司は、石井と渡辺との席を料亭にセットした。その席で、石井は、渡辺から経理担当常務を務める早乙女潤《さおとめじゅん》を紹介された。

「わしの右腕と思って、かわいがってもらいたい」

頭の禿げあがった早乙女は、丸い眼鏡越しに人の良さそうな眼をかがやかせ、頭を下げた。

石井は、頭を下げながら、心の中で苦笑いしていた。

〈この男は、どんなことがあっても、渡辺さんの寝首をかくことはあるまい……〉

早乙女潤は、昭和十三年五月十四日、東京都大田区に生まれた。昭和三十二年、都立台東商業高校を卒業し、日本橋信用金庫に就職した。いっぽうで、中央大学商学部二部に通学し、昭和三十六年七月に卒業した。昭和四十八年十月、日本橋信用金庫を退職した後、江戸川区内の運送会社に就職した。

昭和五十年九月、新聞広告を見て、渡辺広康の経営する渡辺運輸に入社し、経理担当となった。昭和五十六年三月、東京佐川急便の常務取締役となっていた。

三月、北祥産業が東京佐川急便による大田区内の配送センター用地買収の仲介を手がけた。不動産の仕事は、順調にすすんでいった。

側近は、石井に呼ばれた。要件は、東京佐川急便社長の渡辺広康のことである。

佐川急便のネットワークを全国に広げた渡辺社長の手腕は、高く評価されていた。

三菱銀行（現・三菱東京ＵＦＪ銀行）をはじめとした大手銀行が口を揃えて言った。

「東京佐川急便は、無担保で無制限だ」

しかし、渡辺社長は、そのころ、元代議士の中尾宏の経営する月刊総合誌「ビックＡ」に叩かれて困っていた。かって小川薫《おがわかおる》率いる総会屋広島グループの一員であった高田光司が叩かせていたのである。

側近は、石井に言われたまま、稲川会横須賀一家の井の上孝彦に電話をかけた。

井の上組組長である井の上孝彦が、石井隆匡とはじめて会ったのは、昭和三十九年のことであった。巽産業の従業員であった井の上の兄貴分が横浜で沖仲仕をした際にトラブルを起こしたことがきっかけとなり、巽産業専務である北川義雄の紹介で石井と会うことになった。

石井は、井の上に言った。

「東京に出ろ。東京なら、おまえたちの力でどうにでも切り開けるぞ」

井の上は、はじめ、世田谷区用賀を拠点とした。それから、昭和四十七年に新宿に進出する。

新宿は、二率会小金井一家のシマであった。そこに町井久之が結成した東声会（現・東亜会）、極東関口会（現・極東会）、住吉連合（現・住吉会）まで進出していた、とても新興勢力が踏み込む隙間などなかった。横須賀一家は、古くから根を張る勢力から、再三再四、いじめを受けた。さらには、警察からもいじめられた。

「稲川会は、新宿にシマがないんだから、出ていけ」

が、井の上は、退かなかった。バブル経済が真っ盛りのころ、歌舞伎町二丁目にあるマンションの部屋を現金一億数十万円を出して買い上げた。そのマンションにも、嫌がらせを受けた。

しかし、動じることはなかった。

「ここは、おれの住まいだ。登記簿にもきちんと書いてある。唯一、おれの持ち物だ。それなのに、『出ていけ』はないだろう」

そのひと言で、住吉連合とはひと揉めあったものの、ついには認められた。横須賀一家が根を張る拠点となったそのマンションには、いまや、なんと三十八ものやくざ関係団体が入っている。横須賀一家は、そこを基盤に新宿に勢力を広げていった。

さて、井の上は、迎えに来た石井の側近とともに車で出かけた。

なんのことだか、意味がわからなかったが、総会屋の高田に会うや、説得した。

高田は、白旗を揚げた。

「わかりました。もう、渡辺社長については書きません」

一件落着した。井の上の役目は終わった。

そのことをきっかけに、石井は、渡辺社長のボディガード的な存在となった。

渡辺社長とすれば、石井のタニマチのような気持ちであったのかもしれない。

ただし、石井は、渡辺社長からの謝礼はいっさい受け取らなかった。渡辺社長ばかりではない。国際興業グループを率いる小佐野賢治に頼まれた案件を解決した際にも、謝礼は返した。

石井は、その代わりに頼んだ。

「いいお仕事がありましたら、こちらにいただけませんか」

それをきっかけに、一億円ほどの仕事を、小佐野から受注した。その仕事の代金でさえも、石井は、受け取ろうとはしなかった。

お金を受け取るのは、信頼関係をつくってからであった。「世話になったから」と嫌々ながら持ってこられるような関係は、一回、二回でつながりは切れる。信頼関係さえ構築されれば、つながりは強固になる。

石井は、そのことを意識してしていたわけではない。もともと、金銭的な利益を追い求めるよりも、人と人との信頼関係を築くことを考えるタイプだった。その結果が、人脈として広がりを見せることになる。

石井は、その後、庄司から頼まれた。

「渡辺さんが、ブラックジャーナリストに、女性問題を書き立てられそうになり、あわてている。ぜひ押さえてもらいたい、と駆けこんできている」

石井は頼みを聞き入れ、渡辺のゴシップ記事の掲載を差し止めた。

それからまもなくして、渡辺が行き付けのクラブ経営者の二男と暴力団のトラブルも頼まれ、石井が解決した。

昭和六十年六月、石井は、自身が実質的オーナーである北祥産業を、千代田区紀尾井町三－二十九のマンションの二室に移転した。このとき、石井は、渡辺に、マンション名義の連帯保証人になってもらった。そのうえ、主要取引先欄には「佐川急便」と書きこんだ。

稲川裕紘が、四年の刑期を終えて札幌刑務所から出てきたのは、昭和六十年七月であった。

これにより、稲川会の、長谷川春治、森田祥生、趙春樹、それに、稲川裕紘と最高幹部の顔ぶれが全員そろった。

稲川聖城が、出所した稲川裕紘に伝えた。

「趙を、跡目にするからな」

庄司は、のちに稲川裕紘から聞かされた。

「おれは、オヤジ（稲川聖城）に強い口調で言ったんだ。『おれの親分は、石井だよ。石井以外に、稲川会の跡目継ぐのは誰がいるんですか』」

稲川裕紘は、十九歳のときから、石井のもとに預けられて修業した身である。

いっぽう、趙理事長は、再三跡目を辞退した。その末に、稲川会長に懇願していたという。

「オヤジ、わたしはそんな器ではありません。オヤジの気持ちは生涯忘れません。しかし、横須賀（石井）がいるのに、わたしがそれを受けるわけにはいきません。順序としても、横須賀にやるのが順当です。どうか、横須賀に二代目を継がせて下さい」

石井が、稲川聖城から、稲川会の二代目に就任するように告げられた直後、石井は、おどろいたように、それを予言していた側近たちに言った。

「本当に、おまえたちの言ったとおりになったよ。『おまえが、二代目をやれ』と言われたよ」

石井が服役しているのならいざ知らず、出所したからには存在感がちがった。ほかの幹部たちは、あることでのそれぞれのスペシャリストではあった。ただし、大局を見ることに関しては、石井がひときわ秀でている。石井が会長の座につくのが自然の流れだった、と庄司は思った。

石井にとって、自分が跡目を継ぐのに、稲川裕紘のひと言は大きかった。稲川裕紘に、ある意味、恩義を受けたことになった。石井がのちに三代目を裕紘に譲る伏線ともなる。

昭和六十年の十月、稲川会二代目には、石井隆匡が就くことになった。

稲川聖城は、それを機に、稲川会会長から総裁となった。

稲川会二代目継承

石井隆匡の稲川会二代目の継承の盃は、昭和六十一年五月におこなわれた。

熱海本家六十畳の広間に、全国の親分衆を招待して、厳粛かつ盛大な儀式が、日本古来からの伝統に則っておこなわれた。

取持人を、三代目会津小鉄会会長の図越利一《ずこしりいち》総裁がつとめた。媒酌人は、全丁字家芝山三代目である小池寛総長がつとめた。

時節柄、派手な披露宴は遠慮して、座敷に座った親分衆は百名内外と、最小限に自粛していた。

その親分衆が見届けるなか、儀式が進行した。

祭神は、天照皇大神。流儀によっては、複数の神様を祀ることもあるが、稲川会は、国をはじめた神様として、天照皇大神御一体を祭神とする流儀を用いた。

一家一門代表のあいさつ、媒酌人のあいさつがあって、盃の儀式に入った。

一同神前に礼拝したあと、御神酒が注がれた盃が、稲川総裁の前に運ばれた。盃は、総裁が、稲川会代々に残すために、特別に注文した黄金の金盃であった。稲川の代紋に、「寿」、そして、「稲川」の二字が刻まれていた。

「稲川総裁に申し上げます。その盃は、二代目に譲り渡す盃でございます。気持ちだけ飲んで残してやってください」

媒酌人の口上で、稲川総裁は、両手で盃を捧げもった。静かに、気持ちだけ飲んで盃を置いた。

満場の目が、いっせいに注目するなか、稲川総裁の所作は堂々としていた。五十年間、あらゆる困難を闘いぬいた王者の貫禄があった。

総裁が気持ちだけ呑んで残した盃を、二代目となる石井隆匡が飲み干した。盃事の作法による、いわゆる、「呑み下げ」である。この場合、媒酌人は、先代が飲んだ盃に継ぎ足しをする。

稲川総裁が、出席者に訊ねた。

「おめでたい盃でございますので、注ぎ足しをさせていただきますが、よろしゅうございますか」

了承を得ると、稲川総裁は、媒酌人に言った。

「なみなみとどうぞ」

「なみなみと盃一ぱいに注いでください」という意味である。

稲川総裁の言葉を聞いて、媒酌人は、総裁が飲み残した盃に、なみなみと注ぎ足した。

その盃を、取持人、見届人が検分した。

「結構です」

検分の了解の声が響くと、その盃は、二代目の前に運ばれた。

媒酌人が、口上をのべた。

「二代目を継承いたします石井会長に申し上げます。その盃は、二代目継承の意義深い盃でございます。その盃を飲みますと同時に、二代目稲川会会長という大任をになうわけでございます。どうか、そのお気持ちを三口半で飲み干して、稲川会代々に伝わるその盃、懐奥深くお納め下さい。どうぞ」

媒酌人の口上が終わると、石井は、金盃になみなみと注がれたその御神酒を三口半で、しずかに飲み干した。

満場の拍手の中で、金盃を懐紙に包み、懐奥深く納めた。

流儀によっては、「この盃、二度と使うことはございません」という意味で、盃を割る。いわゆる、「割り盃」である。

だが、稲川会は、代々に残す金盃であるため、代目継承者が保存して、次の代に渡さなくてはならない。

石井が、懐に金盃を納めて儀式が終わった。

それを見届けた媒酌人が、代目継承の「承認證」を両手で高くかざして、声高々と読み上げた。

「承認證
今般、石井隆匡を以て、
稲川会二代目会長たることを
承認仕り候也

昭和六十一年五月吉日
稲川会総裁　稲川聖城」

この二代目継承の代目盃には、二、三の画期的なことがあった。

そのひとつが、稲川総裁がまだ健在のうちに早めに譲った。ふたつめは、稲川総裁が、代目を譲っても引退せずに、なお現役のまま、高いところから指導をするという立場をとった。

旧来、代目継承の盃は、先代が亡くなった場合、または、先代が健康を害し、その任に堪えられないなどで引退する場合におこなわれる。そのために、先代が亡くなってからの跡目相続の場合は、だれが跡目になるかでもめることが多かった。

稲川総裁は、それらの旧来の陋習《ろうしゅう》を打ち破った。自分が現役のうちに代目譲りをするという新境地を開拓した。

そうすることによって、のちのち、跡目問題でもめることを防ぐとともに、道義的にも、自己の責任を果たすことに重きを置いていた。

石井は、稲川会の二代目に就任しても、実業は、そのまま継続した。

石井が実業家を目指したのは、なにより若い衆が食べていけるようにしたいと思ったからである。さらにいえば、日本の任侠道を志すひとも、納税させようとしていた。

石井の側には、かならずといっていいほど、稲川裕紘がついていた。石井が出かけるときには玄関で待っていて、みずからの手で靴べらを渡す。側近がやろうとしても許さず、稲川裕紘自身がしていた。稲川裕紘は、石井が使う諸経費を出していた。また、このように石井の身のまわりに絶えず気を配っていた。

あまりの献身ぶりに、四代目会津小鉄会会長である高山登久太郎《たかやまとくたろう》も舌を巻いたほどであった。

闇の世界の貯金箱

石井をめぐる駆け引きが、石井の知らぬところではじまっていた。平和相互銀行をめぐる買収劇である。

平和相互銀行は、終戦直後の屑鉄売買で財を成した小宮山英蔵《こみやまえいぞう》が、東北林業を買収し平和殖産無尽と社名を改め日掛金融に業容を転換した。昭和二十六年六月に制定された相互銀行法によって、相互銀行に転換。平和相互銀行と名称を変更した。

相互銀行に転換した直後から、夜九時までの窓口営業を実施した。顧客の多くが水商売で営業が夜遅くになることに加え、法的に午後三時までの営業を義務付けていたことに着目、大蔵省に直談判して夜間の窓口営業を認めさせたと言う。

平和相互銀行は、奇抜なアイデアで業績を上げるいっぽうで、「闇の世界の貯金箱」と呼ばれるほど暴力団、右翼などの闇の世界ともつながりをもちながら成長した。

昭和五十四年八月二十六日に小宮山英蔵が死去すると、グループの後継の座を巡って英蔵の娘婿だった専務の池田勉と英蔵の長男である常務の英一との間で、対立が生じた。

英一は、平相相互銀行監査役である伊坂重昭《いさかしげあき》の後ろ盾を得た。

伊坂は、昭和元年一月二十五日、北海道札幌市で生まれる。昭和二十三年に東大法学部を卒業後、昭和二十五年に検事となる。特捜検事時代、ビル貸し業者の吹原弘宣、賃貸業者でありフィクサーとも呼ばれた森脇将光《もりわきまさみつ》が共謀し三菱銀行を恐喝しようとしたとする〝森脇事件〟を担当、森脇を起訴に持ち込んだ。そのことにより、〝カミソリ伊坂〟の異名をとる。

昭和三十七年に、弁護士に転身。昭和四十五年に、平和相互銀行の顧問弁護士となった。昭和五十二年には、監査役に就任。〝天皇〟の異名をとり、絶大な力を振るっていた。

伊坂の力により、みごとに池田の失脚に成功した。

だが、その後、英一と伊坂ら新経営陣との確執が勃発した。英一が、常務の座から下ろされた。

そのようななか、関連会社の太平洋クラブへの無謀な融資が不良債権化し、経営状態を圧迫した。のちに石井と深い関わりを持つことになる太平洋クラブは、昭和四十六年に創設。資本金二十億円。二十七コースの完成を目指し、昭和四十八年三月から会員制レジャークラブの会員を募集していた。

いっぽう、昭和四十七年に経営難のプロ野球球団西鉄ライオンズを買収した福岡野球株式会社のメインスポンサーとなり、球団名を太平洋クラブライオンズとする。しかし、ゴルフ場開発がなかなか進まないこともあって、昭和五十一年でメインスポンサーからは撤退していた。

平和相互銀行は、昭和六十年には、約五千億円の不良債権を抱えていることが判明した。平和相互銀行は、合併によって存続を考える小宮山英一《こみやまえいいち》派、独目で立て直しをはかろうとする伊坂派で割れた。

伊坂は、創業者一族の小宮山一族を、平和相互銀行の経営から引き離しにかかった。まず、小宮山一族が一〇〇%出資している太平洋クラブが保有する平和相互銀行株を、平和相互銀行に提出させた。債権保全という名目であった。

おかげで、小宮山一族が保有する平和相互銀行株は、五二%から三二%にまで下がってしまった。

小宮山英一は、さまざまなひとたちに相談した。そのうちのひとりが、右翼団体「全国愛国者団体連盟」の志賀敏行であった。「全愛連」の名誉顧問は、重鎮右翼の岡村吾一である。のちに松葉会最高顧問となる志賀は、小宮山英一の親代わりともいうべき存在であった。

志賀は、小宮山が平和相互銀行株を所有しているのは危険だと判断した。かといって、志賀自身では持つことができない。

志賀は、大手資本と関係のない人間を候補に上げた。そのなかで、もっとも適任だと白羽の矢を立てたのが川崎定徳《かわさきていとく》社長の佐藤茂《さとうしげる》であった。

佐藤茂は、大正十三年五月二十一日に茨城県石岡町（現・石岡市）に生まれた。東京鉄道教習所普通部を卒業したあと、国鉄、日本に進駐していた米国第八軍、畳屋などを経て、昭和二十九年に、川崎定徳に、運転者として入社した。ちなみに、若いころには、右翼の松葉会にいたともいわれていた。

川崎定徳は、立志伝中の人物の川崎九右衛門が興した一大財閥の管理会社である。佐藤は、九右衛門の長男である守之介の大番頭として厚い信用を受けた。常務、専務を経て、昭和四十一年三月、川崎定徳社長に就任していた。

佐藤は、川崎定徳二代目である川崎守之介から厚い信頼を受けて、「終身社長をやれ」と言われていた。

じつは、平和相互銀行合併をめぐって影に日向に動いていたのは、イトマンファイナンス社長の河村《かわむら》良彦《よしひこ》であった。

河村は、大正十三年九月二日に生まれた。昭和十六年に住友銀行（現・三井住友銀行）に入社。『住友銀行中興の祖』と称される磯田一郎に見初められ、常務にまで上り詰める。昭和五十年に住友銀行がメインバンクとして支えていた老舗企業イトマンに入社する。オイルショックによって倒産の危機にあえぐイトマンに「意識革命」を徹底、昭和五十二年には四十八億五千万円近くの累積赤字を一掃した。あろうことか、昭和五十三年には、復配できるほどまでにイトマンを回復させた。

その河村が動くのは、古巣・住友銀行（現・三井住友銀行）のためであった。住友銀行が、駅そばに数多くの店舗を抱える平和相互銀行と合併できれば、関東へ進出できる。そのことは、ライバルである関西の三和銀行に水をあけ、富士銀行、第一勧業銀行の牙城も崩すことにつながる。

その意味でも、河村ら住友銀行サイドにとっては、佐藤茂ならば、株の引き受け手としては安心であった。住友銀行幹部たちには、佐藤と面識がある者が多かった。

住友銀行には、夜間営業店舗がなく、東京にも店舗が少なかった。平和相互銀行を吸収合併できることによる利が多かった。平和相互銀行は、住友銀行との合併に舵が切られた。

資金八十五億円は、元住友銀行常務の河村良彦が社長をつとめるイトマンファイナンスから、平和相互銀行関連企業である足立産業を一度介した形で融資した。

佐藤は、合併反対派の伊坂と二十数回も話し合った。佐藤に株式が渡った時点で、住友銀行（現・三井住友銀行）による平和相互銀行の合併は決まったようなものだった。いくら伊坂らが抵抗を試みてもそれは変わらない。

いっぽう、裏世界に通じる佐藤が懸念していたのは、ほかでもない、稲川会会長の石井隆匡の存在であった。

石井と平和相互銀行創業者の小宮山英蔵は、親しい間柄にあったのである。石井が通った海軍通信学校の後輩が小宮山の側近で、その縁で、石井が経営する巽産業に融資を受けるようになった。

じつは、伊坂も、石井に近づいていた。石井が逮捕された韓国賭博ツアー事件の弁護団にも加わっていたのである。

石井は、「闇の世界の貯金箱」と呼ばれた平和相互銀行に押し寄せる右翼、暴力団の防波堤として、目を光らせていた。平和相互銀行事件で、アングラ社会からの攻撃を抑えたのも石井であった。

日本最大の総会屋グループ「論談同友会」の正木龍樹《まさきたつき》会長によると、昭和五十五年六月十三日付けで、平和相互銀行に、「論談同友会」の梶谷正幸《かじたにまさゆき》と鈴木孝三《すずきこうぞう》の連名で質問状を送った。

その内容は、じつは、月刊誌「政界ジープ」の元編集長本田二郎に書かせたものであった。

「政界ジープ」は、昭和二十年代に一流会社や銀行、政治家などのスキャンダルや暴露記事を載せ、震えあがらせたことでも有名であった。昭和三十一年には、恐喝事件で十四人が逮捕された。十九件の犯行で被害総額は六千九百六十万円。この政界ジープ事件は、戦後最大の恐喝事件として騒がれた。

本田は、平和相互銀行についても長年取材を重ねていて、内部についてくわしく摑んでいたという。

平和相互銀行側は、取締役の石村勘三郎が六月二十六日付けの稲井田隆代表取締役名による質問に対する回答書を持ち、渋谷区本町京西ビル三階にあった論談同友会の事務所を訪ねてきた。

正木らは、その回答を検討し、再度七月に入り、稲井田代表取締役宛てに質問状を送った。やはり「政界ジープ」の本田元編集長の筆によるものであった。

その内容から、平和相互銀行の内部を相当知り尽くした人物が書いているな、このまま放っておくと何が暴かれるかもわからない、大変なことになる、と不安になったのであろう。

正木は、本田から赤坂のナイトクラブ「ラテンクォーター」で、本田が平和相互銀行の創始者小宮山英蔵と酒席をともにしている写真を見せられたこともあった。

稲川会の神奈川県川崎をシマにしている山川一家の山川修身総長が、論談同友会に連絡を入れてきた。じつは、稲川会の横須賀一家総長の石井隆匡が平和相互銀行を攻撃から守っていたのである。本来なら、石井総長が動くはずであったが、石井総長は、昭和五十三年十一月に、韓国賭博ツアー事件で逮捕され、六年の実刑を受け、長野刑務所に服役中であった。石井総長に頼まれ、山川総長が登場してきたわけである。それほど伊坂重昭と石井総長は密接な関係であった。

東京都品川区にあった山川総長の個人事務所で、論談側は、梶谷正幸と論談同友会常務理事であった川本正吾（元打越組の最高幹部）が、山川総長と三度に渡り解決金等の話し合いをおこなった。

その後、東京プリンスホテルで、山川総長と正木会長、論談同友会常務理事の鈴木孝三で会食をした。

獅《し》子《し》身中《しんちゅう》の虫であった元特捜の伊坂重昭が、徳川家の服部半蔵よろしく裏も表も仕事を仕切っていた。

その関係で稲川会の石井総長が出てきたわけである。

平和相互銀行も、裏では闇の支配者に守ってもらっていたのである。

佐藤は、石井を、伊坂らから切り離しにかかった。石井と東京佐川急便の渡辺広康社長が懇意な間柄であることを知り、渡辺を通じて石井と接触を持った。

佐藤は、石井に「静観してもらいたい」と依頼していた。

石井は、佐藤の言うとおりに動かなかった。

伊坂らも、石井を取り込みにかかった。伊坂、佐藤の両派が入り乱れて、石井をめぐって水面下で動いていた。

石井は、結局、佐藤側に付いた。合併に反対する裏社会を完全に抑えこんだ。

なお、石井が静観したのは、じつは、岸信介元首相から電話があり、「乗っ取りに協力してほしい」との電話であったともいわれている。

石井は、佐藤と平和相互銀行に大きな貸しをつくっていた。

昭和六十年十二月、伊坂系の稲井田社長が降格し、大蔵省ＯＢだった田代一正会長が社長に就任。これをきっかけに事実上大蔵省管理となり、昭和六十一年二月、伊坂も監査役を辞任した。

この間、大蔵省および住友銀行の間で救済合併が進備され、昭和六十一年十月一日、住友銀行に吸収合併されることになる。

バブル経済の波

易学者の阿部芳明は、石井に、気づいたことは何でも指摘した。端で見ていると、石井の機嫌を損ねはしないかと冷や冷やするようなことまでも言う。

まわりの者たちは、阿部に頼む。

「先生、会長には、いいことを言ってください」

しかし、阿部は、頑として聞き入れなかった。

「わたしは、真実しか言えない」

そう言ってから、阿部は訊いた。

「なんで、そんなことを頼むのか」

「あまりにも悪いことを言い過ぎると、オヤジの機嫌が悪くなってしまうのではないかと思いまして」

阿部は断言した。

「そんなことにはならないよ。起こることに対して、受け入れればいいだけのことだから、そんなことで気分が悪くなるわけがない。会長のことを、なにを見くびっているんだ」

阿部が、石井の家の家相が悪いと指摘したときには、その修築費用に六億円もかかった。改修費を出すのは、宮本廣志らであった。宮本は、内心思っていたという。

〈余計なことをいう先生だな〉

しかし、宮本も信心家であるがゆえに、石井のすることにあまり口を出してはならないと黙っていた。

それからしばらくたって、受注した工事会社が潰れてしまった。

倒産した工事会社を買い取った会社の幹部が、言ってきた。

「これは、こちらの責任ですから、手付けの分だけでやらせていただきます」

まだその段階で、手付け金の五千万円しか払ってなかった。六億円もかかるという改修が十二分の一の費用ですんでしまった。

「なんと、あの先生の言うことが当たり、いい方向に向がってきたよ」

さすがに、宮本も舌を巻いた。

石井は、よりいっそう阿部を信じるようになった。

石井は、昭和六十年九月から、太平洋工業の株取引をはじめた。指南役は、誠備グループの加藤暠。

〝加藤銘柄〟という言葉があるほどの仕手戦の雄である。

加藤は、ひとから資金を引き出すことに関しては天才的な才能を発揮した。ねばり強い性格で、自分の目的を果たすためならば、石井と差しで渡り合った。五時間でも七時間でも融資の承諾をもらうまで粘った。

加藤が帰ったあと、石井の側近は、石井から振り込みを頼まれることがよくあった。

太平工業は、昭和二十一年に設立された「新日鐵《しんにってつ》」直系の建設会社で、五割を新日鐵に依存している。鉄冷えのため、工場縮小、人員削減もおこなわれている。昭和六十年度の受注額は、一千億円そこそこであった。加藤が買い進め、株価は、一月当初五百円台であったものが、暮れにはなんと倍を超える一千二百円前後まで上がった。浮動株は、全株式の五分の一を占める。仕手株にもってこいの株であった。

石井は、庄司に言った。

「おい、そろそろ、株も本格的に手がけよう。加藤暠を渡辺さんに紹介して、渡辺さんから金を引き出そう。おまえ、前もって渡辺さんと早乙女さんに、事情を説明しておけ」

石井は、加藤を、料亭で東京佐川急便社長の渡辺広康にも引き合わせた。

体重百キロを大きく上まわる巨体の加藤は、下駄のように四角い顔を前に突き出すようにして、教祖めいた自信たっぷりの口調で渡辺にも推奨した。

「太平工業株は、かならず儲かります」

石井は、渡辺からの金で、加藤の言うとおりに太平工業株を買った。

東京佐川急便常務の早乙女潤も、加藤情報に一枚乗った。東京佐川急便名義、早乙女名義で太平工業株の取引をおこなった。

建設株は、それからというものバブルのあおりで高値移動しつづけた。

石井が太平工業の株取引をはじめたころ、日本が、まさに戦後の経済発展の頂点へと駆け上がるきっかけとなる合意が、ニューヨークのプラザホテルでなされた。先進国七カ国蔵相会議、いわゆる、Ｇ７が開かれ、ドルと各国通貨の為替レートを、当面の水準のをもとに一定幅に安定させることが決められたのである。ドルの独歩高を修正し、対外不均衡を為替の調整で是正しようと先進国が足並みを揃えたのだった。

日本では、一ドルを百四十円から百六十円に安定させるため、輸出主導型の経済構造をあらためる方同へと進んでいた。内需拡大を図るため、急速に金利が引き下げられた。

昭和六十年に五・〇〇％だった公定歩合が、昭和六十一年一月三十日を皮切りに、三月十日、四月二十一日、十一月一日と四回にもわたって〇・五％ずつ引き下げられた。三・〇〇％となった。さらに、昭和六十二年二月にもまた、〇・五％引き下げられた。

二・五％という超低金利は、日本に、空前の金余り現象をもたらした。

それとともに、円高・ドル安が急速に進んだ。プラザ合意までは、一ドル二百四十円であった円相場は、昭和六十年末には百六十円、六十二年末には百二十二円、昭和六十三年一月には百二十円となる。

円高により、輸出は抑制された。輸出に依存していた日本経済の成長率に急ブレーキがかかった。昭和六十一年の実質経済成長率は二・四％まで落ちこんだ。

そのいっぽうで、円高のおかげで、原料、材料の輸入コストが急速に低下した。このことが、物価安定につながった。それにともない、企業努力で、円高でも利益が出るように体質改善が進んだ。日本では、円高・ドル安はメリットが目立つようになった。しかも、円高・ドル安は、日本の資産を大きく膨らませた。一ドル二百四十円が百二十円と二分の一になったことで、日本の対ドル資産は、なにをしなくても二倍にふくれあがった。

このことによって、日本人は、アメリカの株や不動産をそれまでの半値で買えるようになった。

日本は、世界一の債権大国となった。円高、金利安、原油安といった三つのメリットを潤沢に受けた。実質経済成長率も、昭和六十二年が四・五％、昭和六十三年には五・七％と上昇した。

ここまでくれば、経済政策としては、金利の引き上げにかかるはずである。ところが、プラザ合意があるために金利を引き上げるわけにはいかなかった。日本では、好景気と低金利が同居した。証券業界が、この機を逃すはずがなかった。

業界最大手である野村證券が旗振り役となり、大相場の演出に乗り出した。

投機資金は、消費物資に向かわず、株式と不動産に向かった。日経平均株価も、昭和六十年には一万二千円から一万三千円を行き来していたのが、昭和六十一年八月には一万八千九百三十六円の高値を記録した。いわゆる、バブル経済が日本を席巻した。

石井は、まさに、このバブル経済の波に乗ろうとしていたのであった。

加藤暠は、石井のもとをたびたびおとずれた。石井は、加藤とは通じるものがあった。たがいに、毎朝一時間でも二時間でもこもってお詣りするほど信心深かった。

北祥産業社長の庄司宗信が見たところ、石井の信心深さは、刑務所から出てきてからより深くなったように思えた。

石井は、朝の九時ころに起きると、かならず風呂に入った。風呂場で、電気カミソリで髭を剃る。剃刀は、肌が荒れるからと使わなかった。

すっかり身を清めたあと、仏間に入る。三十分から四十五分、仏間で拝んだ。

石井家は日蓮宗ではあったが、横須賀の家には、何億もかけて建てた六角堂、稲荷神社もあった。

月曜日にはかならずお詣りして、それから、会社に来た。神社などに参ったときの賽銭は、なんと、かならず一万円であった。

月末になると、神楽坂の毘沙門天、浅草寺、待乳山聖天《まっちやましようでん》をはじめ、都内にある決まった寺社を同じコースをたどって七カ所もまわった。

毎月一日は、抗争で亡くなった若い衆をはじめとするお墓を参って歩いた。庄司が聞いたところでは、抗争で亡くなった若い衆は、浅草にある組織の組長で、石井の若い衆だった。これだけは、石井が、どれだけ偉くなろうとも変わらなかった。しかも、詣《まい》るばかりではなく、墓石を自らきれいに掃除した。これぱかりは、付き人には手を出させなかった。

石井は、青森市内にある浄福院にも通った。そのお礼をふくめて、石井は、浄福院に薬師如来を寄進した。稲川裕紘も、龍神を寄進した。

常に命のやりとりに身を投じている石井としては、頼りとするものは神仏しかなかったのかもしれない。

石井は、京都に出かけたときには、四代目荒虎千本組の三上忠組長から、比叡山にある飯室《いむろ》不動堂の酒井大阿闍梨《さかいだいあじゃり》を紹介された。石井は、身近に感じた。

それからというもの、年に何回か、飯室不動堂に出かけた。プロゴルファーのジャンボ尾崎も連れて行ったこともあった。ジャンボ尾崎はかなり深刻なスランプに陥っていたが、おとずれたことでスランプを脱した。

しかし、石井は、側近に信心を無理強いすることはなかった。

側近によると、石井は神社に参る時は、かならずネクタイを締めていたという。

石井会長と野村證券

東京佐川急便社長の渡辺広康は、政界にかなり食いこんでいた。当初、佐川急便会長の佐川清に指示されて、田中角栄に近づいた。首相官邸にほど近い赤坂の高級料亭では、田中元首相を囲んだ夕食会をたびたび開いた。田中派や運輸族の多い福田派の三塚博《みつづかひろし》などの国会議員が顔を出した。

その会は、昭和六十年二月に、田中元首相が脳梗塞《のうこうそく》で倒れたあとも引き継がれた。

あるときには、渡辺が、会がはじまる前に電話をかけ、電話口に出た相手に命じた。

「おい、一本持ってこいや！」

間もなくすると、ふたりの社員が段ボール箱を抱えておとずれた。後で来る政治家に渡すためであった。「一本」とは、一億円のことであった。

渡辺を知る知人のひとりは、渡辺のことをこう見ていた。

「国会議員に金をやってどうにかしようというのではなく、たとえば、『Aと言う政治家は、おれが呼べばすぐに来てくれる』というところによろこびを感じる面もあった」

しかし、政治献金は政治資金規正法の規制をクリアするために工作がおこなわれていた。一億円でも、グループ百社で分担すれば百万円ずつ出したことになり、規制法の範囲になる。実際、田中元首相を支援する、元秘書の佐藤昭子《さとうあきこ》が主宰する「政経調査会」への一億円献金は百万円ずつに分散されていた。

渡辺は、「政界のタニマチ」とも呼ばれるようにまでなった。

渡辺がよく口にしていた政治家の名前は、金丸信、竹下登、小沢一郎、三塚博であったという。

渡辺は言ったという。

「竹下は変化球を投げるが、金丸、小沢は豪速球でくる。一におれを守ってくれるのは、金丸。将来に期待しているのは、小沢だ。小沢は、なんといってもいい」

相当、小沢には入れこんでいて、それは異常なほどだったという。渡辺は、金丸とは、週に一度は会って、麻雀をし酒を飲んでいた。しかし、小沢は別格で、料亭などをセットして会っていたという。

昭和六十一年八月、日興証券の顧客が、本店営業部に、石井を紹介した。応対したのは、営業課長であった。営業課長は、石井がまさか稲川会会長だとは思いもよらなかった。

翌月には、石井の口座を開設した。

この直後、担当課長は異動となった。石井の身分があきらかになったのは、次の担当者が、神奈川県横須賀市にある石井邸を訪問したときのことである。取引がはじまって一年ほどたった昭和六十二年夏のことである。

しかし、取引が継続しているうえ、正当に執行しているので取引をつづけた。その後のつきあいは、代理人からの指示、意向に従って売買するだけで、日興証券からは積極的に関わらなかった。慎重に対応した。

昭和六十一年十月、税理士の大場俊夫は、知人を通じて紹介された野村證券の秘書担当役員に連絡した。

「石井名義で、口座を開きたい」

役員は、本店営業部長に取り次ぎ、同じように日興証券にも開設した。

大場は、のち証言している。

「資金は、証券会社から積極的に貸してやると言われたわけではない。『担保があれば』くらいのヒントはもらった。買い注文はずっと、わたしがやりました。本店の営業部長らとお茶を飲みながら、今日は百万株という具合に買ったこともありますよ」

昭和六十一年秋、野村證券会長である田淵節也《たぶちせつや》は、総会屋の菅野興家とともに、石井と会った。菅野とつきあいのある秘書室担当役員に言われてのことであった。

田淵は、大正十二年十月二十五日、岡山県津山市で生まれた。京都大学法学部卒業後の昭和二十二年、野村證券に入社。主に営業畑を歩んだ後、昭和五十三年に、五十四歳の若さで社長に就任した。精彩を欠いていた国際部門を飛躍的に伸ばし、世界有数の証券会社に押し上げた。

昭和六十年、社長の座を、「小田淵」と呼ばれていた田淵義久《たぶちよしひさ》に譲り会長に就任。「大田淵」と呼ばれ、実力会長として君臨していた。

菅野は、「東南アジア経済問題調査会」という団体の代表を名乗っている。大物総会屋グループに属し、長年にわたって会社訪問などをつづけ、そのころ、活動範囲を広げていた。十数年前から兜町周辺の企業に顔を出し、「稲川会幹部の側近」「会長秘書」などと名乗っていたという。

石井は、田淵にもちかけた。

「野村證券さんと、取引をしたい」

その場にいた役員が、本店営業部長に石井を紹介した。

「知り合いの大事なひとだ」

そう言って、稲川会会長だとは知らせなかった。

やがて石井が稲川会会長だと知ったが、取引がきちんとしていたため、そのまま継続させた。

野村證券、日興証券での取引実績によれば、平成元年三月ごろまで、石井名義で、能谷組、エーザイ、クラウン、中外製薬、日立金属、三菱商事、三井不動産などを、比較的短期に利食いするやりかたで取引をつづけていた。

闇の世界のもうひとつの顔

昭和六十一年のはじめのころ、かつて庄司が経営していた高級クラブ「花」で働いていた川瀬章は、庄司に呼ばれて千代田区紀尾井町にあるビルをたずねた。一階が、「イエス・ジョージ」という美容院の入っているビルの三階に北祥産業はあった。

庄司から川瀬を紹介された石井は、気さくに言った。

「晩飯を食いに行くから、おまえも来い」

それをきっかけに、川瀬は、「花」の後始末をしながら、毎日の食事会のため、北祥産業に顔を出すことになった。川瀬が北祥産業に入社するのは、それから間もなくのことである。

川瀬は、石井の側につくことになった。はじめは、「石井の鞄持ちをしろ」と言われて行くのだが、稲川会からきている秘書たちが、なかなか川瀬にカバンを持たせなかった。

〈おれは、昨日今日来たのとはちがう〉

秘書たちは、石井の近くにいることを自負していた。新入りは、あっちに行ってろと言わんばかりのあつかいを受けた。

川瀬は、しかたなく、手ぶらで石井の近くにいた。それでも、先輩の言いなりになっているだけではなかった。あまりにもひどいことを言われたときには、食ってかかった。引いてばかりでは、つけこまれるからである。

〈やめさせるのなら、やめさせてみろ〉

川瀬がカバンを持たせてもらえるようになったのは、石井についてから半年たってからのことである。

川瀬は、朝十時ころに石井を迎えに行き、石井がベッドに入って「帰っていいよ」と石井が就寝するまで、一日中つきっきりである。常に緊張した糸が一本張っている石井の近くで、川瀬も気を張りつづけていた。そのために、精神的なバランスがなかなかとれなくなっていた。頭髪もポロポロと抜け落ちた。

川瀬は、石井邸を出ると、その足で行きつけのキャバクラに出かけるのが日課となっていた。緊張した糸が常に一本張っているかのような石井の近くにいると、石井から解き放たれても、なかなか緊張がほぐれない。そこで、夜が明けるころまで、ウーロン茶を飲みながら馬鹿話に花を咲かせたのであった。さすがに寝る時間はなかった。

川瀬は、ポケットベルや、当時まだまるでショルダーバッグのように大きかった携帯電話をもたされた。土曜日、日曜日に、石井のプライベートの用事があったときにすぐに連絡がつくようにである。川瀬は、一年三百六十五日、ほとんど休みがない状態であった。

石井は、ふだんの日の食事は、一週間でコースが決まっていた。ホテルオークラ本館六階の中華料理

「桃花林」でフカヒレを食べることからはじまって、丸ビル三十五階にある天ぷらの「天政」、寿司屋では六本木の「纏鮨《まといずし》」、しゃぶしゃぶの「ざくろ」、さらに、ふぐの季節となれば六本木の「味満ん」に出かけた。

夜には、有名な女性歌手とつきあっていると噂されていたレズビアンの大御所、いわゆる〝おなべ〟のバニー智吉の経営しているクラブ「シナーラ」にも顔を出した。

石井自身が、酒を飲むことはなかった。そのかわり、林伊佐緒が歌った「ダンスパーティーの夜」、千昌夫の「星影のワルツ」をよく歌った。

昭和六十一年春、川瀬は、庄司から命じられた。

「川瀬、『リージェント』の面倒をみろ」

「リージェント」は、昭和六十年に、銀座八丁目で営業をはじめたクラブであった。川瀬の先輩である棚橋克介が社長をしていた。庄司は、当初、そのスタッフたちをスカウトしようと思っていた。しかし、「リージェント」のママが「このスタッフがいなくなるのだったら、わたしは、この店を閉める」と言い出した。それならば、スタッフも店もまるごと買い取ってしまおうと石井は店ごと買収してオーナーとなったのである。買収額は、四億八千万円ほどであった。

川瀬がかつて「女子大生クラブ花」を経営していたので、石井は、川瀬にリージェントを任せたにちがいない。

しかし、石井のまわりにいる組関係の秘書たちは、やっかんだ。

「たった一年くらいしか親分のところに来ていないくせに、こんな店をもらいやがって。冗談じゃない。おれなんか、三十年いて、なにもないよ」

さすがに、川瀬は反論した。

「別に、クラブを買ってもらったんじゃない。そんなことを言うなら、自分でやればいいじゃないか」

川瀬は、一歩も退かなかった。相手は、グウの音も出なかった。いずれにしろ、川瀬は、石井の付き人をするいっぽうで、リージェントの経営もしなくてはならなかった。

「リージェント」は、ほぼ堅気の客しか来なかったので、店のオーナーが石井だと知っている者は少なかった。

「リージェント」には、石井らが、佃政一家総長、富山正一を連れてくることはあった。その際には、ＶＩＰルームに通した。ときには、石井が、山口組五代目組長の渡辺芳則《わたなべよしのり》を連れてくることもあった。

石井のもとで修業した稲川裕紘も、石井とともにおとずれることはあった。

稲川裕紘は、銀座にもめったに顔を出すことはなかった。出歩いて遊ぶことはあまり好まなかったからである。ただ、石井が出かけるときにはついていった。川瀬などから見ると、稲川裕紘は、石井に対し、徹底して尽くした。

昭和六十一年二月はじめ、川瀬章は、いきなり石井から命じられた。

「京都に行くから、ついてこい」

川瀬は言われるまま、石井の身支度したものを持ってついていった。用向きは、まったく聞かされていなかった。

しかも、新幹線に乗って顔がひきつった。そこには、稲川裕紘、稲川会最高顧問である趙春樹をはじめとした錚々たる顔がそろっていた。堅気は、川瀬ひとりきりであった。

じつは、日本最大の組織暴力団である山口組が、三代目組長の田岡一雄の後継をめぐり、分裂して抗争をつづけていた。田岡の死後、四代目は、若頭である竹中正久に決まった。ところが、組長代行の山本広を支持する直系組長は直系組長会に出席しなかった。それればかりか、山本広、加茂田組の加茂田重政組長ら二十人の組長が、マスコミ各社の前で記者会見を開いた。竹中の四代目就任に反対を表明した。

さらに、昭和五十九年六月十三日には、一和会を結成した。山口組直系組長が四十二人で組員数は四千六百九人に対し、一和会の参加者は直系組長が三十四人で組員数が六千二十一人と、山口組直系組長を上まわった。

いわゆる、「山一抗争」が勃発したのは、八月五日。和歌山県串本町の賭場で、山口組松山組岸根組の岸根敏春組長が、一和会坂井組串本支部若頭補佐の潮崎進を刺殺した。

竹中正久は、事実上の一和会への絶縁状である義絶状を友誼団体に送った。竹中は、一和会を切り崩した。

昭和五十九年末には、山口組構成員数は一万四千人、一和会構成員数は二千八百人となった。

だが、昭和六十年一月二十六日、竹中正久組長が、山広組系の四人によって銃撃を受ける。翌二十七日に、息を引き取った。山口組系と一和会系の抗争は、よりいっそう燃え上がった。

川瀬が石井の供を命じられたその日は、京都の都ホテルに宿泊することになっていた。そこには、関西の中立組織である会津小鉄会が主催した会合が開かれた。

会場に入った川瀬は、いきなり、いかつい顔をした組員のひとりに声をかけられた。

「すみませんが、バッヂをつけていただけませんか」

会場には、現役の組員たちが揃っていた。彼らは、どの組に属しているのか、たがいにわからないので、組のバッヂはかならず胸につけるようにいわれていたのである。組に所属しない、いわゆる、堅気は川瀬だけであった。

「あの、わたし、堅気なんです」

川瀬に声をかけた男は、不審そうな眼を川瀬に向けた。

「あなた、冗談を言わないでください」

「いえ、冗談じゃないです」

川瀬は、その会場にいる限り、何度も何度も声をかけられた。

石井の出身の組である稲川会横須賀一家のひとりが言った。

「おれ、幹部について行ってくるから。あとは、頼むよ」

川瀬は、石井の部屋のボディガードをつとめた。幹部について行った男が帰ってきたのは、七時間ほどたってからであった。

その男が、いきなり、剥き出したままの札束をよこした。

「これ、幹部から」

一万円札が二十枚はある。どうやら、都ホテルの上の階で、どこかの親分が、賭場を開いていたらしい。幹部とその男は、賭場で勝負してきたのだろう。そして、幹部は、勝ったにちがいない。ご祝儀であった。

川瀬が、その日の目的を知ったのは、翌朝の新聞を見てからである。

〈こんなすごいことをしていたのか〉

長引く抗争に、石井を中心として、稲川会、国粋会、東亜会（前身は東声会）、交和会（前身は北星会）、義人党、住吉会、松葉会、二率会、双愛会の九団体が結成した、関東の暴力団親睦団体である関東二十日会が調停に動いていた。

「和解話を受け入れなければ、二十日会所属の全団体が、山口組と絶縁する」

そう決めたうえで、本格的に斡旋に乗り出した。

それから数カ月あと、会津小鉄会の高山登久太郎、山口組幹部、山本広らが上京してきた。

高山は山口組幹部と話し合い、石井は山本広と話し合った。

石井らの調停が効を奏し、山一抗争は、平成元年三月に事をおさめることができた。平成元年三月十九日、山本広は「一和会解散、自身の引退」の声明文を神戸東灘署に提出。三月三十日には、当時稲川会本部長であった稲川裕紘に付き添われて山口本家を訪れ、いわゆる〝詫び入れ〟をすませた。

こうして史上最大の抗争は幕を閉じたのであった。しかし、その間、三百十七件にもおよぶ大小抗争が発生し、一和会側に死者十九人、負傷者四十九人、山口組側に死者十人、負傷者十七人、警察官・市民に負傷者四人を出した。山一抗争の直接の逮捕者は五百六十人にもおよんだ。

裏経済を仕切る

北祥産業にいる石井に、庄司が耳よりの話を持ちこんできた。

「茨城県岩間町（現・笠間市）に開発中の、岩間カントリークラブに虫食いの土地がある。手こずっているようです」

石井は訊いた。

「どこの会社が、手がけている」

「太平洋クラブです」

「太平洋クラブといえば、平和相互の系統じゃないか……」

石井の眼が、光った。

「場所的には、いいのか」

「都心から、車を使用しても、電車を利用しても、二時間とかかりません」

「よし、さっそく見に行ってみよう」

石井は、車を走らせ、庄司と開発中のゴルフ場を見に行った。

石井は、歩きまわりながら、庄司に夢を語った。

「十八ホール、六千八百ヤード、パー七十二のコース設計は、おれが、ジャンボに頼もう」

「尾崎将司プロにですか」

「ああ、おれが頼んで断るやつは、いないさ」

石井は、さらに歩きまわり、眼を細めた。

「筑波山を南西に望む丘陵地につくるコースは、わき水を生かし、池やクリークが多く、ほとんどがうちおろしホールとなる。いいものにしてみせるぞ」

「えらく、自信たっぷりですね」

「ああ、平和相互には、大きな貸しがあるのさ……」

石井は、ほくそ笑んだ。

「一石二鳥とは、このことさ……」

石井は、ただちに、佐藤茂と会った。

岩間カントリークラブは、平和相互銀行系列の太平洋クラブが茨城県で開発していた。運営会社は、岩間開発。昭和五十九年六月設立。資本金は八百万円。社長は、平和相互銀行オーナー一族の小宮山《こみやま》義《よし》孝《たか》がつとめていた。しかし、虫食いをされていて仕上がらず、開発が遅々として進んでいなかった。

しかも、太平洋クラブへの無謀な融資が不良債権化し、平和相互銀行の経営状態を圧迫した。昭和六十年には、約五千億円の不良債権を抱えていることが判明した。

石井は、料亭で佐藤茂に会い、頼んだ。

「太平洋クラブの開発中の岩間カントリークラブが、虫食いの土地のため手こずっているらしい。どうです、いっそのこと、わたしに譲ってもらえませんか」

佐藤は、穏やかな顔でうなずいた。

「石井会長の頼みとあれば、すぐにわたしが話をつけましょう」

石井は、佐藤に会っての帰りの車の中で、庄司に言った。

「問題の金だが、渡辺に頼もう」

庄司が、にやりとした。

「一石二鳥というのは、こういうことですね」

石井は、低く笑った。

昭和五十九年十月二十一日、北祥産業は、東京佐川急便の債務保証により、第一相互銀行から五億五千万円の融資を受けた。その資金を、ただちに岩間カントリークラブの土地買収にあてた。

石井は、さらに東京佐川急便の債務保証により北祥産業がゴルフ場開発資金として借り入れた金を、実質的に石井が支配する別会社に貸し付けさせた。

いっぽう、加藤暠情報で株取引に力を入れだした早乙女は、個人取引で一億二千万円の利益を上げ、そのうちの七千九百万円をみずから取得した。

また、早乙女は個人的に、庄司と急速に親密になっていった。

庄司と早乙女は、毎週のように会食会をひらいた。早乙女は、接待の場で知り合った、庄司の前妻の経営するクラブのホステスと親密な関係になった。

昭和六十一年八月から三年間、北東開発から、高級賃貸マンション赤坂アークタワーズイーストの一室を、密会用に提供された。

庄司もまた、個人的に株式取引をおこなっていた。昭和六十一年六月から六十三年三月にかけて、北東開発がノンバンクから借り入れた資金の中から、十二億七千万円を流用した。

庄司は、山一証券平塚支店、三田証券、岡三証券池袋支店、協生証券で株式取引をおこない、八千万円の利益を得た。

石井は、腹心の経営コンサルタント大場俊夫や稲川会横須賀一家二代目坂本組組長相島功に指示した。

「ゴルフ場開発名目で東京佐川急便の債務保証のもとに借り入れた資金を、株式取引に流用しろ」

ところが、融資先の第一相互銀行側に、北祥産業が石井とつながりのあることが露見した。

石井は、あらたな受け皿の必要性を感じ、庄司に命じた。

「新会社の設立を急げ」

昭和六十一年二月、不動産売買を目的とした「北東開発」を設立した。石井との関係をカモフラージュするために、資本金調達を東京佐川急便の早乙女に依頼した。代表取締役に就任したが、実際のオーナーは石井であり、経営は庄司が任されていた。

当初、北東開発の事務所は東京佐川急便に置かれていた。が、四月には、千代田区平河町のビルの一室に移転した。

昭和六十一年五月、北東開発は、北祥産業から、ついに岩間カントリークラブの虫食い土地を購入した。

半年後の十二月二日、石井会長と渡辺社長の話し合いにより、東京佐川急便に太平洋クラブが所有する岩間カントリークラブの開発会社である岩間開発の全株式六百株が売却された。二十日後の十二月二十二日、東京佐川急便から北東開発に岩間開発の全株式が譲渡された。

岩間開発も、東京佐川急便の債務保証のもとにノンバンクから資金融資を受け、岩間カントリークラブの開発を進めた。

石井は、平行して別のゴルフ場も手がけた。

昭和六十一年二月から、北東開発の事業として、茨城県谷田部町に谷田部カントリークラブの開発に乗りだした。

しかし、地権者の同意取付に難航したうえに、地価の高騰も手伝って、放置せざるをえなくなった。谷田部カントリークラブのゴルフ開発は、頓挫したかたちとなった。北東開発が東京佐川急便の債務保証でノンバンクから融資を受ける際の名目にすぎなくなった。

昭和六十一年九月から十月にかけて、石井は、日興証券、野村證券に、口座を開発した。

交渉には、「隆寿興産」専務で坂本組組長の相島功があたった。

相島は、九月に日興証券の口座開設に成功させると、野村證券に話を持ちこんだ。

野村證券の広報担当常務である徳本満彌を通して、営業部長の松田武彦と会った。

相島は、会うなり、いきなり用件を切りだした。

「営業部長さんですか。横須賀の石井隆匡名義で、取引を願いたい」

十月、口座開設が認められた。最初のうちは、現物買いがほとんどであった。十万株単位で、熊谷組、NTT、青木建設、ミサワホーム、日立金属など、業種にとらわれず投資した。

値が上がると売るという、いわゆる、利食い売りをくりかえした。

昭和六十二年五月、元平和相互銀行管理部長の田辺良が、岩間開発の代表取締役に就任した。平和相銀の管理部長は、特別なポストであった。債権回収の責任者であり、必然的に右翼や暴力団と頻繁に対決する。田辺は、その際、川崎定徳社長の佐藤茂とも面識ができた。

佐藤は、田辺を高く評価した。平和相互銀行幹部の中では、裏の世界に睨みが利く田辺の能力は貴重であった。

岩間カントリークラブの用地は、六割は地上げ済みであった。が、のこりの四割は仮契約まですんでいるものの、最後の詰めができていなかった。

佐藤は、田辺を岩間開発に送りこみ、土地買収の仕上げをさせた。

田辺は、許認可を受けるため、地方自治体と交渉した。

昭和六十二年六月、すべてのゴルフ場用地の買収が完了した。岩間開発は、県に事前協議の申し出を提出した。茨城県は、昭和五十九年に、それまで凍結していたゴルフ場の開発を、「一市町村一か所」に限り認める緩和策を実施していた。無事に同意を得た。

昭和六十三年三月、茨城県が最終承認し、ゴルフ場オープンはいつでも可能になった。

昭和六十二年五月からは、田辺良が社長に就任した。田辺は、もともと平和相互銀行の取締役管理部長であった。昭和六十一年、住友銀行に吸収合併されると、東京駐在本店支配人となっていたが、岩間開発側から社長就任の要請を受けて社長となった。

田辺は、社長就任間もなく、岩間開発の貸借が、石井がオーナーである不動産会社「北祥産業」に偏っているのに気づいた。

じつは、岩間カントリークラブは、平和相互銀行乗っ取りの陰の立て役者である石井への謝礼であった。北祥産業が直接の買い手になると問題になりかねないため、東京佐川急便をダミー役とした。さらに、東京佐川急便の保証を得て、ノンバンクなどから資金を得て岩間カントリークラブを開発した。

ゴルフ場開発に関する案内役となっていたのは、ケンインターナショナル代表の水野健であった。

庄司は、岩間カントリー開発のために融資を受けようと第一相互銀行に何度も通った。

窓口となっていた営業部長は要求してきた。

「東京佐川急便さんの保証があるのだったら、ご融資します」

庄司は、石井がオーナーであることは、まったく表には出さなかった。

ところが、第一相互銀行社長の小林千弘は、北祥産業の背後には、稲川会の石井隆匡がいることを見通していた。北祥産業の窓口となっている営業部長に、ストップをかけた。

「北祥産業は、石井会長のオーナー会社だぞ。そんなところに、金を出すのか」

第一相互銀行は、東京佐川急便の保証だけでなく、東京佐川急便社長である渡辺広康の個人保証を求めてきた。

渡辺は、かって石井によってトラブル処理をしてもらった恩義があった。渡辺は、個人保証に応じた。そのおかげで、昭和六十年十月二十一日、北祥産業は、第一相互銀行から五億五千万円の融資を受けられた。

だが、石井らにとっては、北祥産業が石井をオーナーとする企業だということが発覚してしまうことで資金借入がむずかしくなる。昭和六十一年二月に、茨城県つくば市に谷田部カントリークラブを開発する名目で「北東開発」を設立した。資金借入の受け皿とするためでもあった。社長には、東京佐川急便の経理担当常務である早乙女潤がついた。あくまでも東京佐川急便の系列会社を装いながらも、資金を石井のもとに流すパイプをつくりあげたのであった。

なお、計画中の「谷田部カントリークラブ」に関して、資金提供の窓口だった「北東開発」が、建設認可を県から受けるために地権者の同意書を取得した際、当時、市助役で、のちにつくば市長となる木村操みずからが、自分の親類関係を利用して同意書を取りまとめた。

さらに、木村が公用で東京に行ったときには、「北東開発」と同意書獲得の契約を結んだ「エヌテイ総業」幹部が、社長から五十万円預かって木村を東京・赤坂の高級クラブに接待し、約三十万円払ったという。水戸やつくば市での接待を含めると、接待は十回以上になったという。

庄司は、融資交渉を進めながら、まだゴルフ場開発のための土地買収は完全にはおこなわれていない「虫食い」の土地の買収にも動いていた。「東京佐川急便」の名刺をもってさまざまな交渉にあたった。

それでもなお、土地買収はかんばしく進まなかった。

庄司は、川崎定徳社長の佐藤茂に、岩間カントリークラブのことを相談した。

佐藤は言った。

「じゃあ、話をしてみる」

快く承諾した。佐藤が間に入ることで、土地買収などが順調に進みはじめた。

佐藤は、石井に対して深い恩義を感じていた。ちょうどそのころ、関西空港の建設が決まった。佐藤茂個人の番頭である桑原芳樹が、開発する土地の情報を得てそのあたりの土地を買収した。

関西を勢力とする山口組が、黙って見ているはずがなかった。

桑原にねじこんだ。

「人の家の庭を、なんで荒らすんだ」

そのとき、桑原と山口組の間に入ったのが、石井であった。

石井は、山口組の幹部に言った。

「佐藤さんは、おれの恩人だ。何があったって、おれは佐藤さんを守る。それをよく理解しておいていただきたい。こんなことで揉めたのでは、困る。握手してほしい」

もちろん、話し合いだけで事がおさまったわけではないだろうが、桑原の土地買収はその後も順調に進んだのである。

青木建設の後ろ盾

岩間カントリークラブは、昭和六十二年六月、すべてのゴルフ場用地の買収を完了した。岩間開発は、県に事前協議の申し出を提出し、無事に同意を得た。

だが、石井の、第一相互銀行の小林千弘への怒りはなかなかおさえきれなかった。

「小林の野郎、おれが助けてやったことを忘れて、そういう嫌がらせをしたのか」

その後、第一相互銀行は、小林千弘社長の下で、不動産業やいわゆる地上げ業者への過剰融資を展開した。昭和六十二年度決算では、総資金量が六千億円になり、当時の相互銀行業界六十九行中二十四位となった。

しかし、暴力団が手がけた東京都八王子市内の霊園開発、当時「地上げの帝王」と呼ばれた最上恒産のオーナー社長の早坂太吉《はやさかたきち》が昭和六十二年十二月よりおこなった都庁建設予定地である東京都新宿区西新宿界隈の地上げをはじめ、二千億円にもおよぶ過剰融資をおこなった。これが仇となり、不良債権が膨れあがり、経営が行き詰まった。

そんなおり、小林社長から、庄司に電話がかかってきた。

「ちょっと、話を聞いてもらえないだろうか」

庄司は、突っぱねた。

「なにを言っているんだ。おれが八億円借りに行ったときに、なんと言った？　あんなクレームをつけて。それがいま、自分が困ったからといって、調子いいとは思わないか。石井会長も、『かつて助けたことを忘れて、そんなことをしやがったか』とあのときに怒っていたぞ」

小林は、すごすごと電話を切った。それ以後、小林からは電話がかかってくることはなかった。

第一相互銀行は、結局、太陽神戸銀行（現三井住友銀行）ほか都銀数行による管理体制に入る。平成元年十月には第二地銀に転換し、「太平洋銀行」となるも破綻した。破綻後は、さくら銀行（現三井住友銀行）が百％出資子会社化して、わかしお銀行を設立し、預金保険機構より一千百七十億円もの金銭贈与がおこなわれた。


昭和六十二年の夏、庄司は、石井とともに、港区芝公園にある東京プリンスのゼロ号室と呼ばれる部屋にむかった。青木建設（現・青木あすなろ建設）が常に押さえている部屋で、青木建設創業者の青木益次会長が待っていた。

青木建設は、昭和二十二年五月大阪で創業した資本金三百万円、従業員三十八人の「ブルドーザー工事」社が前身。関西を地盤に、高度成長と共に宅地造成や海洋土木工事で成長した。昭和四十四年八月に青木建設へ社名変更。昭和五十八年五月青木益次社長は、長男である青木宏悦に社長の座を譲る。青木宏悦は、大蔵省出身で、佐藤栄作《さとうえいさく》内閣で官房長官橋本登美三郎《はしもととみさぶろう》の秘書官を務めた際、副長官の竹下登と親密な関係を築いていた。青木建設は、兜町筋から、「竹下銘柄」と呼ばれていた。

そのころ、青木建設は、複数の財界人から勧められ、中堅ゼネコンである東海興業の全株式の三二・七％にあたる株式を買い占めていた。

売り手は、不動産業を営むコスモポリタン。コスモポリタンは、東海興業だけでなく、雅叙園《がじょえん》観光、日本ドリーム観光、京都銀行、タクマ、石原建設、新井組など数十社の企業の株を買い占めるなど、派手な仕手戦を演じていた。

なお、コスモポリタンの会長である池田保次は、のちに仕手戦に敗北して行方不明となる。殺されたのでは、といわれている。

東海興業は、青木建設の乗っ取り工作に対し対抗策に出た。株式増資することによって、青木建設所有株のパーセンテージを低めようとした。主幹事証券も、野村證券から大和証券に換えたのである。

青木建設側は、庄司に、石井に動いてもらえないかと頼んできた。庄司は、石井に話した。

石井は、息のかかった人物に大蔵省（現・財務省）にねじこませた。

「これだけの大株主に何の通告もないままおこなう増資を、大蔵省は認めるのか？　そんな話は、ないだろう」

じつは、東海興業の背後には、総会屋の小川薫がいた。

小川は、昭和十二年八月八日広島市の歓楽街・弥生町の入口、下柳町（現中区銀山町）で生まれた。

「広島グループ」と恐れられ、大企業を震え上がらせた。

「小川の恐ろしい広島弁を聞くと三日は眠れない」

昭和四十六年十一月、小川薫は、王子製紙の株主総会で、総会屋の嶋崎栄治《しまざきえいじ》と乱闘を演じた。その後、嶋崎栄治が松葉会・菊池徳勝を後見人に立て、小川薫が二代目共政会・服部武《はっとりたけし》会長を後見人に立てて、手打ちをおこなった。

昭和四十八年には、小川企業を設立。昭和五十一年には、デビュー前のピンクレディーの所属事務所が、資金繰りで苦境となり人を介して融資を頼まれオーナーとなった。小川企業を、「T＆C」と社名変更。会社の資本金他、運転資金、ピンクレディーの売り出しと全額出資した。しかし、国民的人気者と総会屋の接点があってはまずいと思われたか、警察から余罪で追求を受け、マスコミにも書き立てられた。約二年でやむなくオーナーは降りた。その後ピンクレディーの解散で事務所も倒産した。

小川が市場を膨らませたともいえる総会屋業は、いわゆる「広島グループ」と呼ばれる人数だけで数千人を超える規模となって風当りの強さが年々増した。昭和五十七年十月施行の商法改正で実質的に総会屋は締め出されることとなった。

青木建設は、東海興業の背後にいる小川のことなどは物ともせず、増資を阻止させるために動いた。東海興業の社長や会長を呼び出して、一発触発の状況となった。

この動きに対して、日本建設業団体連合会会長の石川六郎《いしかわろくろう》から、青木会長に直に苦言が呈された。

「ルール違反だ。そういう乗っ取りはないだろう。手を引きなさい」

ところが、思わぬことが起きた。東海興業株がいきなり株価を上げた。ひと株二千円にまで上昇した。

青木建設は、この機に乗じて売り抜けた。青木建設だけでなく、仕手戦をしかけた仕手屋までかなりの利益を上げた。この利ざやのおかげで、のち昭和六十三年、青木建設は、世界的ホテルチェーンのウェスティン・ホテルズ・アンド・リゾーツを一千七百三十億円で買収することになる。

青木建設は、石井に対して、秘書を通じての礼と報告だけであった。身体を張って、増資を阻止したのである。

庄司は思った。

〈あまりにも渋すぎる〉

だが、庄司が疑問を抱いたのは、ゼロ号室での石井の態度である。青木建設の、非礼とも言うべき態度に対して、不平不満を漏らすこともなかった。

庄司は、そのうち、はたと気づいた。じつは、この話は、はじめから、庄司の頭越しに、石井のところで話が進んでいたのだ。形としては、庄司を通じて石井のもとに話をもっていき、庄司に、表の交渉をさせるという形をとったにちがいない。

川瀬は、石井が昭和四十一年に麹町四丁目に創設した「東広ファイナンス」の社長に就任した。川瀬が店長をしていた銀座のクラブ「リージェント」は、石井に頼まれてリージェントを開いた庄司に任せることになった。

その後、かつてクラブ「カンカン花」の社長をつとめた深山正規が、「リージェント」社長となった。

しかし、深山は、リージェント名義の小切手を勝手に切った。役員でもある川瀬らは憤然とした。

「冗談じゃない。おれは、もう役員を降りる。好きにしろ」

川瀬らが気づいたときには、「リージェント」は、深山に食い荒らされ手がつけられない経営状態にされていた。店を閉めることを余儀なくされた。

第５章
政界の闇

日本皇民党と竹下登

昭和六十二年春、右翼団体「日本皇民党」の街宣車十四台が、国会周辺をマイクでがなりたてながらうねりまわった。

「国民のみなさん。この秋には、評判の悪い中曽根さんが退陣します。われわれ国民の代表として、金儲けのうまい竹下さんを、ぜひ総理総裁にしましょう」

「偉大な政治家竹下先生を総理にしよう」

この街宣車は、都内のあちこちで交通渋滞を引き起こし、ちょっとした社会問題になった。

竹下は、総理にむけて実績を積み上げていた。

「親を裏切った」と言われることになる竹下登の行為とは、昭和六十年二月七日に起きた。そのころ安《あ》倍晋太郎《べしんたろう》、宮沢喜一《みやざわきいち》とならんでニューリーダーと呼ばれていた竹下は、勉強会と称して、所属していた田中派内に「創政会」を結成したのである。

当初、勉強会と聞いてあっさりと認めていた田中だったが、事実上の派中派と知って態度を硬化させた。徹底的に切り崩しにかかった。八十人を予定していた参加者数は、衆議院議員二十九人、参議院議員十一人の四十人に減った。田中にとってショックだったのは、竹下が派中派を立ち上げたというだけでなく、その中核となっているのが、田中角栄が幹事長として初当選させた昭和四十四年組の小沢一郎《おざわいちろう》、羽田孜《はたつとむ》、梶山静六《かじやませいろく》ら手塩にかけた議員たちがふくまれていたことであった。

それからというもの、田中は、ただ黙って、好きなオールド・パーを飲みつづけた。そして、二月二十七日、田中は、脳梗塞で倒れた。「創政会卒中」とまでいわれた。

二カ月後の四月二十九日に、娘の眞紀子の手で、入院先の東京逓信病院から、目白の田中邸にもどされた。リハビリをつづけているという声は聞こえているものの、田中自身が、表に出ることはなかった。

日本皇民党は、ポスト中曽根の最有力で自民党幹事長の竹下登に対し、皮肉たっぷりに褒めたたえることにより、逆にイメージダウンを狙った巧妙な、いわゆる〝ほめ殺し〟作戦を展開した。

車体の横っ腹には、「竹下さんを総理にしよう」、「大道一直線政界刷新　竹下登新総裁擁立」、「誠実清廉の人　竹下登」などと大書きされていた。

四国高松に居を構える「日本皇民党」総裁稲本虎翁は、元三代目山口組白神組若頭であった。昭和四十七年に白神組を去り、右翼団体を結成した。日本皇民党の命名は、関西の重鎮右翼である畑時夫民論社会長によるものであった。活動は、関西が中心であった。が、竹下へのほめ殺し作戦を展開して行った昭和六十二年からは、全国展開を開始していった。

現・日本皇民党二代目党主の大島竜珉《おおしまりゅうみん》が、日本皇民党初代総裁となる稲本虎翁とはじめて会ったのは、昭和二十六年四月二十二日生まれの大島が十八歳である昭和四十四年。徳島県の実家を飛び出し、大阪で日本皇民党結成の四年ほど前のことである。刑に服した稲本の出所祝いの席であった。ただ、そのときには、ただ顔を合わせただけで、言葉を交わすこともできなかった。

言葉を交わすようになったのは、それから一年ほどのちのことである。指名手配のかかった稲本が、九州の博多から、知り合いを頼って香川県高松市に逃げ延びていたときのことである。そのときの紹介者が、大島が大阪にいるころに世話になった先輩であった。

大島は、稲本に尊敬の念を抱くようになった。

〈自分というものを持っていて、けっして、長いものには巻かれない。反骨精神も強い〉

そのころから、十人ほどの者が稲本のまわりに集まっていた。大島は、そのなかでももっとも若手であった。大島の次に若い兄貴分でも、大島とはひとまわりほど年が離れていた。

大島が稲本とはじめて会ってから三年目の昭和四十六年、稲本が、突然宣言した。

「おれは、右翼活動をする」

大島をはじめとして、稲本を慕っていた者たちはとまどった。だれもが、右翼的な思想を抱いているわけでもない。「右翼」という言葉の意味すらわからない。

〈いったい、どうする気なんだろう〉

とまどう大島らに、稲本は言った。

「とにかく、みんな、好きなことをやれ。残りたい者は残ったらいいし、よそに行きたい者は、おれが話して引き取ってもらうから」

入ったばかりで純情だった大島は、オヤジと呼ぶ稲本についていくのが当然のことだと思った。義理や人情をなによりも大事にしなくてはならないものだと信じていた。稲本のまわりにいた大島の兄貴分にあたるひとたちは、ひとりふたりと離れていった。独立する者、他の組織に行く者、働く者などなど。最後に残ったのは、なんと大島だけであった。

〈兄貴たちは、なんでそんな冷たいことをするんだ〉

兄貴分たちの行動に、汚さささえ感じられた。

日本皇民党は、昭和四十七年十一月七日、稲本虎翁が、香川県高松市の屋島山上で結成し、総裁に就任した。結成時までには、日本皇民党は二十人ほどまでに増えた。

もともと山口組内で、三代目山口組若頭補佐である白神英雄が右翼運動に近い運動をはじめた影響を受けて、稲本は日本皇民党を設立したのである。

白神英雄は、本名を白神一朝という。大正十三年三月十五日（あるいは、大正十二年三月十六日）に生まれた。戦後、大阪市ミナミで南道会会長藤村唯夫と知り合い、組員となる。南道会八人衆といわれる。昭和三十年代に南道会から直参となる。関西右翼のドンとも称され八紘会を創設した。

稲本を手取り足取り指導したのは、大阪の右翼の長老である畑時夫であった。「金を集めてはいけない」など三つの条件をつけて発会式が終わるまで面倒を見た。日本皇民党の「八紘一宇《はっこう》」の精押と「皇室尊崇」を基本とした立党趣意書を書いたのも畑であった。

大島は、稲本が白神英雄とよく意見衝突したことを聞かされていた。おそらく性格が似すぎているために、嫌なところが見えてしまうのにちがいない。離れているとたがいに心配しあうのに、側にいるとぶつかりあってしまう。しかも、稲本は、南道会から白神についてきた直参だとの意識も強かった。だからこそ、稲本は、昭和五十九年に起きた山口組と一和会が対立、いわゆる、山一抗争の際、一和会側についた白神に言っていた。

「堅気になったほうがいいですよ」

当初、有利に立っていた一和会も、山口組に一気に切り崩された。どんなに旗色が悪くても、白神は、先頭に立った。そのうち、かならず山口組に命を狙われる。稲本としては、それを心配し足を洗うことを勧めた。

「もう、あとは事業をやっていけばいい。それだけの才覚もあるのだから」

しかし、さすがの白神も、猜疑心の塊となっていた。稲本の電話でさえも、稲本が、だれかに頼まれて切り崩しにかかってきたのだと思いこんでしまったらしい。電話口には出てこなかった。大島は、稲本が、白神の側近を懸命に説得しているのをよく横で聞いていた。

稲本は、含羞《はにか》み屋で純情で歌がうまく、ピアノも弾く。時間が空いたときには、庭に下りて、土いじりをしている姿をよく目にした。どんなに熱い日差しが降り注いでもかまわなかった。汗をかきかき、黙々と草をむしっていた。勇壮で激しい右翼というイメージから、かけ離れている面もあった。

大島は、若い時分、部屋住みから抜け出したことがあった。一週間ほど姿をくらました後に日本皇民党本部に顔を出すと、稲本に諭された。

「別におまえがここから出て行って何をしても、おまえの人生だからいい。だけど、おれのところを出たら、おまえはどうなるかわからない。よくて刑務所だ。悪ければ、だれかに殺される」

大島は、なにかあると、考え込む前にまず身体が動いてしまう。行動派といえば行動派だが、まわりにうまく乗せられて突っ走ってしまうこともある。そのことを指摘したのである。

その後、稲本は言った。

「おまえが、どうしてもやりたいことがあれば、そのことをすればいい。しかし、おれもな、この年になって初めて、親孝行ということがわかる。若いころは、かなり心配かけていたこともわかる。どこに行っても、親は大事にしろ」

当時、大島は、家を飛び出してから八年もの間、親に顔を見せていなかった。稲本は、大島のことを思いやっているにちがいない親の気持ちをとうとうと説いた。

稲本はつづけた。

「自分も大阪に出て、やくざをやっていて、ある時期、親のありがたさに気がついた。そのあと、親にはじめて買ったのがテレビだ」

稲本の母親はすでにこの世を去っていたが、稲本は、自分が贈ったテレビを母親の形見として大事に手元に置いていた。

いっぽう、総隊長に就任した大島であるが、右翼とはなにかもわからない。さまざまなひとに訊いてまわった。

「どんな本を読めば、右翼というのがわかるのですか」

大島が稲本から紹介されたのは、右翼の本とはまるでちがった。

「『水平思考の世界』という本を読みなさい」

『水平思考の世界』は、心理学者であるエドワード・デボノが書いたもので、既成の枠に捕らわれずに視点を様々に変えて問題解決を図る思考方法である。

稲本総裁には、ひとつの物事をさまざまな角度で見る柔軟性がある。その象徴が、「ほめ殺し」であった。だれかを責める場合、だいたいの右翼は、責める相手がどのようにひどいのかをならべたてる。正攻法で責める。しかし、「ほめ殺し」は、『水平思考の世界』に書いてあるように、さまざまな角度から見た末に考えた方法かもしれない。

その発想に従って相手を責めるために、計画はない。ぶっつけ本番が多かった。

稲本は、昭和五十八年、「自民党を倒すため、昭和維新ののろしを地方から上げる」と約百三十団体が参加する「西日本獅子の会」をまとめた。

稲本の不条理に対する怒りは、竹下登にも向けられた。

田中角栄がどのような人物であろうと、竹下にとっては、自分を政治家として育て上げてくれた恩人にちがいない。竹下派を旗揚げすることは、政界での父親とも言うべき田中角栄を裏切ることである。ましてや、田中が育てた政治家たちを引き連れて出ていった。まさに家財道具までもかっさらう、泥棒のような所業である。

稲本は、大島に言っていた。

「これから日本人の先頭に立つ人として、竹下は、教育上よくない。自分がよければいいということではいかん。まして、人に範《はん》を示すべき立場の人がそういう人の道を外れることは許されない。人間だから、往々にしてそういうことはある。しかし、まちがいに気づいたときには、反省して修正しないといけない」

昭和六十二年一月二十二日に、皇民党幹部の名前で政治団体「竹下登輝励会」設立届けを、自治省政治資金課に提出した。事務所は、当時の皇民党本部に置かれた。一月末には、「竹下騎麗会」と称し五台の街宣車に三十人が分乗し、高松を出発した。

竹下への「ほめ殺し」は、島根県の松江、竹下の実家のある飯石郡掛合町からはじめた。十三台の街宣車を連ねて「竹下登を、総理大臣にしよう」と練り歩いた。

地元の後援会は、全員が出てきて道路に沿って整列し、日本皇民党の街宣車に頭を下げた。しかし、あまりにも褒めすぎるので、これはどうもおかしいと思いはじめた。

日本皇民党に非難する者も出てきた。

「あなたたちの言っていることは、おかしい。竹下先生を応援しているようで、むしろ非難しているじゃないか」

しかし大島らは冷静に反論した。

「それは、あくまでも取りようじゃないですか。こっちは、褒めているんですよ」

そう言われれば、相手は、グウの音も出なかった。

島根県からはじまった活動は、間もなく全国に広がった。

稲本は、竹下に対しても、東京で執拗なほめ殺しを展開していくことを思いつき、国会の本会議がはじまる午後から夕方にかけて、永田町界隈の要所でほめ殺し運動を展開した。

この街宣車攻撃には、さすがの打たれ強い竹下も、精神的にこたえた。

そのうえ、日本皇民党だけでなく、ほかの右翼からも攻撃を受け、ニセ爆弾が事務所に送られてきたり、議員会館に短銃と実弾が送りつけられたりした。

とうとう竹下は、神経性の円形脱毛症に悩まされた。だれより打たれ強く、したたかな竹下が円形脱毛症に悩まされたのだから、よほどこたえていたのである。

竹下側は日本皇民党の実体をさぐると同時に、警視庁の鎌倉節《かまくらさだめ》警視総監に相談した。が、鎌倉は苦しげに弁解した。

「皇民党が誹謗しているのなら、中止命令や摘発もできますが……。褒めることは、摘発の対象になりません」

竹下の側近や竹下派の複数の政治家は、手を尽くして稲本説得に奔走した。

その間の七月四日、竹下登は、竹下派（経世会）を結成した。田中派は、分裂状態に陥った。

それを前後して、竹下派議員が次々と稲本総裁との接触をはかった。

金丸信と三十億円

八月の盆がすぎたころ、金丸側近のやくざ世界に顔のある浜田幸一《はまだこういち》自民党副幹事長が、腰を上げた。

浜田幸一は、昭和三年九月五日、手葉県富津市で生まれた。昭和三十年、二十六歳という若さで富津町議員に当選して以来、政治の世界に身をおいていた。昭和四十四年に千葉三区から出馬し、初当選をはたした。防衛政務次官、党国民運動本部長を経て、六回生議員の現在、党副幹事長を務める。青嵐会の暴れん坊として、名を馳せた。無所属ではあるが、金丸信に傾倒している。仲間から、「ハマコー」の愛称で親しまれている。

浜田は、山口組系右翼と聞いて、自信をもって請けおった。

浜田は、日本皇民党を、山口組本家、いわゆる山菱の代紋だと思っていた。が、よく聞くと、一和会、丸の代紋であることを知り、当初の自信をなくした。

日本皇民党がある高松をおとずれた浜田は、高松グランドホテルの一室で、稲本虎翁総裁が来るのを待った。

が、姿を見せたのは、大幹部の大島竜珉行動隊長であった。

浜田が、切り出した。

「お願いがあってきた。竹下さんの首相就任の阻止活動を止めていただきたい」

話にまったく乗ってこない大島に困りきった浜田は、土下座をせんばかりに、深く頭を下げてお願いした。

「このとおりです。なにとぞ、運動を中止してください」

浜田は、大きなブロック二個ほどの大きさのものが入っている包み紙を差し出した。

大きさからして現金であれば、二億円を超えている。

が、大島は、中身も見ずに浜田に突き返した。

「ハマコーさん、悪いですけど、受け取れませんわ。金の問題じゃないです。近頃、議員さんや代理人と称する人たちがようけ見えられます。金丸さん、梶山（静六）さんの代理人と称してね。みなさん、なにか勘違いされていられるようですね。お帰りください」

この時、大島は、面会の一部始終をテープに隠し撮っていた。

九月中旬、東京湾沿いの有明埠頭に、金丸の使者が出向いた。

日本皇民党の一団は、ここに街宣車を止め、寝泊まりしていた。

金丸の使者は、条件を申し出た。

「三十億円用意しました。料亭で一席設けますから、金丸と会ってもらいたい」

稲本総裁は激昂し、即座にはねつけた。

「三十億円を、眼の前に出してみろ！　おれがその金を手で受け取るか、足で蹴るか、金丸本人が、その眼で見てみろ！」

三十億円という金額は、考えられない金額ではない。一説によると、街宣車を一日中走らせると、車代と人件費をふくめ、百万円かかるという。十台の街宣車を一カ月走らせると、三億円かかる。十カ月の街宣車で、しめて三十億円かかる。

日本皇民党の竹下へのほめ殺しを押さえ込むために、金丸信、森喜朗《もりよしろう》、小渕恵三《おぶちけいぞう》、梶山静六国対委員長、浜田だけでなく、魚住汎英《うおずみひろひで》、参議院議員の浦田勝《うらたまさる》ら自民党国会議員七人が動いた。浜田、魚住、浦田の三人は本人が、金丸、森ら他の四人は代理人がおとずれた。

稲本は、申し出をすべて拒否した。

そして、稲本は、ほめ殺しをじつに九カ月も続けた。

竹下自身から、金銭的な条件が出されたことはなかった。大島が推測するに、あまりにも騒ぎが大きくなりすぎたので、警視庁、警察庁が、竹下側に引導を渡したのかもしれない。

「お金で解決しようとしたら、竹下先生には、総理総裁の目がなくなりますよ」

竹下は、総理大臣就任を前にして、世田谷区代沢にあるこれまでの自宅から歩いてほどない一本筋を上がった邸宅を借りることにした。佐藤栄作元首相の邸宅を借りたのである。

大島は、竹下が引っ越しすることを聞きつけ、佐藤栄作元首相邸に出かけた。新たな借り主を迎えるために内装工事などをほどこしているところであった。ガードマンがいたものの、「竹下登輝励会事務局長」と刷りこまれた名刺を渡すと、なんの疑いもなく通してもらえた。縁台や庭石、応接間、トイレなどの各部屋を見ながら、感慨にふけった。

〈ここで、政治が動いたのだなあ〉

しかし、竹下サイドでは、のちになって、大島を通したことが問題になる。秘書やガードマンがいながらも、なんの疑いもなく通したからであった。

毒を制するには毒をもってする

中曽根総理は、竹下総理実現について皇民党の街宣を止めさせることを条件としてきた。

竹下は、自らのコネを使って攻撃を止めさせようとしたが、失敗した。この動きに対して、右翼とのコネのある安倍派や中曽根派からは、「右翼も処理出来ないとは、竹下は首相の器ではない」と批判された。

皇民党のほめ殺し作戦に困りはてた竹下は、「後継総裁は無理だ」と総裁レースを棄権するとまで言い出した。

金丸が、ついに腰をあげた。

「わしに、こころあたりがあるからまかせろ。他の人間を、ウロウロさせるな」

金丸は、昭和六十二年九月末日、赤坂にある日商岩井ビル十九階の金丸の行きつけの高級レストラン「クレール・ド・赤坂」で、東京佐川急便の渡辺広康社長に相談をもちかけた。

「竹下を総裁にするように、工作している。指名はまちがいないとおもうが、困ったことがある。右翼の日本皇民党が騒いでいる。このままでは中曽根さんの後継者指名が、竹下にならないかも知れない。なんとかならないかね。竹下政権樹立に、力を貸してくれ」

渡辺は、しばし思案にふけった。組んでいた手をほどくと、ぽつりともらした。

「毒を制するには、毒をもってするのが一番いいとおもう。石井会長に、正式に頼んでみますか」

渡辺は、稲川会会長の石井の名前を出した。

さすがの金丸も、一瞬ひるんだ。稲川会会長という大物に正式に頼めば、後々どうなるかと考えこんだ。

しばらくためらっていたが、意を決したように頼んだ。

「よろしく、頼みます。石井会長にお骨折り願いたい。あなたからも、お願いしてもらえないか。あんただけが、頼りだ」

北祥産業社長の庄司宗信が、渡辺から電話をもらったのはその直後のことである。渡辺は、庄司に、「ほめ殺し」の解決を、石井に頼んでほしいと伝えた。

渡辺は、いつもそうであった。身のまわりのトラブル解決でも、直接石井に電話をして依頼することはなかった。庄司を通しておこなわれた。

庄司の話を聞いた石井は、顔をゆがめた。

「竹下？　冗談じゃないよ。親を裏切るようなやつを、なんでおれが推せるんだ。おれには、そんなことは考えられない」

石井は、渡辺からの依頼を何度も断った。

石井は、田中角栄を脳梗塞に追い込んだのは、竹下が強引に創政会を発足したからだと見ていた。兄貴分のために指を詰めるほどの信義に厚い石井である。竹下の行為は許せるものではなかった。

庄司は、この問題で、石井と渡辺との仲をもった。ついに、石井は、稲本の説得に腰を上げた。

石井が稲本説得に動き出したのは、十月二日であった。その昼過ぎ、四代目荒虎千本組の電話が鳴った。応接セット脇に置かれた電話は、限られた人にしか知らされていない、秘密回線電話であった。

三神忠《みかみただし》組長が、受話器を取り上げた。

石井会長の声が、聞こえてきた。

「ターちゃん、たしか日本皇民党の稲本総裁とは、昵懇だね。そこで、頼みがある。じつは、日本皇民党の運動で、竹下さんが大変困っている。わたしは、ぜひ運動を中止してもらいたいと恩義がある人から頼まれた。稲本総裁にお願いしてもらえないだろうか」

三神と稲本は、白神組にいた稲本が、三神が仕切っていた京都太秦の東映撮影所に出入りしていたころから親しい間柄であった。二十年来の知り合いである。

三神は、承諾した。

「会長の依頼とあらば、全力で協力いたします」

石井と三神は、昭和三十九年ごろに知り合った。若いころから信心深い石井は、京都、奈良の神社仏閣をよく訪れた。あるひとを介して、三神は京都に訪れた石井と知り合った。

会津小鉄会と稲川会が昭和五十八年十月に親戚づきあいをするようになり、ますます親交を深めた。三神にとって石井は、父親にも匹敵する存在であった。三神の事務所には、石井の写真が飾ってあるほどである。

石井も、三神のことをかわいがり、「ターちゃん」と呼んでいた。

石井に頼まれた三神は、ただちに日本皇民党に電話を入れた。

「稲本総裁、運動を中止してもらいたい。じつは、石井会長に依頼を受けたんです」

稲本は旧知の三神からの依頼にも、首を縦に振らなかった。

稲本は、逆に三神に訴えた。

「三神さん、わしらが四国の田舎から出てきているのは、伊達や酔狂で出てきたわけやない。金のためやない。そんなゲスの考えで動いているわけやない。わしらは田中さんを裏切った竹下が、首相になることが許せない。国会議員であることが、許せん。竹下は明智光秀だ。島根に三人送りこんで、竹下登の名前で立候補させたろかと思っとる。そしたら竹下の票が四分の一に減る。落選しよるやろ」

稲本は、取りつく島がないようにまくしたてた。

三神は、とりあえず電話を切った。

すぐさま、石井に電話をかけ、事情を説明した。

石井は、東京佐川急便社長室に電話を入れた。

「渡辺さん、日本皇民党は、ほんとうに竹下を嫌っている。田中を裏切った竹下が、国会議員であることも嫌だといっている。手におえないよ。あなたは、あんな連中とつき合わないほうがいい」

石井は、手を引きそうな口ぶりであった。

渡辺は、あわてて、再度の依頼をした。

「稲川会会長であるあなたしか、いない。どんなことをしても、説得してください」

石井は、再度、三神に電話を入れた。稲本説得を依頼した。

大行社の当時理事長に就任していた三本菅啓二《さんぼんすげけいじ》も、渦中の稲本総裁に、石井会長の指示により面会することになった。

三本菅は、大阪のホテルで稲本総裁と会い、切り出した。

「わたしが、こうやって来たのは、わかると思いますけど、ある人の使いで来たわけではない。器量不足かもわからないけれど、やはりふつうであれば、稲川会のほうから来たんでしょうけれど、おたがいに右翼という関係なので、稲川では、右翼は、わたしら大行社ですので、わたしが来ました」

稲本総裁は、きっぱりと言った。

「これまで、誰が来ても断っている」

三本菅は、さらに言った。

「とにかく、石井会長と会っていただきたい」

稲本総裁は、即答した。

「わかりました」

ふたりはそのとき初対面だったが、一時間もかからずに話がついたのである。稲本総裁の口から出た「わかりました」は、重かった。三本菅は、つくづく石井会長の大きさを感じた。

と同時に、稲本総裁は、山口組と深い関係にある稲川会を無視できなかったのであろう。稲本総裁は、皇民党事件当時、すでに山口組の宅見勝《たくみまさる》と兄弟分だったといわれる。

三本菅は、その場で稲川会の石井会長に連絡を取り、石井・稲本会談をセットした。


石井会長、稲本総裁の〝男の義〟


稲本は、昭和六十二年十月二日の夜、東京・港区にある赤坂プリンスのひと部屋を借り入った。大島竜珉も供をした。

三神がおとずれてくる時間まで、まだ四十分ほどの猶予があった。

「ちょっと、お茶を飲んでくる」

稲本が、ソファから腰を上げた。

大島は、居残った。いつ三神らが部屋に来るかわからないからである。

ところが、約束の時間となっても、三神は顔を出さない。それどころか、稲本がもどってこないのである。大島は、さすがに気が気ではなかった。

〈おかしいな。これは、探しに行かなくてはならないかな〉

大島が腰を上げようとしたとき、稲本が部屋にもどってきた。

稲本が言った。

「もう、帰ろう」

大島はあわてた。

「しかし、まだ、三神さんたちは来られてませんが」

稲本は、微笑んだ。

「話し合いは、もう終わったよ」

「終わったのですか？」

大島は、これまでの緊張感がいきなり膝のあたりから脱けていくかのようであった。

稲本が言うには、稲本が、一階のロビーラウンジにひとりで下りたところに、ちょうど三神が、石井隆匡とともに来ていたという。そこで、部屋で話し合う予定を取りやめて、その場で話したという。

石井は、稲本にこう言った。

「稲本さん、竹下に対する不満があることは承知しています。わたしがかならず、竹下を田中に詫びに行かせます。そのうえで、おさめてください」

それでも稲本は、難色をしめした。

「わたしは、命を懸けてやっとるんです。どうしてもやめろというのなら、命を、とってくれ」

石井の表情が、険しくなった。石井の押し殺したような声に、凄みが感じられた。

「わたしも、命を懸けるほどの恩義を受けたひとに頼まれている」

石井の気迫は、すさまじいものであった。

石井の覚悟は、岩のように動かぬ稲本をも動かした。

石井は、稲本に言った。

「稲本さん、あなたの顔は潰しません。今回は、この石井の顔を立てて、おさめてもらえませんか」

庄司が、あとで石井から聞いたところによれば、稲本は心の中で男泣きに泣いた。信念を貫きたいいっぽうで、石井の顔を立てなくてはならない。

葛藤の狭間で、稲本は、ほめ殺しをとりやめる条件を出した。

「石井会長の顔を、立てましょう。そのかわり、再度言いますが、竹下が裏切った田中さんにきっちりと詫びを入れるのが条件だ。田申さんに総裁立候補のあいさつをすれば、こちらは手を引きます。竹下が田中邸に日参すること、それが条件です」

大島竜珉ら日本皇民党関係者は、いまだ田中派に残っている田中の腹心の二階堂進と山下元利のふたりに電話をかけた。

「田中邸の外門を開けて、竹下を中に入れてやれ」

しかし、大島にはわかっていた。田中角栄の娘である田中眞紀子が、門を開くことはない。竹下への恨みの深さは、底が知れぬほど深い。そのような恨みを抱く田中眞紀子が、竹下が訪問したからといって門扉を開くわけがない。

やはり、日本皇民党に、二階堂側から電話があった。

「根回しをしたが、（田中家側に）受け入れてもらえなかった」

むしろ、大島らには、そのほうが好都合であった。大島は、なにがあっても開かない門の前で立ち尽くす竹下の姿を、全国に晒してしまおうと思っていた。だからこそ、マスコミに、十月三日に、竹下登が、目白の田中邸をおとずれることをリークしたのであった。

竹下登が、田中邸をおとずれることになっていた十月三日、「北祥産業」社長の庄司宗信は、茨城県新治郡《にいはりぐん》千代田町上佐谷《かみさや》（現・かすみがうら市上佐谷）にある千代田カントリークラブにいた。休憩時間に、ニュースを見た。竹下が、田中邸をおとずれるところが報じられると思ったからである。しかし、報道では、竹下のことには触れていなかった。

そのうち、庄司に連絡が入った。

「今日は、竹下は、田中邸に行かないそうです」

竹下は、その朝七時四十五分ごろ、田中邸に車を走らせた。が、田中邸前では、大勢の報道陣が待ちかまえていた。竹下は、引き返した。門前払いされるところを、押しかけたマスコミの前で晒したくなかった。そのまま引き返した。

稲本ら日本皇民党は、間に入った三神らに詰め寄った。

「どうなっているんですか！　約束が、ちがうじゃないですか」

三神は、石井に電話で抗議した。

「会長、冗談じゃないですよ。男と男の約束じゃないですか。約束したことは、実行してもらいたい。稲本総裁は、運動再開も辞さないと言ってきているんです」

石井は、困惑の様子を隠せなかった。

「かならず、実行させる。しかし、会えないかもしれないよ。門前払いでもいいいんだね」

「とりあえず、行かせてください」

石井から抗議の電話を受けた佐川急便の渡辺社長は、ただちに金丸信に連絡し、田中邸参りは絶対条件であることを伝えた。

石井によって竹下登は命びろいをした

竹下は、金丸らに説得され、考えに考えた。十月六日翌朝の午前八時三分、黒塗りのトヨタ・センチュリーで目白の田中邸に乗りつけた。冷たい小雨が、しとしとと落ちていた。

田中と同じ新潟県出身の参議院議員である長谷川信《はせがわしん》が、そこで待っていた。長谷川は、田中の信用も厚く、田中邸に自由に出入りできるひとりである。金丸信は、その長谷川に、田中家との間に入ってもらうことにしたのである。

さらに、長谷川は、東京佐川急便の渡辺社長とも親しかった。

長谷川は、あらかじめ打ち合わせの通り、竹下より十五分ほど前に田中邸に入り、田中真紀子に、竹下が訪問を求めている旨を伝えていた。

竹下を乗せたトヨタ・センチュリーの運転手は、車を停めると、おもむろに「自民党幹事長」と書かれたプレートを、フロントガラス越しに見せた。

はじめに降りたのは、小沢一郎であった。

長谷川に声をかけた。

「先生、先生」

それに竹下がつづいて、長谷川に礼を言った。

「ありがとう」

それから訊いた。

「入れないか」

「いや、入ることはできません」

田中角栄の娘田中眞紀子が拒否したのである。

「では、よろしくお伝えください……。あさって、総裁選に立候補します、と」

竹下はそう伝えると、小沢とともに引き上げた。その間約三十秒というあわただしさであった。

しかし、稲本の出した条件は果たした。顔を立てることはできた。約束どおり、稲本は、矛をおさめた。

皇民党事件で、三本菅は、フジテレビとＮＨＫとテレビ朝日の三局に出演し、事件について発言した。

三本菅は、事件の終わった後、稲本総裁と大阪のクラブでふたりきりで飲んだ。

金丸は、のちに国会の証人尋問で、「ほめ殺し中止工作」を認め、証言した。

「川に落ちたところを助けてもらったのだから、それが暴力団であろうと感謝するのは当然だ」

竹下内閣は、昭和六十二年十一月六日、発足した。それから間もなく開かれた渡辺広康主催の夕食会には、竹下登、小沢一郎も駆けつけたといわれている。

石井の秘書の川瀬章が、石井の車に乗っているときに、石井が言った。

「政治家が、わたしみたいなやくざ者と会って飯を食っても、まずいだろ。だから、『お礼に食事を』と言われても断る」

さらにいえば、石井は、この事件でなにかをしたお礼に金銭を授受することはなかったという。何億円といった富を手にするよりも、そのつながりが、自分の今後の仕事になんらかの形につながるということだった。

石井の側近は、石井に頼まれ、その後、逆に金丸信に政治献金を届けたことがある。札束をいっぱいに詰めたジェラルミンケースを四つ、二日もかけて、ふたりで運んだ。ひとりが一度に運べるのは、だいたい二億五千万円。ふたりで二日であれば、少なくとも十億円はあったであろうと想像している。

「日本の政治のために使ってください」

との名目であった。

マッチポンプ

昭和六十三年二月六日、衆院予算委員会は揺れに揺れた。

質問に立った日本共産党の正森成二《まさもりせいじ》議員が、発言した。

「過激派への政府の対応は、泳がせ政策ではないか」

竹下登首相は答えた。

「泳がせ政策などをとったことはない」

正森は、衆議院予算委員長の浜田幸一に矛先を向けた。

「浜田委員長も、過去、ワイドショーで、共産党と同じ意見を述べていた」

かつて浜田が起こした法相殴打事件を引き合いに出した。

浜田は、共産党と自分の意見の違いを見せようと思い、とっさに発言した。

「我が党は旧来より、終戦直後より、殺人者である宮本顕治《みやもとけんじ》君を国政の中に参加せしめるような状況をつくり出したときから、日本共産党に対しては最大の懸念を持ち、最大の闘争理念を持ってまいりました」

過激派と宮本率いる共産党をあたかも同一視しようとしたため、正森は激昂した。が、このとき浜田は正森の言う「泳がせ政策」発言を肯定したため、正森は対決を避け、他の質問に移った。

正森が発言の撤回を求めて抗議し、委員会室は一時騒然となった。

浜田は、その後も再三にわたり審議をさえぎった。

「わたしが言っているのは、宮本顕治君が人を殺したと言っただけじゃないですか」

終了間際、正森が円ドル為替問題の質疑中であったが、唐突に浜田が発言した。

「昭和八年十二月二十四日、宮本顕治ほか数名により、当時の財政部長小畑達夫《おばたたつお》の股間に……針金で絞め、リンチで殺した。このことだけは、的確に申し上げておきますからね」

そこまで発言したときに、共産党議員が委員長席に殺到、審議は空転した。

自民党内からも、声が上がった。

「委員長としてやりすぎだ」

予算委員会筆頭理事をつとめる奥田敬和《おくだけいわ》に対する責任を問う声も聞かれた。

さらに、浜田の予算委員長就任を認めた金丸信に対する非難の声もあがった。

二月八日夜、小渕恵三官房長官は、浜田と会い、浜田の意向を聞いた。

「浜田さん、ここは辞任を……」

「いや、おれは、絶対にやめん。陳謝の形で責任を取ることもせん」

小渕の説得に、耳を貸そうともしなかった。

二月九日朝、小渕と同じ竹下派の奥田は、沈痛な面持ちで決意を語った。

「浜田議員に委員長としての平静さを欠いた運宮を反省してもらい、今後の公正、公平な運営を期待した。が、浜田議員が陳謝の収拾案を受け入れてくれないとなると、補佐役としての責任が果たせません」

奥田は、ついに責任を取り辞任した。

浜田の予算委員長辞任をうながす、ということもふくめてのことであった。

この日、昼過ぎから予算委員会理事が集まり、野党との折衝《せっしょう》、妥協案を協議する予定であった。

それに先だち、小渕は、元麻布にある金丸邸を訪れた。

予算委員会の空転の原因となっている浜田の進退問題について話し合った

金丸は、頼ってくる者は、「悪食のアンコウ」と呼ばれるほどふところに入れてかわいがった。鈴木《すずき》宗男《むねお》、糸山英太郎《いとやまえいたろう》という癖のある議員もかわいがった。「悪食」というのは、どんなものだって食べるということ。「アンコウ」は、深海にひっそりと潜んでいて、眼の前にきたものは、何でも口を開けてパクリと食ってしまう。金丸は、来た者は拒まずという人間で、まさに「悪食のアンコウ」という形容がぴたりといえる。暴れ者の浜田も、かわいがっていた。

金丸と浜田幸一とが親分子分の関係になるきっかけは、浜田のラスベガス賭博事件が問題になったときであった。

昭和五十五年三月六日、ロッキード事件で偽証罪に問われていた小佐野賢治国際興業社主に対する東京地裁の公判で、その事件まで明るみに出た。

『四十八年十一月、小佐野被告がロッキード社から受け取ったと言われる二十万ドルは、浜田代議士がラスベガスで負けた借金返済の一部にあてられた』

浜田は、その事件が明るみに出て間もない四月十日午後二時、赤坂の金丸事務所を訪ねた。

「今回の責任を取り、代議士を辞めさせていただきます」

当時建設大臣であった金丸は、浜田を止めた。

「浜ちゃん、もう少し慎重に考えたら……」

金丸は思っていた。

〈博打をやったぐらいで、政治家を辞めることねえよ。ラスベガスで四億とか五億負けたっていうけど、その前には、それ以上の額、勝ってたこともある。なにもいまにはじまったことはねぇ……〉

しかし、浜田は、きっぱりと言った。

「自分は、いまや国会議員をやらさしてもらってる人間ですが、昔を考えると、自分はスネに傷を持つ人間なんです。女房と二人で天皇陛下の前に出ることも遠慮してるんですよ。ですから、この際、わたしは、辞めます」

浜田がスネに傷を持つというのは、若いころ稲川会と深いつながりを持っていたということを指す。

浜田の言葉に、金丸は感激した。

人間、落ち目になればなさけないもの。政界には、「猿は、木から落ちても猿だが、議員は落選してしまえばただのひと」という、古くから言われている言葉がある。ましてや浜田幸一の場合、代議士をやめると、誰も関わりを恐れて近づかなくなった。

そのとき、温かく声をかけつづけたのが、金丸であった。浜田が金丸の自宅に行くと、金丸の妻悦子が、

「浜ちゃん、お金は足りてるの」

と心配し、いくばくかの包みを浜田に渡した。

金丸は、物心両面ともに浜田のめんどうを見た。浜田の息子の靖一の結婚式のときも、金丸はわざわざ出席してスピーチした。

「わたしはあのとき、議員を辞めてはいかんといった。次の選挙ではぜひ浜田君を当選させてほしい。そうすれば、国会は正常化する」

浜田は、眼に涙を浮かべて誓った。

〈これからの人生、金丸さんのためには、どんなことでもする……〉

浜田は、昭和五十八年十二月の総選挙で不死鳥のごとくよみがえった。浜田は、その後、金丸の親衛隊長的役割をはたしていた。

浜田は金丸が総務会長のときには、金丸のいる総務会長の玄関番を毎日やっていた。金丸が幹事長に

就任するや、浜田は東京永田町の自民党本部の四階の幹事長室に、毎朝誰よりも早く顔を見せる。みずから、「おれは、〝金丸派〟のくつみがき」と公言してはばからない。

浜田は、大平、田中連合軍と福田、三木、中曽根三派連合軍との五十四年十月九日からの四十日抗争のとき、非主流派のつくったバリケードをぶっ壊し、暴れん坊ぶりを発揮した。

五十九年九月十九日の中核派の襲撃による自民党本部放火事件のときには、真っ先に党本部に駆けつけ、消化活動の陣頭指揮をとった。住栄作《すみえいさく》法相が、浜田の姿を見て、

「きみも、マッチポンプだな」

とからかうや、

「きさまあ！」

と若いころの凄みを発揮し、住栄作法相に鉄挙を食らわせた。国会議員としては、前代未聞のことである。

その暴れ者の浜田を、金丸は、

「浜ちゃんは、おれのいうことしか聞かんからな……」

と眼を細めてかわいがる。

浜田幸一は、さらに、いろいろと議員の弱みを握っている。金の問題から、女の問題まで。それゆえ、浜田に対し、だれも文句を言うことができない。

弱みを握られていない議員も、浜田と喧嘩をしてマスコミに取り上げられると、損はあっても、得はない。「さわらぬハマコーに祟りなし」と恐れている。金丸は、浜田に対しては、まったく別の見方を

していた。

〈浜ちゃんはいくらでも使い道はある……〉

金丸は、幹事長に就任するや、浜田を副幹事長に取り立てた。

浜田は、いつも幹事長で番を張っているが、それでいて、周囲に対して、金丸との関係には非常に気を遣っていた。

幹事長室で何か大事な話があるときは、浜田はそっと部屋を出ていってしまう。浜田によれば、自分はおしゃべりということになっている。もし幹事長室での話が外に漏れていたりすると、すぐに「浜田が言ったんじゃないか」ということになってしまう。

自分を副幹事長にしたのは金丸幹事長だから、そのような噂が立つと、金丸幹事長の立場を悪くしてしまう。だから、大事な話があるときは、幹事長室から出ていく……という。

浜田は、防衛政務次官、党国民運動本部長、党副幹事長を経て、今回、金丸の後押しで予算委員長に就任していた。

さて、今回、小渕は、金丸に対し、浜田の説得を依頼した。

十五分間の会談の結果、金丸が結論をくだした。

「浜田君が、かたくなな態度を示しているのであれば、もう少し冷却期間をおいて話し合いましょう」

金丸は、ただちに浜田説得に乗り出す意向はないことを示した。が、裏では、素早く手を打っていた。

第一秘書の生原正久に、東京佐川急便社長の渡辺広康に金丸の意向を伝えるように命じた。

生原は、ただちに電話で伝えた。

「浜田議員が予算委員長を降りようとしない。いろいろ説得にあたっているようだが、かたくなに拒否しているようだ。石井会長から言ってもらえば、浜田も耳を貸すと思うんだが……。ひとつ頼んでもらいたい」

渡辺は、内心では、

〈またか、困ったな……〉

と思いながら、了承した。

「浜田先生は、稲川会にはお世話になっている人ですから、石井会長に頼んでみましょう」

渡辺は、稲川会会長の石井隆匡の側近に電話して依頼した。

「金丸さんからの依頼なんだが、会長に、浜田に会ってもらいたい。委員長辞任の説得をお願いしたい。会長の言うことであれば、浜田も耳を貸す。どうかひとつ、お願いしたい」

浜田は、稲川会とは特別に深い関係があった。浜田は、若いときから稲川会に出入りしていて、政界に出馬するとき、いろいろと稲川会からめんどうを見てもらっていた。

二月十一日、浜田が、北祥産業の事務所をおとずれた。

政界の暴れん坊も、さすがに神妙な顔つきであった。五階の会長室に入ると、まさに直立不動で石井の前に立った。

会長室にいた川瀬は、さすがにその場にいるわけにはいかない。そっと出ていこうとした。

その背後から、石井が、浜田を罵倒する声が響いた。

「あちこちの派閥を、うろちょろしやがって！」

浜田は、けっこう長い時間、石井の部屋にいた。そこで、どんなことが話されたのか、川瀬は知らない。

石井は、それから静かに浜田に切りだしたという。

「じつは、金丸先生に頼まれました」

浜田は金丸と聞いたとたん、顔をくもらせた。

「金丸先生は、この浜田をけむたがっておられるようだ」

石井は、かまわずつづけた。

「金丸先生も、党執行部のみなさんも困っておられるようです。公聴会を延期することはできないらしいですな。浜田先生、あなたの男気を信じます。国のために党のために、党執行部の意向にしたがってください。男は、引き際が大事です」

短い時間の会談ではあったが、石井は浜田の弱いところである「党のため、国のため、男気」を口にして、説得した。

浜田は、しぶしぶではあるが、認めた。

翌十二日午前十一時五十分、午後四時十分と二回にわたり、浜田、安倍晋太郎幹事長ふたりだけの会談がもたれた。

浜田は、安倍の説得に折れた形で、辞任を決意した。

浜田が辞任を表明する午後四時四十二分より前に、石井会長側から東京佐川急便社長室に電話が入っていた。

「浜田先生は、約束しました。大丈夫です、辞任します」

渡辺からの連絡を受けた金丸は、安堵のため息をもらした。

「ありがとう。いろいろお世話になった。石井会長に、よろしく言っておいてください」

佐川急便会長と三千億円

昭和六十三年春、稲川会会長の石井は、江東区新砂にある東京佐川急便本社に渡辺広康社長を訪問した。秘書役である北祥産業の庄司宗信社長を連れていた。

石井は、東京佐川急便本社に顔を出すなり、切り出した。

「渡辺さんのところで、岩間カントリークラブに債務保証してもらえないでしょうか」

石井の手がけていた岩間カントリークラブの開発許可がおりる寸前であった。

渡辺は、石井に訊ねた。

「どこに、どのくらい債務保証をすればいいのですか」

「協和銀行系の昭和リースに、話がついている。御社で保証してくれたら、順調にいくんだ。百五十億円です」

渡辺は、慎重に答えた。

「わたしの一存では、決められません。佐川会長と話してみます」

石井は、渡辺の返事を予測していたかのように、強い調子で言った。

「わかった。直接、京都へ行こう」

佐川会長の性格を知りぬいている渡辺は、京都に行かれては困る、とあわてた。

佐川の性格からすると、事情を確認せずに石井の申し出を引き受けるにちがいない。しかも、自分ぬきで石井と親しくなられても困る。

渡辺は、石井の目の前で、京都の佐川に電話を入れた。

「あ、オヤジさんですか。稲川会の石井会長を紹介したいんですが、そっちへ行ってもいいですか」

「いいよ」

「いつ行ったら、いいですか」

佐川は、即断した。

「明日の夜、来いや」

明晩、渡辺は、石井を京都に案内した。石井とともに、庄司、稲川会の石井の金庫番、それに、北祥産業経理担当者がついて来た。北祥産業の経理担当者は、かなり大きな風呂敷包みを持っていた。

渡辺は、察した。

〈ははん、金だな……〉

渡辺は、風呂敷包みのふくらみからして、五千万円はある、と睨んだ。

五人は、京都市左京区南禅寺下河原町にある佐川邸に入った。

佐川は、いつもは、客が来たときには祇園から料理だけでなく舞妓までも呼びよせてもてなす。宴が盛り上がれば、舞妓ともども祇園に繰り出す。

ところが、この日は、とてもそのような雰囲気ではなかった。じつは、佐川は、昭和六十二年の春に肺気腫に罹《かか》り、金沢市内の金沢医科大学病院に入院した病み上がりであった。当初、「肺癌だ」との噂も飛びかったが、これは嘘とわかった。かつてのエネルギッシュさは失せ、ひどくやつれていた。

渡辺が、切り出した。

「オヤジ、じつは、こちらにお見えの方が、関東の稲川会の二代目石井隆匡会長です。先日、竹下登先生が日本皇民党の街宣車に悩まされていたのを、助けられた方です。石井会長は、しっかりしたお方です。これからは、経済活動に邁進され、少しでも国にご恩返しをなさりたいそうです。とりあえず、ゴルフ場開発をされるそうです。百五十億円の債務保証をお願いされました。どういたしましょうか」

それまでやつれを隠しきれなかった佐川は、口から泡を飛ばす勢いでまくしたてた。

「馬鹿野郎！　そんな立派なお考えなら、五百億だろうが、一千億だろうが、かまわない。会社じゃなく、おれひとりで保証するよ」

佐川会長は、石井に言った。

「石井会長が、日本の業界を取りまとめて、いろいろと正しい方向に向かわせるには、二千億円から三千億円が必要でしょう。わたしは、三千億円を会社でなく、わたしひとりで保証しますよ」

このとき、佐川会長は、「二千億円を保証する」と言ったと伝えられているが、事実は、「三千億円を保証する」とまで言い切ったのだ。

その瞬間、いつもは表情を変えることのない石井の顔が、パッと輝いた。

石井は、庄司に目配せした。

庄司は、北祥産業経理担当者から大風呂敷を受け取った。手早く紐を解いた。そこには、手の切れそうなピン札の束があらわれた。

「やくざもんは、いつもは、仕事の前にこんなもん出さないんですが、これは、保証料ということでお納めください」

渡辺は、すばやく眼で勘定した。想像したとおり、五千万円はあった。

稲川会の稲川聖城からの慣例として、稲川会が、なにか節目となる大仕事のときは、相手に対して一千万単位で金を包むのは常識であった。が、さすがに、これだけの巨額はめずらしいことであった。

石井は、佐川清が、債務保証に太鼓判を押してくれたので、悦に入っていた。

それ以来、石井に対しての債務保証は、東京佐川急便の社長である渡辺が了解すれば、フリーパスになった。

渡辺の右腕である早乙女潤常務は、しだいに不安になってきた。

早乙女が、最終的に債務保証の印鑑を押す。渡辺が、石井に対して、あまりに異常な額の債務保証を引き受けるので、心配になったのである。

早乙女は、渡辺の前で慨嘆《がいたん》した。

「社長、もうちょっと考えていただかないと……」

渡辺は、怒鳴った。

「馬鹿野郎！　おまえは、いわれたとおり、債務保証の判押して金出しておけばいいんだ。よけいなことをいうな」

佐川会長は、石井には、三千億円でも保証する、と言っている。

渡辺は、百五十億円の保証を覚悟した。自分が拒否できるわけがない、と思った。

早乙女は、判を押さざるを得なかった。

石井は、佐川急便の債務保証を得て、岩間カントリークラブの開発に成功する。

その後、石井は、ふたたび佐川会長のもとをおとずれた。その際に案内したのが、会津小鉄系荒虎千本組組長の三神忠であった。三神にとって、稲川会は生命線といってもよかった。京都市にあり、山口組が攻めてくればひとたまりもないところで、稲川会は防波堤となっていたのである。

なお、三神組長は、平成六年八月三十日にピストル自殺を遂げた。その日午後十時十分ごろ、京都市消防局に「組長が自殺した」と一一九番通報があった。連絡を受けた京都府警太秦《うずまさ》署員が京都市右京区嵯峨《さが》天竜寺《てんりゅうじ》芒《すすき》ノ《の》馬場《ばば》町《ちょう》の松巌寺《しょうがんじ》に急行、同寺の墓地で、胸をピストルで撃って倒れている三神組長を見つけた。病院に運ばれたが死亡した。

三神組長は次男に家の墓地を示し、「ここに葬るように」と話し、ピストルで自分の胸を撃ったという。壮絶な最期であった。

石井は、その後、北陸の古都・金沢をおとずれた。肺気腫を患い、療養のために金沢市内の金沢医科大学病院に入院中の佐川清を見舞ったのである。

石井は、手みやげとして、現金一千万円を置いていった。

いっぽう、石井が、渡辺、早乙女と共同で事業をおこなうときには、リバスター音産の名義でおこなわれた。

リバスター音産は、佐川急便グループの出資で東京都千代田区に設立されていた。

リバスター音産の社長には、東京佐川急便常務の早乙女潤、「潮来笠《いたこがさ》」「霧氷」などのヒット曲で知られる演歌歌手の橋幸夫《はしゆきお》が副社長として音楽部門を担当していた。橋を副社長に迎えたのは、橋のファンである佐川清であった。

営業主体は、レコード、CDの製造販売であるが、西新宿七丁目周辺を積極的に地上げもしていた。

その地上げ資金は、旧協和銀行系の昭和リースで、その債務保証は東京佐川急便がしていた。

のちに東京佐川によってあきらかにされたところによると、総額で約四千六十億円にのぼる債務保証のうち、リバスター音産分は百五十億円にものぼった。東京佐川が債務保証して、ノンバンクから、いったん取引先などに融資され、これが取引先からリバスター音産に転貸しされていた。また、東京佐川自体も、五十億円以上の資金援助をしたこともあった。

金丸信と石井隆匡会長の会談

昭和六十三年十二月二十三日、金丸から、渡辺を通して、石井に連絡が入った。

日本皇民党事件解決、浜田の予算委員長辞任と、いろいろと力になってもらったことのお礼をするための電話であった。

「ぜひお会いして、お礼が言いたい」

石井は、それまでも、金丸側から、お礼をしたいとの連絡を受けた。が、そのたびに断わりつづけていた。

金丸は、渡辺から、何度も辞退している石井との会食は見合わせたほうがいいと言われることもあった。だが、金丸には、自分なりの哲学があった。

〈水におぼれた子供がいて、それを救ってくれた人が暴力団でも、そのことに対して、何らかの感情を持つのが、わたしの政治哲学〉

石井は、金丸の招待を受けた。十二月二十三日の夜、千代田区紀尾井町のホテルニューオータニ内本館アーケード階にある料亭「藍亭」で極秘に会食した。

隣室には、庄司宗信が控えていた。

石井は、あくまでも控えめであった。部屋の入り口まで来ても、なかなか入ろうとしない。

「われわれは、先生のようなえらい方の間に入れるような立場ではありません」

金丸は、そういう石井をようやく招き入れ、上座を勧めた。

石井は、きっぱりと断った。

「金丸先生、わたしが上座に座るくらいなら、帰らしてもらいます」

金丸は、そのとき、石井の律儀さを感じたという。

〈いまどき、おそろしく律儀なひとだな……〉

あらためて金丸が上座に座り、石井に礼をのべた。

「総裁選のときといい、今回といい、どうもお世話になりました。石井会長には、世話をかけてばかりですな」

石井は、正座を崩すことなく金丸に浜田の予算委員長辞任についてふれた。

「男は引き際が大事だといって、何度も説得した。金丸先生は、浜田を遠ざけているんですか。浜田が、ぼやいてましたよ。浜田はやんちゃ者ですが、金丸先生に育てられたようなものです。許してやってください。よろしくお願いしますよ」

金丸は、苦笑まじりに釈明した。

「いや、おれはいいんだが、うちのばあさんが、どうも嫌っていてね。浜田には、選挙の党公認の問題のときの前科がある。浜田が推す候補の公認が遅れたとき、暴言を吐いたことがある。たしなめたが、聞くに堪えない暴言をやめなかった。それで、『そこまでいうなら、わたしはいいとしても、竹下派として許さないよ』と、浜田に言いわたした。ちょっと距離を置くようになったのは、それからだな……」

石井は、その席で、自分の思いを打ち明けた。

「いままで、さんざんやくざ稼業でひとさまに迷惑をおかけした。これからは、その罪ほろぼしのつもりで、やくざ稼業から足を洗い、経済活動をしたい。お国のために役立ちたい」

石井は、帰りの車中で、機嫌がよかった。待っていた庄司に、楽しげに語った。

「金丸さんは、『石井さんこそ、本当の任侠だと思う』と言ってくれたよ」

経済に根を張った、新たな時代の先駆者

ちょうど消費税問題が騒がれている昭和六十三年のある日、北祥産業に、いきなり家宅捜索が入った。

会長室には、石井と庄司のほかに、ふたりの男がいた。

査察官が、石井とそのふたりに事情を説明した。そのうえで、その男たちと名刺交換を交わした。

査察官は、ふたりの名刺を手にしておどろいた。一枚の名刺には、山口組四代目若頭の渡辺芳則の名が、もう一枚には、若頭補佐の宅見勝の名が刷りこまれていたのである。

渡辺芳則は、昭和十六年一月八日に栃木県下都賀郡壬生町《しもつがぐんみぶまち》の富農の家に生まれる。昭和三十一年に中学校を卒業するとともに上京。

浅草を中心に活動していたが、三代目山口組の山健組の幹部と出会ったことから神戸に移住。昭和三十六年、山健組組長・山本健一から盃を受け、山健組に加入した。

抗争を巡る服役後の昭和四十四年、山健組若頭に就任。二代目松田組との「大阪戦争」と呼ばれる抗争事件などに積極的に関わり、昭和五十一年十月に銃刀法違反などの容疑で逮捕され、昭和五十四年二月から昭和五十六年六月頃まで服役した。

山口組三代目・田岡一雄の跡を継いで四代目を継承すると見られていた山口組若頭で石井と兄弟分の盃を交わしていた山本健一が昭和五十七年二月四日に急死すると、山健組二代目を継承、三代目山口組の直参に昇格した。

昭和五十九年六月、竹中正久を組長とする四代目山口組の発足に伴い若頭補佐に抜擢される。昭和六十年一月に、竹中と共に、山口組若頭で豪友会会長の中山勝正《なかやまかつまさ》が一和会に暗殺され、山一抗争が勃発すると、暫定執行部体制で若頭に就任した。

のち平成元年に一和会との抗争を終結させて、平成元年四月二十七日、五代目山口組組長に就任する。稲川総裁は、この年七月におこなわれた渡辺芳則五代目継承でも後見人をつとめた。山口組二代にわたる継承式で後見人をつとめたわけである。

いっぽう、宅見勝は、昭和十一年五月二十二日、兵庫県神戸市生まれ。二十三歳となった昭和三十四年に大阪府内で土井組系組員に入り、昭和三十八年に山口組系暴力団の組員となる。昭和四十二年には、宅見組を結成。昭和五十二年、山口組の直系組長となり、山口組の会計などを担当した。昭和五十七年に若頭補佐に昇格。

のち平成元年には、五代目山口組組長の擁立に功績があったとされて若頭に就任する。

渡辺と宅見は、たびたび北祥産業をおとずれていた。少なくとも月に一度はおとずれていた。たまたまふたりがおとずれた日に、家宅捜索が入ったのであった。

石井の怒りは、尋常ではなかった。

「国税の主査を、呼んでこい！」

石井にとっては、これほど心外なことはなかった。

石井は、進んで納税した。庄司宗信が社長をつとめている北祥産業の納税額は、十数億円。

北祥産業は、設立直後に西新宿の住宅地での土地買収に関与したほか、神奈川、埼玉、千葉など首都圏の不動産仲介を中心に、都内でも貸しビルやマンションの斡旋などを手がけた。業績が伸びたのは、昭和六十二年ごろからである。

申告所得は、初年度の昭和六十一年の一億二千万円から一気に十四億八千万円へと急成長をとげた。

石井に引きつづいて、広島の共政会三代目会長の山田久《やまだひさし》、山口組若頭の宅見勝も納税するようになったという。

国税庁の幹部クラスが、石井のもとをおとずれていた。

かった。

「ありがとうございました」

石井は、横須賀での納税者番付で第三位ほどに入ったこともある。踏み込まれるようなおぼえはなかった。

取調官に、食ってかかった。

「おまえな、おれは、いまの消費税には賛成しているんだ。うちの業界の連中にも『国民である以上、税金を納める義務があるんだから、税金を納めろ』と言っている。ここにおられる山口組の方たちにも、おれはそう言っているんだ。『税金を納めろ』って」

消費税の導入には、国民の反発が強かった。昭和五十三年の第一次大平内閣時に一般消費税導入案が浮上。ただし、総選挙の結果を受けて撤回。「消費税に触ると政権が揺らぐ」と言われた。

昭和六十一年、第三次中曽根内閣時に、売上税法抗争が再浮上した。マスコミは反発した。

石井も結果的に総理にすることに深く関わった竹下内閣で、昭和六十三年にようやく消費税法が成立した。翌平成元年四月一日から税率三％で消費税が施行されることになっていた。

石井は、まくし立てた。

「おれは、横須賀で一番の納税者になろうと思って一生懸命頑張っているんだ。そういう意欲を削ぐようなことをするなよ。いい加減にして、早く帰れ！」

税務署は、押収する資料だけはとりあえず押収して帰っていった。

庄司は、かたわらでそのやりとりを見ながら思った。

〈やっぱり、やくざの人は堅気とは発想が違うな。税務署を脅かすなんて、堅気の会社の人間ができる

話じゃない〉

それにしても、「国民として納税の義務がある」と主張するやくざもなかなかいない。

しかし、それだけの器量と雰囲気があったからこそ、庄司は石井についていったのであった。

そのころ、やくざの世界は、とにかく力で押さえてねじ伏せる時代から抜け出そうとしていた。庄司には、石井こそ、関東のやくざではひときわ光を放っているように見えた。経済に根を張った、新たな時代の先駆者でもあった。

石井が光進グループの小谷光浩《こたにみつひろ》と会ったのは、昭和六十三年の暮れであった。住吉会音羽一家に追いかけまわされていた小谷が、石井に助けを求めて北祥産業のビルをおとずれてきたのである。

小谷は、緊張した面持ちで石井にあいさつした。

「はじめまして……」

石井はつとめて、ものやわらかにあいさつした。

小谷を紹介した秋山清が言った。

「おふたりが親しくされることは、なにかと有効かと思いまして……」

小谷は、昭和十二年四月二十九日、大阪市に生まれた。もともとの姓は都築といったが、昭和四十四年に叔母と養子縁組をして小谷に姓を変えた。

小谷は、昭和三十七年に同志社大学法学部を卒業すると、大和証券法人部に三年間勤務した。昭和四十年四月、三洋石油大阪支店長、昭和四十四年取締役に就任。翌昭和四十五年、「コーリン産業」

（現・光進）を設立した。設立当初は、クボタハウスの代理店で、それなりの実績も上げている。

小谷は、如才なく、自分を売りこんだ。中曽根康弘前首相の政治団体である「山王研究所」、中小企業経営者の勉強会である「心話会」、昭和生まれの経営者が集まる「昭和クラブ」などにも顔を出した。行動力、交渉力に優れ、老人キラーといわれるほど、老人の心をつかむ能力にも長けていた。

小谷をかわいがったひとりが、三井不動産の実力者・江戸秀雄《えどひでお》であった。

小谷は、その縁で、三井不動産に関わる物件の地上げ屋として動いた。

そのいっぽうで、小谷は、株買い占めで名をあげた。昭和六十年末ころから、蛇の目ミシンの買い占めをはじめた。昭和六十二年三月には、蛇の目ミシン全株式の二〇％にあたる三千百万株を集め、光進は筆頭株主に躍り出た。

小谷は、筆頭株主の権力をちらつかせ、六月から九月まで、蛇の目ミシンの非常勤取締役の地位におさまった。

さらに、昭和六十二年六月には、航空測量、環境調査会社の国際航業株買い占めをはかった。八月から九月にかけて、小谷は、中曽根康弘代議士の後援団体「山王経済研究所」に所属し、会計係の太田英子名義で、株式取引をおこなった。資金は、三井信託銀行から三百億円、住友銀行から常時百億円の融資を受けた。さらに、不動産業の「地産」グループ、日本リースから合わせて一千八百七十五億円の融資を受けた。

小谷は、それらの資金を蛇の目ミシン株、国際航業株買い占めに投資して、昭和六十三年十二月に国際航業の乗っ取りに成功した。小谷は、すかさず国際航業から光進グループに二百四十億円を融資させていた。

小谷は、石井に初対面のときから心酔した。それからというもの、小谷は、北祥産業の事務所にたびたび顔を見せるようになった。

平成元年一月早々、小谷は、石井を後ろ盾とすることを決心した。

石井に申し出た。

「わたしも、これまでよその組のひとの手助けを借りたこともありますが、これからは、石井会長だけを頼ることにいたします」

石井は、鷹揚にうなずいた。

「ああ、いいですよ。なんなりとご相談ください」

しかし、その国際航業に絡み、小谷は、住吉会音羽一家に命を狙われることになった。

というのも、国際航業の敵対的M＆Aにお手上げとなっていた小谷は、昭和六十三年一月に公認会計士の北見義郎に、次の手を打ってくれるように頼んだ。おかげで、小谷は、国際航業の敵対的M＆Aを成功させることができた。小谷は、石井を後ろ盾にしたので、北見に対し、国際航業買い占めから手を引くことを頼んだ。

しかし、その報酬について揉めた。

北見は、要求した。

「わかった。手を引くかわりに、手切れ金として三十億円ほしい」

石井は、小谷を狙う住吉会との間に入った。間に入ったのは、稲川会系佃政一家六代目の富山正一であった。いっぽう、富山の若い衆が、小谷の家に寝泊まりして護衛した。

北見が要求する額を、手切れ金として、北見が要求する三十億円を渡すことで手が打たれた。

ただし、小谷は、そのようなことで恩義を感じる人間ではなかった。

平成元年四月に入り、石井と小谷が北祥産業で会ったとき、石井は、つとめて物静かな口調で言った。

「岩間カントリークラブの会員資格保証金の協力を、していただけませんか」

小谷は、石井の頼みとあって引き受けた。

「それでは、協力させていただきましょう」

しかし、小谷は、石井に言った。

「ゴルフ場を経営するのに、三百九十億円ほどでは足りません。二千億円くらいないといけません」

そう言ってから、自信たっぷりに見栄を切った。

「わたしが、稼いでもってきますよ」

小谷は、のちに、蛇の目ミシンを恐喝して七十億円を出させる……。

小谷は、仕手戦の腕はだれにもひけをとらなかった。石井は、その小谷のアドバイスを受けて、アマノなどの株式を買った。三百円から四百円ほどで買ったものが、一千円ほどになった。そのおかげで、数億円の利益を得たらしい。

パナマの暴れん坊ノリエガ国家元首

石井は、メキシコのアカプルコに出かけた。まずカナダのバンクーバーに飛んだ。アメリカで乗り換えれば、時間的にも短縮できるのだが、暴力団は、アメリカに入国を許されない。飛行機の乗り換えのために一時的に降りることすら許されなかった。

なぜ、アカプルコだったのか。

石井の秘書の川瀬章にはわからない。アカプルコでは、どこに行くわけでもなく滞在期間中はずっとゴルフを楽しむだけであった。

石井のゴルフの腕は、ハーフを四十台でまわった。といっても、石井には常にレッスンプロがついている。それも、ドライバー、アイアン、パット、それぞれのプロがいる。

プロたちは、石井に打ち方を教えるのはもちろんだが、石井が一打打つたびにボールが飛んだ方向へと急ぐ。ボールを見つけると、芝生を捻《ねじ》って束ね、そのうえに石井のボールを乗せた。ティーショットを打つように、打ちやすくしていた。彼らは、石井につけば、ひとり百万円はもらえた。

しかし、それからというもの、石井は、たびたびアカプルコを中心に中南米に出かけた。その際には、兄貴分の井上喜人の破門を止めるために落とした痕が残る左手の小指にはサックがつけられていた。

ところが、それまですべての段取りを仕切っていた稲川会の秘書が亡くなった。

川瀬は、石井に言われた。

「今度の旅行は、おまえが幹事をやれ」

川瀬は、石井に訊いた。

「会長、予算はどのくらいでしょうか？」

「とにかく、いくらかかってもいいから、とにかく楽しませろ。おまえが、ちゃんと予定を組め」

まずは、ブラジルのリオのカーニバルであった。サンバカーニバルは、メイン会場にスタンドがつくってある。三十人ほどが座れるくらいのワンブロックを、毎年借り切る。サンバを踊るのが真下に見える上席である。たいていは、三カ月前には取れるわけがない。だれもが、よりよい席で見たいと、一年前から予約しているからである。

しかし、川瀬は、稲川会と親しい青木建設の伝を使って取った。そのかわり、代金はひとりあたり二十万円、つまり六百万円もかかった。

石井が海外に出かけるときには、川瀬らがあらかじめ、二週間ほど前に現地に入ることになった。どこに行くか、視察をふくめてすべて決めていく。

石井は言っていた。

「日本と同じようなことができて、暖かで、ゴルフができて、海のきれいなところへ連れて行ってくれ」

百人乗りを三十人乗りに改装したボーイング727でブラジル入りした。石井、当時稲川会本部長であった稲川裕紘、若い衆だけでなく、板前やコックも連れていた。青木建設の社長秘書も同行することもあった。

現地に着いたら着いたで、川瀬は、常に石井の意向を訊いておかなくてはならない。

「今日は天気がいいので、ゴルフにしましょうか。船で、クルージングにしましょうか」

石井が言う。

「そうだな。じゃあ、船に乗ろうか」

川瀬は、その時点で、ゴルフ場にはキャンセル料を払ってキャンセルを入れる。先を読んで、あらかじめ、船とゴルフ場と、両方の予約を入れておくのである。とにかく粗相《そそう》のないように細かいところにまで神経を配った。

川瀬が気を配るのは、石井だけではなかった。本部長である稲川裕紘にも気を配った。

川瀬がひと息をつけたのは、バンクーバーにもどってからであった。

石井から言われた。

「ご苦労さんだったな」

そのひと言がどれほどうれしかったことか。しかし、あまりにも神経を使ったせいなのか、帰国してから、髪の毛がぼろぼろと抜け落ちた。ちなみに、そのときの旅行だけで三億円もかかった。

その後も、石井は、稲川会の若い衆を引き連れてカリブ海のあたりに毎年のように出かけた。

あるときには、川瀬は、小佐野賢治の秘書から、機内食を旅客機に納入する業者の社長を紹介してもらった。その社長がいっしょであれば、税関でもフリーパスになる。おかげで、やくざ者は入れないはずのロサンゼルス経由で行けることになった。

さらには、米、肉、海苔、そばから干物といった食糧だけでなく、カジノで使う資金も、いくらでも持ちこむことができた。

石井は、川瀬に言っていた。

「どうしても、アメリカに行きたいな」

川瀬は、やはり機内食を旅客機に納入する業者の社長に、石井と稲川裕紘がアメリカに入国できないものか、頼んでみた。

「ラスベガスへ一週間から二週間、なんとかならないですか」

社長は、いろいろと手を尽くしてくれた。

石井だけならば、なんとか誤魔化すことができた。「石井隆匡」という名前は、日本人では多くいるからである。コンピュータ的に誤魔化しが利く。だが、さすがに、「稲川裕紘」はいない。ふたりでの入国は、むずかしそうであった。

それよりもなによりも、稲川会の幹部たちが、石井と稲川裕紘がふたりで海外に出ることには反対していた。

「万が一、飛行機が墜ちたら、どうする？　ふたりも大物を失うことになる」

稲川総裁が、その声を抑えていた。

「もしもそのようなことがあったら、おれがいるから大丈夫だ」

石井は、パナマの国家元首であるマヌエル・アントニオ・ノリエガ・モレノに会いに出かけたこともあった。

ノリエガは、一九四〇年（昭和十五年）二月十一日、パナマ市内のスラム街に生まれた。五歳に里子に出された。精神科医をめざしてパナマ大学に入学したが進路を変更。ペルーの陸軍士官学校を経て、一九六二年（昭和三十七年）、パナマ国家警備隊に中尉で入隊、後の最高権力者オマール・トリホス将軍と出会う。一九六八年（昭和四十三年）のクーデターでトリホス将軍が権力を握ると、その後押しで参謀本部情報部長に抜擢される。一九七〇年（昭和四十五年）には、情報機関Ｇ２の司令官に就任。権力基盤を固め、犯罪捜査、税関、出入国管理などを事実上支配し、国内の表裏の情報に通じた。

一九八一年（昭和五十六年）にトリホス将軍が飛行機事故で死去した後、参謀総長に就任した。一九八三年（昭和五十八年）、国軍最高司令官・将軍に就任。総数一万五千人と言われるパナマ国家警備隊を率いて、すべての権力を掌握した。一九八八年（昭和六十三年）十二月、政府主席に任命されて名実ともに最高実力者となる。その直後の十二月二十日、米軍の軍事侵攻にあい、パナマ市内のバチカン大使館に政治亡命を申請したが、一九九〇年（平成二年）一月三日米軍に投降した。米司法当局に身柄を拘束された。

石井らは、ノリエガの専用機に乗り、ノリエガがいるところまで飛んだ。稲川会が親しい青木建設が、ノリエガに気に入られ、パナマでよく開発事業をしていた。その関係で、ふたりの会談が実現したのである。

その際、石井は、一億円もの献金をノリエガに渡した。

石井が、ノリエガと会っている間、待っていた川瀬らのもとには、二十人のコールガールがやってきた。待っている間、楽しんでいてほしいとのノリエガからの配慮であった。ひとりに一人のコールガールがついた。

だが、川瀬ら数人は、パナマに入る前に、ブラジルでぞんぶんに楽しんでいた。さすがに腰が立たない。それでも、ノリエガの好意を無にするわけにもいかない。川瀬ら数人は、コールガールの相手をした。

たびたび中南米をおとずれたことや、創価学会会長の池田大作とも親交が深いノリエガとも会ったりしたことで、石井は、警察から眼をつけられたりした。

のちに川瀬が東広ファイナンス社長をつとめているときに、川瀬宛てに、ある大手新聞の記者から電話が入った。この記者は訊いてきた。

「この前、××議員といっしょに海外に行っていませんでしたか」

記者は、大臣経験がありながらも、あまりいい噂を聞かないひとりの議員の名前を出した。

川瀬は否定した。

「いえ、そんなことはありません」

ブラジル、パナマ、メキシコとたびたび行っているのである。石井らが、麻薬取引をしているのではないかとあきらかに疑われていた。

石井は、さすがに憤慨していた。

「ふざけるな。そんなことを、するわけないじゃないか！」

石井は、大麻や麻薬、覚醒剤の類をあつかうことを極端に嫌っていた。

ブッシュ元大統領の兄と手を組む

昭和六十三年、ラスベガスでカジノを経営しているジョージ・オレイヤというマフィアが、ニューヨークで五大ファミリーに数えられるマフィアのひとつのナンバー2を日本に連れてきた。

石井と同年代らしく、いかつい顔をした男であった。

石井は、日本で最高の果物屋を営んでいる万惣が経営する千代田区神田須田町のフレンチレストラン

「サロン・ド・万惣　サンク」に、その幹部夫婦を招待した。そのレストランは、金丸信から紹介されたのであった。

ふたりは、とめどもない話に花を咲かせた。

その幹部は、組んでいるシンジケートを通じて、石井に頼んだ。

「アメリカのダイヤモンドをあなたの知っている会社に入れてほしい」

しかし、石井の知っている会社は、ベルギー産出の質の高いダイヤモンドを入れていた。そのため取引は成立しなかった。

その幹部は、一週間ほど日本に滞在した。さまざまなところに招待もした。


昭和六十三年、ニューヨークに拠点を置くマフィア一家のナンバー２が来日し、石井と会った。

川瀬は、稲川会傘下の二人の組長とともに接待役となった。

ナンバー２は、背が低いながらも、葉巻をくわえる姿はいかにもマフィアという雰囲気を醸し出していた。

川瀬は、接待でも、夜の接待係であった。マフィア幹部と夜を過ごしてもいいという女性を探した。六本木まで出かけて探した。

これと思う女性に声をかけた。マフィアの幹部という身分まで明かさなかったものの、日本にはじめておとずれる外国人だということだけは話した。

川瀬の眼に狂いはなかった。マフィア幹部と夜を過ごしてもいいといったその女性は、その当日、なんと着物を着てあらわれた。川瀬はそのようなことはひと言も頼んでいなかったのにである。さらに、英語の会話集をもってきた。

マフィアの幹部も、よろこんだ。翌朝、その女性と一夜を過ごした幹部は、川瀬の顔を見るなり、よろこびにあふれる表情で抱擁してきた。

「おまえは、おれのともだちだ」

その幹部は、日本が気に入ったらしい。翌年にも来日した。そのときには、妻と息子も連れてきていた。石井をはじめ、日本の暴力団はアメリカに入ることはとてもできないのに、なぜかアメリカのマフィアが入れる。川瀬は疑問に思った。

楽しそうに過ごしていたマフィアの幹部が、ふと漏らした。

「息子は、マフィアにはなれないんだ」

彼によれば、マフィアには純然たるイタリア人の血を引く者しかなれないらしい。その幹部の妻は、アイルランド人であった。

元号が平成に代わって間もなく、川瀬は、石井とともにカナダのバンクーバーに旅行に出た。その宿泊先に、日本から国際電話が入った。稲川会の大幹部からであった。

「ブルネイの王様が、日本に来ている。お相手を、十人ほど用意してください。ひとりにつき百万円を出すそうです」

国の儀式としておこなわれる昭和天皇の葬儀、大喪の礼が、平成元年二月二十四日、日本ではおこなわれていた。ブルネイ王は、大喪の礼に出席するために来日していた。そこで、大口の顧客であるブルネイ王を接待したいから相手をする女性をそろえてほしいと、ある大手の証券会社が頼みこんできたらしい。

川瀬は、ＡＶ女優を抱える芸能プロダクション社長に電話を入れた。

「あなたのところで、そろえてほしい」

ひとり百万円であれば、芸能プロダクションはその半分をはねる。十人をそろえれば、五百万円にもなるのである。その社長は、すぐさま、そのころ人気絶頂にあったＡＶ女優をはじめ、ブルネイ王の宿泊しているホテルに差し向けた。

川瀬は、その場にいなかったので、自分には一銭も入らなかった。あとで聞いたところでは、人気絶頂のＡＶ女優などのきれいどころに相手をしてもらったのはブルネイ王ではなく、まわりの秘書たちだったという。ブルネイ王には、華やかさには欠けた女優があてがわれたらしい。それでも、ブルネイ王はひどくよろこんでいたという。

昭和六十三年十月、大柳一平（仮名）は、ニューヨーク時代の旧《ふる》い友人の宝石商から連絡を受けた。

「今度、大統領になるブッシュのお兄さんに、一度会ってみないか。きみのビジネスセンスだったら、絶対に合うから」

宝石商の言うとおり、ジョージ・Ｈ・Ｗ・ブッシュが、一九八八年（昭和六十三年）十一月の大統領選を勝ち、第四十一代大統領に就任することが決まった。

そのブッシュの兄であるプレスコット・ブッシュは、弟が大統領に就任するのを機に、ニューヨークに不動産会社「プレスコット・ブッシュアンドカンパニー」を設立。コンサルタントをはじめていた。

大柳は、友人に言った。

「じゃあ、会う手はずが整ったら、連絡をくれ」

友人からの連絡は早かった。

「三日後に、ニューヨークで会うことになった」

「了解した」

大柳は、スポンサー同伴で渡米しようと考え、親しくしている北祥産業社長室の棚橋克介に相談した。

「話が大きすぎて、わたしの一存では決めかねる。社長と会って、話をしてくれないか」

十二月初め、棚橋の口利きで庄司と大柳との話し合いがもたれた。話し合いは、北祥産業四階にある北祥産業社長室でおこなわれた。

大柳から一連の説明を受けた庄司は、信用できかねるとつっぱねた。

「そんなうまい話が、一面識もない者のところに転がりこんで来るわけがない。とにかく、わたしは、いっしょにアメリカに行く気はないよ」

大柳は、あわてて説得した。

「わかりました。わたしが渡米して、かならずプレスコット・ブッシュに会った証拠を持ち帰ります。商談の糸口を見つけてきます」

大柳は、庄司から、渡米費用として百五十万円を受け取った。

大柳は、すぐさまニューヨークへと飛んだ。共同経営者であったサムも誘って、ブッシュの兄プレスコット・ブッシュとホテルのレストランで会った。

顔は弟とそっくりで、彼からは、「毅然とした」という表現がぴったりする雰囲気が漂っていた。ただ、その日は、ビジネスの話はほとんどなかった。たがいに顔合わせのつもりだった。

仕事の話は、翌日の午後。プレスコット・ブッシュが、ニューヨークのレキシントンに開いたオフィスであった。

プレスコット・ブッシュは言った。

「今度、さまざまなコンサルタントをはじめるにあたって、大柳とパートナーシップを組みたい」

大柳にも、異存はなかった。

「いいでしょう。しかし、組むとすれば、フィフティ・フィフティでいこう。利益は折半だ」

「えっ！」

プレスコット・ブッシュは、ややおどろいた表情を見せた。

しかし、大柳はかまわなかった。

「それが嫌なら、この話は終わりだ」

大柳は、あらかじめ弁護士が書いた契約書を渡した。それを指し示しながら、もう一度話した。

「あくまでも、パートナーシップはフィフティ・フィフティだ。もしＯＫならば、今日七時にディナーを予約してあるから、そこに奥さんと来てほしい。もし来ない場合には、この話はなかったことにしよう」

大柳は、わずか五分で、プレスコット・ブッシュのオフィスを出た。

おそらく、プレスコット・ブッシュの肚は、煮えくりかえるほどだったにちがいない。

〈この野郎、舐めやがって……〉

しかし、大柳は、かまわなかった。指定したレストランに、午後六時五十分に入った。

大柳は、サム、弁護士とともに話した。

「来るかな」

大柳が席についてから八分ほど。

プレスコット・ブッシュがあらわれた。それも、妻をともなってであった。契約内容を、了承したのである。

大柳は、その場で、正式な契約書を交わした。

一カ月後に、日本での再会を約束して別れた。

大柳は、日本に帰国してから、庄司と会った。

庄司が訊いた。

「一平さん、どこに行っていたの？」

「ニューヨークだよ。今度大統領に就任するブッシュの兄貴と会っていたんだ」

大柳は、そう話してから、プレスコット・ブッシュとともに撮った写真を庄司に見せた。

庄司が感心した。

「さすが、兄弟だな。ジョージ・ブッシュによく似ている」

大柳は、プレスコット・ブッシュと話したことを詳しく庄司に伝えた。話を進めれば進めるほど、庄司の眼の色が、らんらんと輝きが増すのが、大柳にもわかった。

庄司は、直感的に、好機だと思った。

日本では、北祥産業イコール稲川会との評価があり、ビジネスを広げるには限界があった。そんなおり、森ビル、三菱地所、三井不動産といった日本のデベロッパーが、アメリカの土地の買い占めをはじめていた。この流れに乗れば、北祥産業もかなりの成果を上げられる。そのためにも、大柳ならば、アメリカ進出に大きなテコになるとも考えた。

そのいっぽうで、庄司は思っていた。

〈それも、信之さんがアメリカで成果をあげたとなれば、会長も、父親として安心するだろう〉

石井には、ふたりの子供がいた。ひとりは女の子で、もうひとりは男で信之といった。

石井は、稲川には献身的に仕えたが、自分の息子に対しては、甘やかさず、厳しくあたっていた。

信之は、昭和四十二年に石井が設立した横須賀にある土建業の巽産業を経営していた。石井の息子が、経営者としてどこまでの業績を上げていたのか、庄司にはわからない。石井との関わりで、国際興業オーナーの小佐野賢治からも仕事をもらったこともあるらしい。稲川会初代会長の稲川聖城は、小佐野賢治とは、児玉誉士夫の紹介で知り会ったという。

石井は、そのつてもあって、小佐野から巽産業に、小佐野が力を持っていた青森や秋田での仕事をもらったことがあった。

しかし、石井はぼやいていたことがあった。

「たいした仕事を、くれないよな。小佐野さんもケチだから」

石井から息子の信之が受け継いだ巽産業は、このころは、石井も、宮本廣志も手を引いていた。信之は、仕事に打ちこんでいるとはいえなかった。

信之は、それほど経営手腕があるとは思えなかった。それでも、長男をもり立てるのも、石井の番頭である自分の役割だと庄司は思っていた。

平成元年三月八日夕方、プレスコット・ブッシュが来日した。ソ連（現・ロシア）、東欧、中国とまわって韓国に滞在していたプレスコット・ブッシュを、大柳がソウルまで迎えに行き、連れてきたのだった。

大柳は、プレスコット・ブッシュと、東京都港区のホテルオークラに直行した。六階にある中華料理店「桃花林」で夕食をともにした。

その席には、庄司と、北祥産業社長室長の棚橋克介、さらに、北東開発、ユートピア修善寺両社の代表取締役で東京佐川急便常務取締役の早乙女潤が同席していた。

大柳は、プレスコット・ブッシュに、庄司を紹介した。

「彼は、『日本での資金を担当する』といっているが、どうだろうか」

ブッシュは、にんまりした。

「それは、ありがたい」

「そうか。それでは、そのような方向で話を進めることにする。で、あなたのビジネスプランはわかった。こっちにも、そのプランを練り直させる時間をください」

大柳は、庄司らに言った。

「自分は英語ができる。海外の窓口になります。みんなは、資金をつくっていただきたい」

五人は、事業計画や資金面の話など三時間にわたり会談をおこなった。

大柳は、ニューヨークに、「ロックランドディベロップメント社」を設立、開発計画を進めた。

ある日、大柳のもとに庄司から電話が入った。

「一平ちゃん、ちょっと悪いんだけど、うちの会社に来てくれる？」

大柳は、それまで庄司が経営する北祥産業に行ったことがなかった。不動産ブームで急成長した証として、麹町四丁目の紀尾井坂の途中に、北祥産業が入っている北祥ビルはあった。北祥産業は、その四階にあった。

しかし、通されたのは三階の一室であった。

大柳は、おどろいた。

「あれ、どういうことですか？」

大柳の目の前には、のちに稲川会三代目会長となる稲川裕紘がいるではないか。大柳は、幼いころに、しょっちゅう横須賀から熱海に潜りに出かけた。その際、海に潜りに来ていた稲川裕紘と顔見知りとなっていた。

稲川は言った。

「庄司から、一平ちゃんの話を聞くとは思わなかったから、びっくりしたんだよ。よろしく頼むよ」

大柳は、庄司と稲川会とのつながりをまったく聞かされていなかった。詳しいことを聞けないまま、今度は、五階にのぼった。そこには、会長室があった。

会長とは、稲川会二代目会長の石井隆匡であった。その部屋には、石井がいた。

石井は、大柳が抱いていた、いわゆるやくざの親分の印象とはちがった。やくざの匂いを消しているのか、まさに、カタギの初老の男を見ているようであった。

石井は、おだやかな語り口で、大柳に話しかけた。

「庄司から話は聞いた。われわれは、ご存知の通りの稼業だけど、だからこそ、黒子に徹するんだ。よろしく頼みますよ」

そう言ってから、つづけた。

「資金のことは、一切心配しなくていいから、社長とよく相談して進めてください」

「そうですか、ありがとうございます」

大柳にとって、正直、稲川会とつながることに不安がないわけではなかったが、大柳は、庄司と仕事を進めた。

庄司も、三カ月に一度はかならず来日するプレスコット・ブッシュのことは接待しつづけた。

ブッシュとすれば、いわゆる、打ち出の小槌のところに来ないわけはない。

庄司は、ブッシュを、佐川急便東京本社に連れて行き、渡辺社長にも会わせている。

庄司は、ブッシュを、中央区銀座五丁目にある天ぷら料理の店「天一」で接待した。

庄司は、石井の息子を、北祥産業の専務に就任させた。アメリカ進出にむけての準備であった。

石井は、あえて話さずとも、そんな庄司の肚を理解していた。よろこんで自分のポケットマネーから資金を出した。庄司は、八億五千万円の小切手を石井から受け取った。この資金の大半は、岩間開発から流れたものだといわれている。平成元年六月末で、八億円が、稲川会系金融会社「東広ファイナンス」を経由して、石井の銀行口座に入った。

庄司の肚は、石井の他にはわからなかった。北祥産業にいる三十人からの社員には、庄司が私腹を肥やしているかのように見られていたかもしれない。

〈勝手にアメリカに資金を持っていって〉

そう見ている社員たちもいたにちがいなかった。

しかし、石井は、庄司に言った。

「社長、おれは、どこでどうまちがって御用になるかもしれない。しかし、おれに御用はあっても、社長にはまちがっても御用はないから安心して。社長が御用になることは、まったくないことだから」

その言葉は、庄司にとってありがたかった。

四月中旬、ニューヨークのプレスコット・ブッシュから、大柳のもとに情報がもたらされた。

「情報は、ふたつある。ひとつは、米国企業の株式を買っておけば、いずれ値上がりしていい儲けになる。格好の会社が、二、三社ある。もうひとつは、競売に出ている掘り出し物の土地がある。広さといい、地理といい、ゴルフ場に最適だとおもわれる。いずれにせよ、リストを送るので検討されたし」

大柳は、庄司と協議した。

その結果、資金を送られた大柳の経営するウエスト通商、北祥産業は、平成元年四月にはテキサス州にあるソフトウェア会社「カンタム・アクセス」を三百八十万ドル（約五億四百五十万円）で買収した。

ウエスト通商、北祥産業は、プレスコット・ブッシュに、仲介料として二十万ドルを支払ったという。

なお、この「カンタム・アクセス」株購入に際して、アメリカの土地購入目的で送金済みの三百万ドルを大蔵大臣に届けず、株購入費に充てた。これが、のちに外為法違反の容疑がかけられることになる。

さらに、ウエスト通商、北祥産業は、平成元年六月、ニューヨークの金融会社「アミフス」を、五百万ドル（約七億二千三百万円）で買収した。その買収額のほぼ半分は、プレスコット・ブッシュと、彼の経営する企業は、株価保証として回収を保証していたケースもあった。

石井の側近は、アメリカでの動きについては、なにも報《しら》されていなかった。

「彼に言うと、反対されるから」

たしかに、彼らは、そのことを事前に報されていればなんとしても止めにかかった。しかも、外為法違反を冒すような真似はさせなかった。ひとつまちがえば、石井が逮捕されることにつながるからである。

第6章 経済界進出

不動産とゴルフ場経営

平成元年春、大柳は、稲川裕紘からもちかけられていた。

「一平ちゃん、韓国に土地を買いたいんだが」

「そうですか、韓国ならいくらでも知り合いがいるので当たってみますか」

「そうしてくれ」

大柳は、知り合いから情報を集めた。韓国忠清南道《ちゅうせいなんどう》天案川内に、約二万平方メートルもある土地が見つかった。工業団地用地で、高速鉄道が通る駅前だという。現地の仲介者から言われた。

「購入資金として、三億円を用意してほしい」

庄司は、大柳から相談された。あらためて、庄司から、稲川裕紘に話した。

「どうしても三億円くらい、資金がほしいらしいですよ」

「社長がいいと思うのなら、やってやれよ」

稲川裕紘は、気軽に了解した。

庄司は、このように自分ひとりの判断で、資金を動かすことはほとんどなかった。かならず、石井か、稲川裕紘に相談をして了解をとっていた。

大柳は、庄司が用意した三億円を小切手で用意した。平成元年七月、運転手に韓国まで持たせた。この小切手をめぐり、のちに思ってもみないことになるとは大柳は思ってもみなかった……。

平成元年四月上旬、ソウル市郊外の丘陵地約五千坪を一億九千五百万円で買収した。

大柳と庄司は、平成元年六月三十日から平成二年六月二十二日にかけて、アメリカへ十四億一千五百万円、韓国へ一億七千万円の送金をおこなった。

平成元年六月二十九日、石井は、庄司に、住友銀行（現・三井住友銀行）新橋支店振り出しの、額面八億五千万円の小切手を手渡した。

名目は個人的な貸付金ということであったが、実際には海外投資金の一部に使われた。

大柳が韓国に持ち出した小切手の一部が国内に還流し、韓国人名で取り立てに出ていた。大柳によれば、韓国忠清南道天安市内の工業団地用の土地約二万平方メートルを購入するため、当時の韓国人の妻と二人で小切手を空路で持ち出し、現地の地下銀行（ブラックマーケット）でウォン貨に換金、取得した土地を妻名義で登記していたことがわかった。

大柳が小切手を持ち出したのは平成元年五月十九日と七月四日の二回で、計百通、額面合計一億七千万円にのぼった。

大柳は調べに対し、小切手の不正持ち出しを認め、不動産投資などで共同事業を手掛けたことがある北祥産業の紹介で、土地購入資金の提供者を見つけ、二億五千万円を借りたと説明。この際、庄司社長が保証人となり、オリンピック後の好景気で地価が急騰している韓国で土地転がしを行い、双方で利益を配分しあう約束をしていたという。

北祥産業がウエスト通商に数億円を融資していたのは、稲川会による東急電鉄株の買い占めと同じ元年で、兵庫県警は株や土地投機を新たな資金源として求めたのではないかとの見方を強めている。

岩間開発代表取締役田辺良は、岩間開発が受けた北祥産業からの借入を返済し、石井との関係を断とうとした。

ところが、平成元年、石井と親しい川崎定徳社長の佐藤茂が、岩間開発代表取締役に就任した。田辺良とともに、岩間開発はふたりの代表取締役体制になった。同時に石井の側近である大場俊夫が監査役に就任した。

それとともに、岩間開発は、三千万円の資本金を第三者割り当て増資で八千万円に増資した。新規に発行した一千株のうち六百株は石井隆匡がオーナーの天祥、残りの四百株は佐藤茂が引き受けた。この時点で、天祥が岩間開発の筆頭株主となり、石井が岩間カントリークラブの事実上のオーナーとなった。

土地買収、地元説明会には、田辺とともに、地元茨城県出身である佐藤も足を運んだ。

岩間カントリークラブを、石井へ売却することは、佐藤茂と住友銀行の間ですでに決まっていた。それが、平和相互銀行合併の、石井への成功報酬であった。

石井は、北祥産業社長の庄司、腹心の経営コンサルタントである大場俊夫を呼びつけた。

「岩間カントリーは、パブリックでオープンする予定だ。したがって、会員権は発行できない。そこで、会員権に変わるものとして、会員資格預かり証を発行する。将来、岩間カントリーがメンバーシップコースになったときに、会員権を優先的に取得できるという名目で、金を集める。その金を使って、株でひと勝負だ」

岩間カントリークラブの開発は順調に進み、昭和六十三年三月には茨城県が最終承認し、ゴルフ場はいつでもオープン可能になっていた。残るは、クラブハウスを完成させるのみで、プレイするには、なんの支障もなかった。会員資格保証金を支払えば、のちに会員権を発行されて会員となることができる。ゴルフ場としては、開発前に資金を集めることができる。会員権を発行することになっているので、詐欺にもならない。

石井は平成元年一月、従来北東開発が所有していた岩間開発の全株式を、自身が支配する会社の持株会社である天祥に移行させていた。岩間カントリークラブは、石井のものとなった。

一月三十一日、旧平和相互銀行の筆頭株主で川崎定徳社長の佐藤茂が、岩間開発の代表取締役についた。田辺良とともに、岩間開発の石井の側近である、大場俊夫が監査役に就任した。

二月六日、岩間開発は、株式一千六百株、資本金八千万円の増資を決定した。

三月二十四日、増資分一千株のうち、天祥にわたり、四百株は佐藤が所有した。佐藤が共同株主に復帰したかたちとなった。

会員権は、平成元年一月、岩間開発社長に就任した佐藤茂の名前で発行された。一口四千万円で、九百五十口が発行された。

石井の指示を受けて会員資格保証名目で集金に乗り出した大場と庄司は、四月から八月までの間に十二社一個人から総額三百八十四億円をかき集めた。

内訳は、一口四千万円で、発行総数が九百六十枚。東京佐川急便が、二百口八十億円。小谷光浩の光進グループの「ケー・エス・ジー」が、百七十五口七十億円。

なお、光進グループの百七十五口の購入は、光進代表の小谷光浩が、親交のあった石井の要求に応じたものであった。蛇の目ミシン工業から脅し取った約三百億円から出資したものであった。

「青木建設」が、百二十五口五十億円。安達学園を経営する安達建之助の安達グループの「エメラルドグリーンクラブ」、「日本オーナーズクラブ」、「日本オーナーズホテル」三社で、合計百二十五口五十億円。加藤暠の誠備グループの「東成商事」、「宝山」の二社で計七十五口三十億円。野村證券系列の「平成ファイナンス」が、五十口二十億円、日興証券系列の「グリーンサービス」が、五十口二十億円。さらに、個人として佐藤茂が七十五口三十億円を支出した。

この会員資格保証金預かり証発行に際し、佐川急便幹部と有力財界人が、「しかるべきときに岩間の預かり証はすべて買い取る」との趣旨の確約書を交わしていたという。

集めた三百八十四億円は、百億円はゴルフ場工事費、百六十億円は東急電鉄株購入資金、百二十億円は石井の関連企業に流れたという。

岩間カントリークラブの「会員資格保証金預かり証」と引き換えに五十億円を支払っていた「青木建

設」が、庄司の紹介で「東京佐川急便」の子会社「ユートピア修善寺」が進めていた静岡県のレジャー施設の工事を〝見返り受注〟していた。その子会社の社長は、東京佐川急便前常務の早乙女潤であった。そのレジャー施設は、ゴルフ場やスポーツセンター、ホテルなどを備えた大型プロジェクトであった。総工費は数百億円といわれたが、青木建設は庄司の紹介によりこの工事をすんなりと受注できたという。

ウエスト通商社長の大柳一平に、プレスコット・ブッシュが提案してきた。

「つぎには、不動産を購入しよう」

大柳は、あまり乗り気になれなかった。

「ニューヨークの不動産を、いま買ってもしかたないだろう」

そのころから、三菱地所をはじめとする日本企業が、ニューヨークの不動産を購入しはじめていた。

そのおかげで、日本企業は、不動産が好きだとアメリカのひとたちから思われるようになっていた。

土地を買う、買わないの議論をつづけるうちに、大柳は、思い立った。

「それなら、ゴルフ場をつくりましょう」

大柳は、ウエスト通商の現地法人「ロックランドディベロップメント」を設立した。みずからが代表取締役社長に就任した。利益は折半であった。

大柳は、ニューヨーク近辺にあるゴルフ場になりそうな用地をいくつか見てまわった。そのうちのひとつ、マンハッタンからおよそ三十分のところにある用地は、打ってつけだった。クラブハウスをつくる場所はかなり標高が高く、マンハッタンが一望の下にあった。

一番ホールは、グリーンを下に見て打つ、いわゆる、打ち下ろしであった。それをはじめ、なかなかおもしろく豪快なゴルフ場にできそうであった。

大柳は、提案した。

「設計は、ゲーリー・プレーヤーに頼もう」

ゲーリー・プレーヤーは、南アフリカ・ヨハネスブルグ出身のプロゴルファーで、メジャー大会九勝を挙げた。世界四大メジャー大会を制した「キャリア・グランドスラム」の、男子ゴルフ史上、三人目の達成者となった。

ゲーリー・プレーヤーは、その場所を、一度歩いてまわると、自信に満ちあふれた表情を見せた。

「これは、いいゴルフ場ができる」

大柳は決めた。

「よし、では、ここを買おう」

その約六十五万平方メートル、東京ドーム五十個分の土地は、ニューヨーク州の裁判所競売物件であった。

競売の当日、日本にいる大柳は、電話をつないだまま、競売会場にいるサムに指示を出した。

「いま、いくらだ」

「××ドル」

「よし、まだ行け！」

「コンペーターは、あと、何人残っているか」

「あと、三人だ」

「ここまで、値段が上がったら行け！」

大柳は、一千百万ドルで、その物件を落とした。日本円にして、およそ十四億円ほどであった。

大柳は、さっそく庄司のもとをおとずれた。

「二千百万ドルで落としました。支払いは、一週間後。これを払わないと、パアになりますからね」

平成元年十一月から十二月にかけて、土地買収名目で一千五百五十万ドルを送金した。一千百万ドルを支払い、あとは、ゲーリー・プレーヤーが経営するコンサルタント会社にまかせた。

大柳は、ゲーリー・プレーヤーから設計資料を見せられた。

「これで、どうでしょうか」

大柳は、正直に言った。

「おれは、素人で、見てもわからないから、日本に帰って見てもらってからコメントをもらうことにするよ」

そうすると、ゲーリー・プレーヤーが、唐突に言った。

「明日、暇かい？」

「ああ、時間はあいている」

「それなら、ゴルフをやろう」

大柳は、ゲーリー・プレーヤーとラウンドした。ニューヨークよりもやや北にあるウエストチェスター郡にあるウィングフッドという、全米オープンといった有名な大会が開かれる超一流のゴルフ場であった。一般のひとでは、なかなかプレイすることができない超一流のゴルフ場である。

ゲーリー・プレーヤーのプレイは、さすがだった。大柳にとってなんとも楽しい一日だった。

石井会長、東急電鉄の筆頭株主に

石井は、それまでの港区高輪のマンションから、世田谷区等々力に事務所を移した。十二億円で購入した百五十坪の土地に、地下一階、地上三階建ての家を建てた。間組（現・ハザマ）に依頼して建てた建築費用は、五億五千万円であった。

それ以上に資金を投じたのが、仏間であった。日立グループのＣＭで「この木なんの木、気になる木〜♪」の曲とともに出てくるような、高級な檜を使った。総檜の部屋をつくりあげた。費用は、家全体を建てる以上の六億円もかけた。

側近たちは、石井が世田谷区等々力に引っ越した後も石井邸に通った。

側近は、何年たっても、はじめの靴磨きのことを忘れず、さまざまなことに気を配って石井につかえた。そのために、石井からは信用を得た。

平成元年五月末、光進グループ代表の小谷光浩は、蛇の目ミシンの相場信夫秘書室長に電話を入れた。

「副社長に会わせたい人間がいるので、そっちに行く。副社長には、ただ座って話を聞くだけでいいからといっておいてくれ」

小谷は、昭和六十二年十二月に非常勤取締役として蛇の目ミシンに入っていた。

庄司は、小谷に言われた。

「わたしは、株の取得で蛇の目のオーナーになっている。蛇の目にいっぺん行って、岩間の会員権のことで説明してくださいよ」

小谷は、庄司と大場俊夫監査役をともなって東京・中央区京橋三丁目にある蛇の目ミシン本社をおとずれた。

用件は、建設を進めている岩間カントリーの会員権を買ってもらいたいということで、案内書パンフレットなどを置いて帰った。

蛇の目ミシンの斉藤洋副社長はゴルフ好きでなく、ゴルフ場の会員権などには関心がなかった。

斉藤副社長は、この件もよくわからないので、相場秘書室長によく調べておくように命じた。

相場秘書室長が総務部の斉藤展世部長に相談に行って、おどろくべきことがわかった。

相場は、斉藤副社長にうろたえた表情で伝えた。

「北祥産業というのは、稲川会の関連企業です。岩間カントリーは、稲川会、北祥産業が関わっているゴルフ場です。買わないほうがいいんじゃないでしょうか」

斉藤副社長は、ただちに小谷に断りの電話を入れた。

「せっかくの小谷さんの口ききですが、うちでは、岩間カントリーの会員権は……」

小谷は、「面子をつぶすのか」と、てっきり激怒するかと覚悟していた。ところが意外な反応を見せるではないか。気にするなとばかりの返事をよこした。

「あれは、うちのほうでファイナンスするからいいよ」

このことで、小谷と稲川会の関係がはっきりした。

庄司としては、表敬訪問で出かけたほどの意識しかなかった。そのために、蛇の目ミシンに、中元として、鮭を何本か贈った。これがまた、蛇の目ミシン内では問題になった。

庄司がのちに逮捕されてから警察からしつこく訊かれた鮭は、なにも、斉藤が考えたような意味はなかった。石井がいつも、毎年、知り合いから五百本ほど買ったものを贈ったにすぎない。

だが、石井や庄司らは気づかぬ間に、小谷は、石井を後ろ盾としていることを巧みに利用した。石井が実質オーナーである北祥産業社長の庄司を、蛇の目ミシン経営陣に引き合わせることも、小谷の背後に稲川会があることを匂わせるためであった。

小谷は、自分のもつ一千四百七十万株の蛇の目ミシン株を北祥産業に売却することをちらつかせることで、蛇の目ミシンを脅しあげた。

「三百億円を工面するように」

三百億円は、小谷の要請によって、八月十日と十一日の二回に分け、飛島建設の関連会社で安田正幸が社長をつとめるリゾート開発会社ナナトミから光進へ融資という形をとって送金された。

その一部である七十億円が、石井隆匡が手にしている岩間カントリークラブが発行する四千万円の会員資格保証金百七十五口分の購入費にあてられた。

石井らが集めた会員資格保証金は、小谷が仕掛けた仕手戦に投じられた。小谷の狙いは、東急電鉄株であった。

東急電鉄を中核とした東急グループは、大きな転機をむかえていた。平成元年三月二十日グループをたばねる総帥の五島昇がこの世を去った。横田二郎《よこたじろう》を中心とする集団指導体制を敷いたものの、そのことが東急グループの求心力を低下させた。

「仕手戦の寵児」とも言うべき小谷の目は、それを見逃さなかった。

東急の概要をいろいろと試算した。その不動産の実態価値は想像以上であった。宝の山ともいえた。そこから考えると、東急電鉄株というのはかなりの値打ちがある。かなりの高騰が見込めた。

そこで、小谷は、石井をはじめ、さまざまなところに買い占めをかけるように働きかけた。

石井は、平成元年四月十一日から、東急電鉄株の買い占めをはじめた。

買い占めは、「天祥」の名義でおこなわれた。北祥産業はまったく手を出さなかった。株式投資に関しては、石井自身が直接指示を出すと宣言していたからである。

買い付けをはじめた四月は買い付けシェアは全体の二五・二％、五月は二〇・五％と高いものの、全体には一日で十万から三十万程度の高い発注を数回出す程度であった。その間の価格推移は、一千六百五十円から一千七百二十円ほどで、価格形成上は、特に問題となる点は見受けられなかった。

石井に関わる東急電鉄株の買い付けは、四月から八月までの四カ月の間に、野村證券から、一千四十二万七千株、日興証券から一千四百九十七万株を買いつけた。合わせて二千五百三十九万七千株。

投資総額は四百三十億円。これまでのような現物買いを、信用決済へと変えた。

石井は、東急電鉄の筆頭株主に躍り出た。

さらに、庄司にも言った。

「十倍にして返すから、おれに金を預けろ」

石井は、庄司には、株取引はするなと口をすっぱくして止めていた。だが、自分がかかわったならいいとでも思ったのかもしれない。執拗に東急株を買うよう勧めてきた。

庄司は、石井の勧めを無下に断ることもできなかった。一億円ほど資金を出した。

石井は、庄司だけでなく、稲川裕紘にも勧めた。稲川裕紘も、五億円ほど出したという。

石井は、稲川裕紘と庄司に、自信たっぷりに言った。

「おれがやるから、大丈夫だ」

山口組は、竹中正久四代目組長の死後、組長は空席となっていたが、平成元年三月の幹部会で、後継の五代目組長選びを協議した。

中西一男組長代行と渡辺芳則若頭の双方が話し合って決めることを確認した。稲川会などほかの暴力団との関係にも微妙に影響する時期だったが、石井は、関係者とともに一貫して渡辺若頭を推し、最終的に、渡辺組長が誕生した。

石井は、この後継人事を通じて、山口組実力者らと友好関係を深めていた。このような経過などから、山口組幹部が、石井に対し、これまでの支援の謝礼と、今後も協力を得る目的で東急株を渡したとみている。

購入した東急電鉄株のうち、少なくとも数十万株は、山口組の最高幹部と関係者約十人から流れたといわれている。

さらに、山口組幹部の支配下にある仕手集団許永中《きょえいちゅう》グループからも、数十万。合わせて百万株以上が石井に流れたという。

許永中は、日本財界のフィクサーと呼ばれている。昭和二十二年二月、大阪市北区中津の在日韓国人地区に生まれた。昭和四十年四月、大阪工業大学に入学。柔道部で活躍するも、麻雀とパチンコに熱中し三年で中退した。不動産広告業者の秘書兼運転手として働くかたわら、経営について学んだ。

いっぽう、部落解放同盟の幹部と昵懇になり、大阪府の同和対策事業に食い込む。

また、第二次世界大戦後最大のフィクサーの一人といわれた大谷貴義《おおたにたかよし》にボディーガード兼運転手として仕え、フィクサー業の修行をした。

昭和五十年に休眠会社だった大淀建設を買収し社長に就任した。

平成初期に発覚した日本の戦後最大規模の経済不正経理事件・イトマン事件では、イトマンを利用して絵画やゴルフ場開発などの不正経理をおこなっていた。

大蔵省（現・財務省）の調査によると、東急電鉄株の売買状況は、平成元年四月から五月には野村、日興の東急株買いの大半は石井隆匡で占められ、岡三証券ではホテルニュージャパン社長の横井英樹グループも買っていたという。

このほか、（1）横井英樹グループは、買い付け二千二百六十四万一千株、売り付け二千五百七十九万二千株。（2）安達建之助グループが平成元年六月、買い付け四百八十二万株。（3）出雲物産、東成商事（いずれも旧誠備グループ）は、平成元年十月以降、買い付け六百八十四万株、売り付け五百十四万五千株。（4）富国産業（許永中関係）が平成元年十月中旬、売り付け二百十九万株、平成元年八月から九月にかけて買い付け二十八万六千株。（5）リバスター音産（東京佐川急便関係）は、平成元年八月以降、買い付け三百八十五万株、売り付け三百六十二万株。（6）尾上縫《おのうえぬい》は、平成元年十二月に買い付け九百三万株売り付けは三百万株。（7）岩崎電工、電工コーポレーションは、平成元年八月から十二月にかけて買い付け八百九十七万九千株、売り付け七百七十七万九千株などが明らかにされた。平成元年六月と九月には、東京佐川急便社長の渡辺広康名義で、合わせて五十六万五千株が買い付けられた。渡辺は、石井がオーナーである東広ファイナンスから十億円の資金を借り入れて購入したことになっていた。

だが、じつは、これは、石井の、渡辺に対する謝礼であった。北祥産業、北東開発などの借入に際し、債務保証をしてくれている渡辺に、東急電鉄株で儲けてもらおうとしたのである。しかし、もしも、石井から直接譲渡したのではさまざまな点で触りがある。

そのあたりを配慮して、資金を貸しつけて株を購入した形をとったのであった。

その後の十一月十七日に渡辺名義の東急電鉄株は売却され、売却代金の十七億四十一万五千三百三十二円は、渡辺名義でつくった通帳に預金された。渡辺の手元には、十一月二十八日に引き渡された。

さらには、平成二年三月末に、石井の依頼を受けてあらためて買い付けた七十五万株をあらためて払い戻し、十三億二千七百八十万六千五百八円を得ている。

渡辺は、そのほかにも、平成元年一月から平成四年一月にかけて、合計五億七千万円を私用で払いもどす。

その間の平成元年七月末から八月初めにかけて、石井に東急電鉄株購入を持ちかけた光進グループの小谷は、蛇の目ミシンに足繁く通っていた。

社長の森田暁、副社長の斉藤洋に、自分が買い占めた蛇の目ミシン株の高値買い取りを持ちかけるためであった。

小谷は、森田社長に光進が買い占めた一千七百万株について、「買い取りについては、蛇の目ミシンが責任を持つ」という念書を書かせた。さらに、融資という形で、三百億円を要求したのである。

このとき、小谷は、鋭い眼を光らせてすごんだ。

「わたしは、稲川さんの系列の北祥産業に出入りさせてもらっている。わたしの株は、その北祥産業に渡るかもしれません。そうなると、今度の新大株主は、北祥産業というわけだ。わたしの親しくしている暴力団は、蛇の目だけでなく、主力銀行の埼玉銀行まで駆け上がって行きますよ。断るには、金がいるんですよ」

さらに、脅しをかけた。

「斉藤さん、あんたも話を壊したということで、北祥産業に恨まれているよ。大丈夫か、気をつけたほうがいいぞ。大阪から、ヒットマンがふたり来てるんや」

数日後、小谷と親しい稲川会系の組員が、蛇の目ミシン本社社長室をおとずれた。

森田社長に、機嫌のいい顔で話しかけた。

「社長さん、小谷に融資してもらえることになったそうですな」

森田が言いかえす間もあたえず、一方的に切りあげた。

「まあ、ひとつよろしくお願いしますよ」

翌日、小谷が社長室を訪れた。小谷は、笑顔こそ見せているものの、森田にプレッシャーをあたえるように話した。

「なにかわたしの知り合いが、おじゃましたらしいですね。はやとちりしたらしいですわ」

森田は、あわてて埼玉銀行に駆けこんだ。

その結果、埼玉銀行は、八月十日、十一日に系列の「首都圏リース」に二百六十億円の融資をおこなった。首都圏リースは、四十億円を加え、蛇の目ミシン系列の「ジェー・シー・エル」に貸しつけた。

そのとき、蛇の目ミシン側は、本社の土地を担保として入れた。

ジェー・シー・エルは、即日、光進と関係が深く蛇の目ミシン元副社長の安田正幸が経営する不動産会社「ナナトミ」に二百九十六億七千四百万円を貸しつけた。この金はすべて光進に渡った。

そのうちの七十億円が、謝礼として北祥産業に渡ったといわれている。

一千億円くらいとちゃうか

石井は、証券取引をはじめた当時から、つながりのある暴力団に引き取り価格を保証し、同一銘柄を買わせて高騰させ、素早く売り抜ける手口を取っていたとの複数の証券会社の証言がある。

さらに、許永中自身は、石井前会長に数百万株の東急電鉄株を渡した山口組最高幹部を通じて許グループや別の山口組直系組長らと連絡を取りながら同じ時期に東急電鉄株の購入を勧め、株価を高騰させたうえで一部を引き取ったとみている。

北祥産業監査役は語っている。

「これまで石井前会長はすべて現金だけで取引してきた。しかし、東急電鉄株の場合はあちら側から融資の話があり、それに乗った形だ。株資金はすべて石井前会長個人です。石井会長が銘柄を選び、わたし（監査役）が株数や時期を判断した。買い注文は電話でやった。石井前会長の株の代理人みたいなものだった」

その資金のうちの約三百六十億円は、ノンバンクの日興クレジット、野村ファイナンスから融資を受けていた。日興クレジットには東急株約一千五百万株とは別に、新日鐵株百八十五万株、三井金属株百万株、青木建設株四十万株、東京ガス三十万株など九社約四百万株が担保として差し入れられていた。新日鐵、三井金属だけで約十二億円に相当ずる。

年利は、七・二％から九・五％で、野村ファイナンスに二十億二千万円、日興クレジットには二十一億五千万円の合計四十一億七千万円の利息がかかった。

利息の支払いは、稲川会横須賀一家の坂本組組長の相島功、北祥産業の監査役のふたりが、その都度、両社をおとずれ、小切手を差し入れていた。滞納されたことはなかった。

東急電鉄株は、平成元年九月末までに二千円にまで上がった。

北祥産業前監査役が証言したところによると、東急電鉄株の買い占めは、「決して仕手戦をやるつもりはなく、資産にするため」とし、「石井本人から、わたしに電話がかかり、野村證券などで百万株単位で注文したこともある」とのべた。東急が好きだったから売らなかったとも。

また、買い占め株を担保にした融資についてのべている。

「（野村、日興）両証券との話し合いのなかで借りてほしいという意向があったため、融資を受けた。株購入がらみで金融機関から融資を受けたのは東急電鉄株のケースが初めて」

さらに証言している。

「野村證券にわたし自身何度も出向き、役員クラスの人にあいさつをした。営業担当部長や株式担当部長と親交があった」

監査役の証言のつづき。

「あちらから『金はありますよ』と言ってきた。野村の場合は、社内体制がしっかりしているので、野村ファイナンスを紹介してもらった。日興の場合は、子会社のような形で、日興クレジットを紹介してもらった。野村、日興とのつきあいは十数年前から。野村側は歴代、営業担当部長が担当。株式担当の部長とも面識があった。日興も役員と親しかった。石井前会長の口座は最高で数十億円になるときもあった」

野村證券としては、石井に、東急電鉄株を売らせたくなかった。どんなに上がる株価でもいつかはかならず下がる。そのことがわかっていながら、教えなかった。石井の側近は、本音を言えば、石井に利益を上げさせたくなかったのではないかと思っている。

そんなある日、北祥産業の帰り、渋谷を通った。車外に東急百貨店本店が見えると、石井が、同乗している川瀬章に、満足げな笑みを向けた。

「川瀬、現金商売はいいぞ」

「どういうことですか」

「おれが持っている東急電鉄株と、東急百貨店を交換してもおもしろいな」

石井は、上機嫌であった。

「役員も送りこめる。だれにしようか。倅にしようかな」

石井が、どれほど本気で口にしたのか。川瀬には、推し量ることはできない。だが、いわゆる、裏社会からかけ離れた生業やビジネスに石井はあこがれに似た思いを抱いていたのかもしれない。

関係者の次のような情報もある。

「石井の狙いは、東急百貨店日本橋店の底地。ある大手証券会社がこの土地の再開発を検討しており、石井前会長が大量株取得で、東急に対する発言力を増し、この証券会社を側面から支援することになっていた」

じつは、石井は、野村證券にも、東急電鉄にも目くらましにあっていた。

石井は、野村證券に使いに行かせた。これからの運用をどうすればいいかを訊くためであった。

野村證券は、一時期は、推奨株として東急電鉄株を推していた。

担当者としては、石井が数百億円も運用しているので手数料もかなり入ってくる。しかし、野村證券全体から見れば、何万分の一、何千分の一にすぎない。

そのような石井と、東急電鉄グループを比較した場合には、やはり東急グループのほうが大事な取引先となる。

株価が二千五百円のころ、野村證券の窓口担当者とは別の担当者がやってきた。東急電鉄グループ側の意向を打診してきた。

「日本貨物急送の株を買って、本格的な実業に出られたらいかがですか？」

石井が保有する東急電鉄株と、日本貨物急送を交換しようというのである。

日本貨物急送は、昭和十九年六月一日、三浦半島一円の運送会社十一社が統合することで設立した。設立当初は横須賀運送といい、資本金は二百万円。昭和三十一年十一月に東急傘下に入った。昭和三十四年四月には、横浜西部運送、服部運送を合併し、日本貨物急送と名称変更した。資本金は、平成元年ころには、二億五千九百九十一万五千円と大きくなった。

石井は、乗り気だった。

側近に、声をはずませて言った。

「おまえは、そこの社長だからな」

さらには、野村證券担当者は、さまざまな絵を描いていたらしい。東急電鉄グループが保有するゴルフ場との株式交換も勧めてきた。

東急電鉄グループは、どうしても、石井が保有する東急電鉄株を手元にもどしたかった。株主構成で、石井隆匡名義の株があることを嫌ったのである。

株価も、小谷が申し出た二千五百円を突破し、平成元年十一月十七日には三千六十円をつけた。

しかし、頂点はそこだった。

庄司は思った。

〈小谷の勧めを素直に受け入れてさえいれば、その後の悲劇もなかった……〉

平成元年の暑い時期、石井は、千代田区の赤坂プリンスホテル新館一階のカフェテリアのソファーに身を沈めた。親しげに語っているのは、会津小鉄会長の高山登久太郎であった。

石井は、高山に訊いた。

「どのくらい持っていたら、金持ちといえるかなあ」

高山は、唐突な石井の質問に黙りこんだ。

「一千億円くらいとちゃうか」

石井は、高山の答えに納得できなかったのかもしれない。

「……もうちょっと、多いのじゃないか」

そんな石井を見て、高山は、石井は一千億円は十分にもっていると感じたという。

そのころ、石井は、競馬好きの稲川総裁に、競走馬を贈ったこともあった。稲川聖城の名前で馬主登録はできなかったので、名義を借りる形にした。

実質稲川のものとなった芦毛の競走馬は、昭和六十二年六月十日生まれ。プレクラスニーと名づけられた。ロシア語で「非常に美しい、素晴らしい」という意味である。平成二年二月二十四日、中山競馬場でデビュー。初勝利までに三戦を要した。そのプレクラスニーが本格的に力量を見せはじめたのは、デビューしてから一年経ってからである。

人生は、努力が五、ツキが九十五だ

東急電鉄株が大相場の様相を見せるのは、平成元年十月に入ってからである。八月には一千八百円割れとなった株価は徐々に上昇し、十月十八日には二千円台を回復した。

平成元年十月十七日、野村證券のひとりの役員が、東京で開かれた大口投資家向けの講演会でぶち上げた。

「東急電鉄株は、もっと上がる。年末には五千円を超える」

野村證券は、平成元年十月下旬には、東急電鉄株を「注目銘柄」として各支店で勧めるように指示が出されていた。

さらに、野村證券が営業セクションを対象に発行している「ポートフォリオウィークリー」平成元年十月三十号では、「アメニティコングロマリット」として東急電鉄株を紹介した。

「二十一世紀にむけて大きな飛躍期を迎えようとしている。土地、有価証券、ネットワークなど総資産価値に注目したい」

全面的に持ち上げたうえで、東急グループの「渋谷再開発」「総合リゾート構想」など、プロジェクトの将来性を詳細に紹介している。

さらに、「今週の注目銘柄」「紹介銘柄」のひとつとして東急電鉄を取り上げ、「ネットワーク、ブランド力などのソフト資産をくわえると資産評価は膨大」と分析している。

野村證券は、全組織を挙げて東急電鉄株に買い向かっていた。支店であつかった銘柄の五〇％以上が東急電鉄株で占めたこともあった。

平成元年十月十九日からの三日間で、三百二十の支店のうち、東急電鉄株の売買シェアが三割を超えた支店が百六十四店あった。五〇％を超えた店は百店にのぼる。

十月十九日の本店営業部にいたっては、東急電鉄株の売買シェアが全体の九〇％に達していた。

出来高三割のシェアを占める業界リーダー・野村證券が特定の銘柄を推奨すれば、他社も参入して株価は最低でも七から八％は上がるのが常識といわれている。

東急電鉄株は、石井が買い占めをはじめる平成元年四月ごろまで、東急電鉄株の一日あたりの出来高（取引高）は、百万前後であった。ところが、九月中旬には一千万株前後にはね上がった。十月中旬から十一月初旬にかけては、六千万株を超す「大商い」となった。

このころ、野村證券は、東急電鉄株約二億六千万株を買い、約二億株を売却した。

日興証券は約八千八百万株を買い、約七千九百万株を売っていた。

山一証券も、約一億五千万株を買い約一億四千万株を売る。

大和証券も、約七千四百万株を買い約六千万株を売った。

十月二十七日には、七千四百九十九万八千株の最多出来高を記録した。

そのころ、石井の家によく出入りしている宝石商の大久保が、石井に勧めた。

「早く売って、利益を確定したほうがいいですよ」

が、石井は、耳を貸さなかった。

「おれは、博打打ちだよ。仕掛け時、引き時というのは、おれのほうがわかるんだよ」

小谷から、石井に電話がかかってきたのは、そのころのことであった。等々力にある石井の事務所に向かう自動車電話であった。庄司も同乗していた。目黒ＩＣを降りたところであった。

庄司が、石井に聞いたところでは、小谷は、石井に勧めたという。

「株価は、一株あたり二千円に達しました。わたしが、あと五百円ほどプラスした額ですべて引き取ります」

そのころだけで、含み資産で五百七億円となる。もしも小谷の申し出通り、二千五百円で売却すれば約六百三十五億円となる。

庄司から見れば、石井は、投資としては十分な利ざやを得ることができる。

石井は、東急電鉄株に手を出さずに、手仕舞いが早かった。昭和六十一年から平成元年三月までの約三年間に、日興証券、野村證券を通じ、日立金属、内外製薬、三井不動産、オムロンなどの株を十万株単位で買い、株価が上がればすぐに売り抜けていた。現物買いばかりの比較的堅実な手口であった。もしも石井が小谷の勧めにしたがって、ひと株二千五百円で売却したとしても、五百億円から六百億円の利益を得ていたにちがいない。

だが、石井は、硬い表情でいる。

庄司は言った。

「いま二千円ほどの株を二千五百円で引き取ってくれるというのだから、御の字じゃないですか」

「うむ……」

「会長。兜町というものは、頭の先から尻尾まで食べるものじゃないですよ。半分食べて、あとの半分はあとの人が食べる。これが兜町の常識ですよ」

石井は、首を縦には振らなかった。

「社長。不動産は社長に任せてある。株はおれが担当しているんだから。おれに任せろ」

庄司の言葉を撥《は》ねつけた。

石井は、平成元年四月から、東急電鉄株を大量購入しはじめた。東急電鉄株の株価は、二千五百円にまで急激に伸びた。石井は、二百億円の含み益を得た。

石井のまわりの者たちは、石井に勧めた。

「いち早く利益を確定したほうがいい」

石井は、平成元年の暮れ、大分県別府市から祈祷師の松井章夫を、世田谷区等々力の事務所に招いた。護摩を焚かせて東急電鉄株の値が上がるのを祈願した。

石井は、この先どうするか、祈祷師の松井に見てもらった。このころには、占い師の阿部芳明に代わって松井が石井の運勢を診るようになっていた。

松井は、しかつめらしい表情で東急電鉄株について断言した。

「五の字が見えます」

石井は、それを、「五千円」と解釈した。

あと三千円上がる。石井は、信じきった。五千円にまでつり上がれば、含み益が、倍の四百億円になる。

石井は、実業家として、岩間カントリークラブでも、東急電鉄株でも、みごとに成功をおさめていた。金も権力も手に入れ、さすがに有頂天になっていた。

ふだんならば疑うにちがいない松井の見立てを、信じて疑わなかった。

さらに、石井のまわりにいる取り巻きが、煽り立てた。

「小谷のことだから、二千五百円で引き取っておいて、自分では、五千円で売って、もっといい思いをしようとしているにちがいない」

石井は、小谷の言葉や庄司の言葉に耳を傾けようとはしなかった。

石井は、絵画収集にも一生懸命だった。横須賀の自宅には、横須賀中の銀行ではかなわないほどの大きな金庫がそなえつけられて、その中には、数え切れないほどの美術作品がおさめてあった。

石井は、絵画のコレクションをもっと集めたかった。石井は、ゴッホ、シャガール、ルノワール、モネ、ピカソ、ローランサンの洋画だけでなく、藤田嗣治《ふじたつぐはる》などの日本の絵画を多く集めて横須賀と等々力の事務所に保管してあった。一点十数億円もするものもあった。東京プリンスの地下にある画廊を開く画商を通じて、海外の競売にも参加するほどであった。

石井は、自分のわからない分野については、かならず専門家に話を聞いた。絵の購入でも、自分では決めない。自分が気に入っている、目利きの者が「これがいいです」と勧めたものしか購入しなかった。

庄司も、つき合わされて、六億円もするシャガールの作品、ユトリロの街路樹を描いた作品を買わされたこともあった。

石井所有の絵画でもっとも高値だったのは、クロード・モネが描いたセーヌ河の橋の情景の絵であった。百二十億円だったという。絵画は、投資のための担保にもなったという。石井は、それで画商のようなことをするのではなく、美術館を開きたかったという。地元横須賀に世話になっているので、最終的には、美術館を市に寄付するつもりであったという。当時、絵画は天井がないほどの高値で売れていた。購入するためには、いくら資金があっても足りないほどであった。

石井は、絵画は、「絆堅」「宰明」の二社の名義で購入していた。自宅も「絆堅」に所有者が変更されていた。

川瀬は、ある朝、石井に言われた。

「横須賀の家で金粉が降ったというから、横須賀に行って見てこい」

川瀬は、言われるまま、横須賀の石井邸に出かけた。そこには、六角堂があり、木彫りの仏像が安置してある。石井が言うには、その仏像に金粉が降ったというのである。

川瀬は、御堂をのぞいた。

〈やっぱり、本当だ〉

安置してある仏像には、かすかにだが、細かい金粉が張り付いていた。

すると、今度は等々力の事務所にも金粉が降った。石井は、トイレの金粉を流すことを禁じたので、家の者たちは、トイレが使えずに困ったという。

川瀬が、石井邸を見てまわると、階段に、金粉が盛塩のように盛ってあった。横須賀の金粉騒動のときこそ信じたが、やはりここまで来ると、目が覚めた。祈祷師の松井章夫を疑いはじめた。

〈そんなわけ、ないだろう。理事長の言うとおりかもしれない〉

稲川裕紘理事長は、はじめから、松井のことを信じていなかった。稲川裕紘だけではない。佐川急便の佐川清も、怪しんでいたようであった。

石井は、側近に言っていた。

「人生は、努力が五、ツキが九十五だ。いくら努力しても、駄目なときは駄目なんだ」

石井自身も、松井のまやかしに勘づいていたのかもしれない。それでも、金粉が舞うことが楽しくてならなかったのか。毎月、松井に五百万円ずつを払っていた。

横須賀一家若者頭の井の上孝彦は、はじめのうちは、祈祷師の松井も、ある信じがたい力をもっていたのだと思っている。

やくざという稼業をしている石井が、どうしてあれほどまでに信心深くなれるのか、井の上は不思議でならなかった。成田山などに詣ったときには、本殿に十万円を入れる。そのまわりの稲荷神社などには一万円札を惜しみなく賽銭として入れる。さらには、毎月決まった日に出かけるお参りの日でも、行くところ行くところで一万円を賽銭として入れていた。

あれほど純粋に信心していた石井をだませる者はいない。石井が信じたのだから、松井のその能力は本物だった。

ただ、あまりにも高額な謝礼を受け取って、期待されてしまった。そのために、金粉をはじめ、さまざまなことをしはじめた。松井本来の能力が落ちたと思っている。

忍び寄る人生の暗い影

昭和六十二年十二月末には初めて日経平均株価が三万円台を記録したことに高値警戒感を抱きつつも、関係者の多くは、平成二年の前半は高値がつづくものと見通していた。ところが、その見通しに反し、市場は一気に下落した。

東急電鉄株も、平成二年二月には、むしろあきらかに下げに転じた。三月三十日には、一千五百三十円と半値にまで暴落した。祈祷師の松井の予言通りには上がらなかった。五千円にまで上がるどころか、一気に値を下げた。東急電鉄株を買った資産家たちが、これ以上は上がらないと見切っていっせいに売り抜いたのである。

石井は、東急電鉄株は、自分の名義で買っていた。事業家としてのやり方を、あくまでもおこなっていた。

株を担保とした信用買いもしていたので、東急電鉄株の株価が下がるたびに、相場の変動による損失が生じて委託保証金または委託証拠金の担保力が不足したときに、追加で預ける金銭、有価証券、いわゆる、追証を出した。

ただ、個人で株価を引き上げたり、支えたりするには限界がある。

石井は、大きな痛手を負った。それでもなお、売ろうとはしなかった。


石井は、山口組の渡辺芳則組長に次ぐナンバー2の組長をわざわざ横須賀の自宅に呼んだ。仏間に飾っている「竜の玉」という五色に輝く石をその組長に手渡して見せて言った。

「株価は、心配ないから」

組長は、東急電鉄株の値下がりを心配していたが、持株は売らないことを約束した。

東京佐川急便常務の早乙女は、北東開発、北祥産業に対する五百億円を超える東京佐川急便の債務保証に、さすがに不安を感じた。

五百億円のうち二百億円は、石井が株式取引資金に運用している。さらに、岩間カントリークラブの会員資格保証金のほとんどを、株式に投入している。

早乙女は、その事情を把握しているだけに、東急株の下落を懸念した。

早乙女は、北祥産業社長の庄司宗信を、東京佐川急便本社に呼んだ。

庄司に、強く求めた。

「東京佐川急便保証による北東開発、北祥産業の借入金の順次返済をしてもらいたい」

庄司は、自分ではどうにもできないことを話した。

「うちには、金はない。石井会長に行っている金がもどってこないことには、返済は無理だ。会長は株をやっているから、株式担当の大場に話をしてほしい」

早乙女は、ただちに大場を呼び、返済の話を切り出した。

「庄司に会ったが、株式担当のあなたと直接話をしてくれということだった。北東開発の借入金の返済を、お願いしたい……」

大場は、早乙女の話を遮った。

「まあ待て、早乙女さん。会長の意向もあることですから、待ってくださいよ」

その間、東急電鉄秩は下がるいっぽうであった。

東急電鉄株への投資は、あきらかに失敗に終わった。石井は、野村證券、日興証券の関連ノンバンクに、購入した東急電鉄株を担保として差し入れることで新たな株買い増し資金としていた。しかし、株価暴落で担保価値も急落。

平成二年三月下旬以後、追い証として、現金または有価証券の差し入れを求めた。日興クレジットには、三月二十七日と三十日の二回にわたって、合計二十五億七千九百万円相当の東急電鉄株が担保に入れられた。野村ファイナンスには、平成二年中に、四回にわたって追い証が差し入れられていた。

庄司は、そのころ、たびたび東京佐川急便社長の渡辺広康のもとをおとずれた。石井の資金繰りが悪化し、提供資金の焦げ付きが予測されていた。ここで、渡辺の債務保証を拒まれてしまえばどうにもならなくなる。北東開発への融資引き出しの名目となった茨城県の「谷田部カントリークラブ」や資金返済見通しの資料などを持ちこんで、債務保証の継続を説得するなどしていた。

石井には、焦りが生じた。抱えた負債をなんとしてでも取り返したい。そのような石井に、怪しい影が忍び寄っていた。

石井は、平成二年一月、毎年恒例のメキシコのアカプルコに旅行に出かけることになった。それを伝え聞いた占い師の阿部芳明は、石井を制した。

「アカプルコには、行ってはいけません」

しかし、石井は、阿部の忠告に耳を貸そうとはしなかった。

阿部は、なんとしても、止めにかかった。

稲川聖城総裁に訴え出てまで、石井が、アカプルコに行くのを引き留めようとした。

稲川総裁は、石井に言った。

「どうやら、アカプルコは、方角が悪いらしい。やめたほうがいいぞ」

石井は、にこやかに答えた。

「大丈夫ですよ、ほかの人にも見てもらってますから」

稲川裕紘も同行することになった。

アカプルコへは直行便がないので、カナダのバンクーバーを経由して入った。

アメリカへの入国は、禁じられていたからである。

アカプルコでは、ふたたび、四大ファミリーのひとつ、チャーリー一家と会った。

さらに、メキシコから二千キロ東、メキシコ湾を越えたバハマ国へも出かけた。

脳梗塞で倒れる

バハマ国では、激しい雨が、一行を迎えた。さすがに、予定していたゴルフは中止せざるをえなかった。

しかし、雨が上がった翌日も、ゴルフはおこなわなかった。いつもは元気な石井が、ベッドで伏せていたからである。伏せていたというよりも、よく眠った。

同行していたレズビアンのバニー智吉が、川瀬に心配げに言った。

「あれだけ寝て、あんなになってしまうのはおかしいよ」

数日たってやっとゴルフ場でラウンドしても、いつものような石井ではなかった。パットにしても、右のほうに打たなくてはならないのに、なぜか反対に打つということがあった。

川瀬には、バニー智吉の言葉が、かなり真実味をおびて感じられた。

石井は、アカプルコに行った帰り、カナダのバンクーバーで脳梗塞で倒れた。

日本にいた側近のもとに、真夜中、石井についている稲川裕紘から電話が入った。

「オヤジが倒れた。おまえ、すぐに井の上に連絡を取って、ポール牧を連れて来いよ」

日本は、そのころ、真夜中であった。しかし、四の五の言っている状況ではなかった。側近は、さっそく、横須賀一家の井の上孝彦に連絡を入れた。

「ポールさんと、連絡をとってもらえませんか？」

井の上は、ポール牧とは兄弟分の間柄であった。

ポール牧は、昭和十六年八月二日に北海道天塩郡天塩町で生まれた。実家は曹洞宗《そうとうしゅう》寺院で、十歳のときに得度した。だが、昭和三十三年に還俗《げんぞく》して上京。昭和三十七年に芸能界デビューを果たし、昭和四十年に、関武志《せきたけし》とともに「コント・ラッキー7」を結成し人気を博した。リズム良く指を鳴らす「指パッチン」で知られた。

じつは、本人にはそれほどの自覚がなかったが、ポール牧には不思議な力があったという。

井の上が、ゴルフの最中に、救急車を呼ばなくてはならないほどのぎっくり腰となったことがあった。そのとき、ポール牧が言った。

「兄弟、そこに寝ろよ」

素直に芝生の上でうつぶせになった井の上の腰に、ポール牧が手をかざした。そのとたん、痛い腰のあたりが熱くなった。

ポール牧は、およそ五分ほどかざしつづけた。

「兄弟、もういいよ」

ポール牧がそう言って井の上の腰から手を離したときには、不思議なことに、井の上の腰からは痛みが消えていた。そのままゴルフをつづけることさえできた。

このような不思議な経験をしたのは、井の上だけではなかった。稲川会幹部である長谷川春治、森田祥生も経験していた。その力を、霊力ともいうひともいれば、気功の力だという者もいた。

井の上は、すぐにポール牧の家に電話を入れた。ポール牧は、沖縄にいるという。

井の上は、ポール牧が滞在している沖縄のホテルに電話を入れた。

「ポールさん、石井のオヤジが、『バンクーバーに来い』と言っている」

「わかりました」

ポール牧は、朝一番の羽田空港に向けての便で沖縄を発った。羽田空港に着いたポール牧を、チャーターしたヘリコプターで成田国際空港まで送った。

その間、京都の旅行社が預かっているというパスポートは、その旅行社の社員に東京まで持ってこさせた。

バンクーバーに着いたポール牧は、伏せている石井に、ほかのひとたちにするのと同じように手をかざした。

十五分ほどかざしつづけた。すると、それまで起きあがることすらできなかった石井が、なんと立ち上がったのである。それでも大事があってはいけないと、車椅子に乗って帰国した。

石井は、帰国後、北里病院で検査を受けた。しかし、そこではよくわからなかったので、一月三十日に慶應病院に入院した。診断結果は、脳腫瘍であった。

あとで振り返れば、バハマで眠りつづけたのはその前兆だったのかもしれない。石井の脳内にできた腫瘍が、飛行機に乗ったことで脳を圧迫したのではないかと庄司は見ている。

石井は、入院間もなく脳腫瘍の手術を受けることになった。

手術を控えた数日前、石井は、それまでふさふさとしていた白髪をばっさりと切り落とした。手術でまず頭部にメスを入れるので、どうしても禿げたところができてしまう。そのうえ、抗癌剤を打てば、その影響で頭髪が抜け落ちてしまう。いっそのこと剃り落としたほうがいいと思ったのである。

そのかわり、立派な顎鬚《あごひげ》をたくわえた。

稲川裕紘は、病と闘いつづける石井を見ているのがつらかった。つい、口にした。

「あとはわたしがやりますから、もうゆっくり休んでください」

稲川裕紘としては、治療に専念してほしいだけの一心から出た言葉であった。

病を押して会長の座にいることが辛くなっていた石井は、稲川裕紘に、稲川会会長の座を譲ることにした。

稲川総裁は、石井を慰留した。

「もう少し、やってくれないか」

石井の意志は、固かった。

「病気を抱えて稲川会を率いることはできません」

稲川総裁が、石井に勧めた。

「それなら、おれに代わって総裁になればいい」

石井は断った。

「いえ、わたしは、これで引退します。これからは、事業に専念していきます」

資金繰りはさらに悪化した

石井の入院で東京佐川急便による借入金の返済の話は、たち消えになった。

が、二月に入っても、東急株の下落はつづいていた。

渡辺は、庄司に意見した。

「庄司さん、返済はどうなるんですか。東急株は、このままでは、下がるいっぽうですよ」

庄司は、返済ができなかった。

「会長も入院されてますし……。わたしでは、何ともいえません」

三月に入ると、東急株は、さらに下落した。最高値三千六十円だったものが、三月十二日には、一千九百六十円にまで落ちていた。

石井は、証券金融から追い証をとられていた。客の思惑がはずれてカラ買いした株が値下がりしたり、カラ売りした株が値上がりして、計算上の損が出たとき、客は証券業者から追加保証金をとられる。保証金から損失額を差し引いた金額が、はじめに売買したときの契約値段の二〇%を割ると、二〇%に達するまでの追加金を入れねばならない。

さらに平成二年三月二十四日付の読売新聞夕刊一面に、『暴力団、株で太る』という見出しが躍った。

北祥産業が稲川会の企業であることがあばかれていた。

『北祥産業は稲川会のナンバー2石井隆匡会長が実質的に経営する会社で、急成長を支えたのは「有名運輸会社」の債務保証と協和銀行系ファイナンス会社「昭和リース」の巨額融資であった。東急株の買い占めにも関係している』

この報道が契機となり、二日後の二十六日、東京佐川急便の債務保証の下に北祥産業、北東開発に対して大口貸付をおこなっていた昭和リースは、庄司に対して強硬に返済を迫った。

北祥産業、北東開発の平成二年一月決算は、金融機関から借入が両者合計で六百三十八億円に達していた。

そのため、ノンバンクからの新規借入は困難となり、資金繰りはさらに悪化した。

庄司は、渡辺や早乙女に窮状を打ち明けた。

「にっちもさっちも、いきません！」

いっぽう、石井は、株式を担当させている坂本組組長相島を慶應病院に呼び、東急電鉄株に関して指示をあたえた。

「東急電鉄株を、百六十万株買い増ししろ！」

平成二年三月三十日、相島は東急側関係者と会い、暗に株式の高値取引を求めた。

が、東急側は話を避けた。

「あくまで、合法的にやりたいと考えています。安定先にそちらから引き取った株式を、はめこむことはやぶさかではないですが……とにかく、交渉は幹事証券の野村證券に任せていますので、直接交渉はいたしません。野村證券と、話をしてください」

それ以上の進展はなく、打ち切りとなった。

石井は、歯ぎしりした。

東急に買い取らせることに失敗し、売る機会を逃したのである。

東急株は、下落の一途をたどった。

平成二年三月末には、北祥産業、北東開発の借入金は、計六百三十一億円、貸付金は二百八十二億円もあった。貸付金のうちの二百二十七億円が、石井側に対するものであった。

北祥産業の資産は、わずかな不動産があるにすぎない。借入金の返済は、石井に対する貸付金の回収にかかっていた。

石井の実質資金は、八百三十六億円、そのうち東急電鉄株は四百八十二億円。対して、負債は一千六十二億円にのぼっていた。

資産の大半を占める株式価格が下落したことにより、実質資産が負債を二百億円も下回った。しかも、東急株は、証券金融に担保として差し押さえられている。資産としては、三つのゴルフ場が考えられる。

岩間カントリークラブは、会員資格保証金として、十二社一個人から総額三百八十四億円を集めたが、すでに全額を東急株買い占めにあてていた。

ゴールドバレーゴルフ場は、すでに四百億円の借り入れがあった。会員権販売をおこなうことができたとしても、借入金の返済にあてると、いくらも残らない。

残る谷田部カントリークラブにいたっては、開発途中で放置されたままで、ゴルフ場としてオープンすることは不可能である。

北祥産業、北東開発は、すでに破綻をきたしていた。ノンバンクに支払う、年五十億円の金利も捻出することもおぼつかなくなっていた。

平成二年四月十一日、石井は、小康を得て、慶應病院を退院した。

その直前に、病室に庄司を呼びつけ、指示をあたえていた。

「ノンバンクに返済しないといけないな。とりあえず、二百億円か……。北東開発から返済するとしよう。残りは棒引きということで、東京佐川急便にめんどうを見てもらうしかないだろう」

退院後、石井は、ふたたび庄司を横須賀の自宅に呼びつけ、再度指示をあたえた。

「三百億円は、少し待ってもらう。東急株が上がらないことには、身動きがとれない」

すでに、北祥産業、北東開発は、ノンバンクからの融資をストップされていた。

責任者の庄司は、石井に訴えた。

「ノンバンクからは、もう借入ができません。佐藤茂社長に、頼めませんか」

「いくらだ」

「五十億円です」

「わかった。佐藤さんに話しておく」

庄司は、すぐさま川崎定徳の佐藤茂のもとをおとずれた。

佐藤は鷹揚にうなずき、承知した。

「くわしいことは、桑原と話をしてくれ」

住宅信販社長の桑原芳樹は、佐藤と密接な関係にあった。

庄司が住宅信販の社長室を訪れると、桑原は、ただちに本題に入った。

「佐藤社長から、話は聞いています。わたしの経営する富津総合開発から、融資するかたちをとりましょう。融資先の会社は、どこにしますか」

「北祥産業で、おねがいします。谷田部カントリークラブの開発資金名目で、おねがいしたいのですが……」

「いいでしょう。金額は、とりあえず二十億円用意します」

桑原は、念を押した。

「ただし、東京佐川急便の債務保証が条件です。いいですね」

一週間後の五月中旬、庄司は東京佐川急便をおとずれた。

渡辺、早乙女に、個別に桑原とのやりとりを説明した。

庄司は、ふたりに対し、かき口説くように語った。

「これからも、債務保証をおねがいします。現状をなんとか乗り切るには、東京佐川急便の力が必要なんです。石井会長も、気をもんでおられますし……」

渡辺は、おもわずため息をついた。

〈石井会長には借りがあるし、北祥産業、北東開発をつぶすわけにはいかない〉

北祥産業、北東開発が破綻すれば、当然、東京佐川急便は保証債務の履行をおこなわなければならない。石井との個人的なつき合いや、癒着による個人的な利得について、厳しく追及される事態になることはあきらかであった。

早乙女もまた、弱みがあった。

債務保証で融資をうける場合、金融機関に提出する重要な書類として、債務保証する側の取締役議事録の提出が必要とされている。北祥産業、北東開発のワープロで東京佐川急便の原本に合わせた取締役会議事録の提出が必要とされている。

ところが、北祥産業、北東開発は、北祥産業のワープロで東京佐川急便の原本に合わせた取締役会議事録を作文し、東京佐川急便役員室をおとずれ、早乙女にもちこんだ。

早乙女は、実際には取締役議事などおこなわれていないにもかかわらず、預かっていた東京佐川急便の社員、社長印を捺印し、さらに佐川会長をはじめ、ほかの役員については、三文判を使ってもちこまれた原文に押印した。

北東開発、北祥産業は、完成した捏造議事録を早乙女から受け取り、金融機関に提出し、融資を受けていた。

捏造された議事録は、北東開発だけで百三十五件の融資のうち、百二十二件にもおよんだ。

渡辺と早乙女は、泥沼に引きずりこまれるような気持ちで、うなずかざるを得なかった。

「しかたがない……」

横須賀一家若者頭の井の上孝彦は、石井に呼ばれた。ポール牧をともなって世田谷区等々力の石井邸をおとずれた。

石井は言った。

「いいか、ポールさんは、稲川会で面倒を見るから、おまえ、ちゃんと面倒を見ろよ」

そう言ってから、石井は、井の上に言った。

「松井先生から、舞い降りた金粉をいただけ」

祈祷師の松井が、井の上に恭しい口調で招いた。

「井の上さん、こちらへどうぞ」

井の上が、松井の指し示したところまで来ると、なんと、天井から金粉が舞い落ちてきたのである。

井の上の背広が、金粉できらきらと輝いた。

松井は言った。

「井の上さん、あなたは、いいところに出くわしました」

いっしょにいた石井の側近は、にわかには信じがたかった。しかし、目の前にはたしかに、金粉が舞っていた。

庭にも、金粉が降りた跡があった。

松井は言った。

「ここに、龍が降りてきた」

石井が、松井に言った。

「先生、井の上にも、金粉を渡してやってくれよ」

「わかりました」

松井は、束になっている半紙から一枚を手にした。松井が「龍が噛んだ半紙」と呼ぶ半紙で、その名の通り、龍が噛んだという朱色の歯形がついている。松井は、恭しい手つきで金粉を「龍が噛んだ半紙」にのせ、くるんだ。

井の上は、はじめから、松井に対してはうさんくささを感じていた。それでも、石井がそこまで奉っているので、それに合わせていた。石井が亡くなるまで、金粉も大事にもっていた。

側近も、その「龍が噛んだ半紙」にくるんだ金粉をいまだに持っている。石井が亡くなったあと、はじめてそれを開いた。おどろいた。あのときには、たしかに金粉だったはずのものが、どういうわけかただの砂になっていたのである。

ところが、ポール牧が、「うちで沸いた金だ。大事にしなよ」と石井の手から直接もらったものはずっと金のままだった。

稲川裕紘は、松井のからくりを見破っていた。松井は、封筒にあらかじめ金粉を盛っていて、人目につかないようにちりばめておくのである。

ちなみに、金粉は、松井の親戚が営んでいる金の加工工場からもらってきたものだという。

石井は、病気入院している間も、松井のお告げどおりに、競馬に有り金を投じたりもしていた。ただし、予想は、あまり当たらなかった。それにもかかわらず、松井は、石井や、三代目の稲川裕紘からは、莫大な金額をもらっていた。

そんなある日、病室に、松井が見舞いにおとずれた。松井が入ってきたとたん、病室のどこそこで、ピシッ、ピシッと、なにかが壁に当たっている音が聞こえはじめた。

〈なんだろう〉

川瀬か、床に落ちたものを見ると、なんと金の塊である。どこから飛んできたのか、わからない。

松井は、自信満々であった。

「会長、全快しますよ」

宝石や龍の眼を石井に渡していた。

川瀬は、さすがに怪しさを感じた。

〈そんなわけないだろう〉

松井は、井の上孝彦と顔を合わせるたびに言っていた。

「いま、大分にお寺を造っているから、ぜひ故郷の熊本に行かれたときには寄ってください」

しかし、その寺が完成したという話は、ついに聞かなかった。じつは、松井は、建築などしていなかった。石井からもらったお金のほとんどを競馬、競輪といったギャンブルに注ぎこんでいたらしい。

宮本廣志をはじめとした関係者は、ある日突然、松井から手紙を受け取った。

「仏門に入るために、ビルマの山にこもります。いろいろとお世話になりました」

ついにいたたまれなくなったにちがいない。仏門に帰依するという名目で、姿をくらましたのである。

第7章 陽はまた昇る

特捜

平成二年三月末、石井の株指南役でもあった加藤暠が、石井に本州製紙株購入を依頼してきた。

加藤は、本州製紙の株価をグループ同士の売買で引き上げていた。平成二年年頭から証券市場全体では、二月二十六日に東証史上二位の下げ幅を記録したのをはじめ、市場全体が暴落していた。にもかかわらず、本州製紙株は下がらず、三月九日には、一千九百六十円の価格をつけた。加藤らが買い支えていたからであった。だが、加藤らは、資金がつづかなくなっていた。

加藤は、仕手筋でもある有力な金融業者数社に資金援助を依頼した。これと前後して、石井前会長にも同銘柄を買ってくれるように頼んだのであった。加藤にとって、石井は、株価を上げるための苦肉の策でもあった。

石井は、承諾した。売買をくり返し、だんだん高値をつける本州製紙株を買い進めた。

石井は、慶應病院を抜け出しホテルオークラをおとずれた。不動産会社・地産グループの竹井博友《たけいひろとも》と会った。

竹井は、大正九年十月九日、栃木県黒磯町（現・那須塩原市）に生まれ、その後、読売新聞社（現・読売新聞東京本社）に入社。社会部記者などを歴任。読売争議の際には急進的な組合側の急先鋒となっていた。その後、読売新聞を退社して、「日東新聞社」、「アサヒ芸能新聞社」（現・徳間書店）のオーナーを務めた。報知新聞社取締役、読売不動産社長を歴任するいっぽう、昭和二十六年、竹井産業を設立して不動産業に進出。昭和四十年、商号を地産と改め、以降全国各地のビジネスホテル「チサンホテル」やゴルフ場「チサンカントリークラブ」、「アルコート」ブランドのマンション分譲を行い、中堅不動産会社に育成した。

地産グループは拡大方針を採り、地産トーカンなどいくつもの企業買収等を繰り返し膨張をつづけたが、そのほとんどは株の買い占めであった。バブル期には、ファミリー企業のミヒロファイナンスと木鶏の二社で株投機を盛んにおこなっていた。

竹井も、加藤同様、石井に勧めた。

「いま、本州製紙株に勢いがあります。さまざまな方に勧めているのです」

本州製紙株買い占めには、黒崎楽器オーナーの黒沢常三郎のグループが数百億円を投入したほか、山口組系などの仕手集団が参加していた。

竹井は言った。

「まさに連合艦隊ですよ」

竹井の誘いは、石井を奮い立たせた。

〈東急電鉄株で抱え込んでしまった巨額の負債を、ここで一気に挽回してしまえる〉

石井は、自分だけでなく、人脈を駆使して、さまざまな知り合いに勧めた。

庄司にも、勧めてきた。わざわざ病院から電話をかけてきたのである。

「社長、本州製紙を買えよ」

自分が、株への投資はするなといさめていたはずの庄司にも勧めてきた。

さらに、石井は言った。

「社長、周りの知った人間にも、本州製紙を買わせろよ」

庄司は、個人で、五万株購入した。ある程度まで上がったところで、売り抜けた。数千万円ではあったが、利益となった。

小谷光浩は、平成二年六月、国際航業社内の猛反発に遭い、取締役を辞任した。

七月十九日、小谷は、「藤田観光」の株価操作をおこなったとして、証券取引法違反の容疑で逮捕された。

平成二年七月十二日、渡辺、平和堂グループ代表の松沢泰生、加藤暠は有楽町の新有楽町ビル地下二階の料亭「胡蝶」で昼食会をひらいた。三人で、低迷する株について話しあった。

加藤が、資金援助を申し出た。

「渡辺社長、仕手戦をつづけるための融資をお願いします」

渡辺は、かたわらにいる松沢を見やった。

「加藤さん、金の話なら、松ちゃんに話してくれよ」

気まずい雰囲気になったため、その日はそこで散会した。

小谷逮捕の直後、稲川会のある組の組長が、千代田区麹町四丁目にある東広ファイナンスをおとずれた。若い衆ふたりが、三億円あるトランクを二つ、大きな南京袋のような袋をいくつも抱えてついてきた。

組長は、石井の秘書の川瀬章に言った。

「これ、小谷に返してくれ」

川瀬は、さすがにおどろいた。トランクや大きな袋には、一千万円をひとつに束ねた束が、なんと二百もあった。現ナマで二十億円もある。

その金は、小谷が、東広ファイナンスを通じて石井に出資したものであった。

だが、小谷に関わる事件が明るみになったからには、そのまま放っておくわけにはいかないと石井は考えたにちがいない。その組長に二十億円を用立てさせて、返金することにした。石井としては、返金することで、小谷とのケジメをつけ、小谷との縁はこれっきりとしたいのが本音であった。

川瀬は、その二十億円を、メインバンクである三菱銀行麹町支店に持ちこんだ。

さすがに、担当者が顔を強ばらせた。

「川瀬さん、現金でこんなに持ちこまれると、困ります」

機械で、数を数えはじめた。

「これ、人の手で数えるの、大変なんです。一日かかりますよ」

その二十億円を東広ファイナンスの口座に入れて、二十億円の小切手として、小谷が経営する光進に渡した。小谷本人はいなかったので、顔見知りの責任者に手渡した。

しかし、このころからすでに、北祥産業は、特捜から眼をつけられていた。

小谷の逮捕は、株式市場にも影響をおよぼした。仕手材料株が暴落した。これをきっかけに、株価は、さらに急落をはじめた。

本州製紙株も、八月三十日に最高値の五千二十円を記録したものの、そのあと一転して急落した。

金丸信と北朝鮮

平成二年九月二十四日、大柳一平やプレスコット・ブッシュらが進めた「ニューヨーク・カントリークラブ」のレセプションパーティが、ニューヨーク五十二番街にあるレンガ造りの高級会員制クラブ「21クラブ」の二階のレセプション会場で開かれた。

約百人の日本企業の現地駐在員や着飾った女性らで華やいだ。銀行、商社、建設、海運など有名上場企業の社員が大半であった。

会場の入り口付近には、ゴルフ場の大型模型が飾られ、設計したゲーリー・プレーヤーがスライドを使って熱っぽく説明した。

「素晴らしいコースだ」

カクテルを手にした参加者は、ゲーリー・プレーヤーの説明に熱心に耳を傾けた。

やがて、丸テーブル十個を囲んで和やかに歓談。

プレーヤーを中心に主要メンバーが席に着いた第一テーブルには、北祥産業の幹部に交じって、グラスを持ってほほ笑む東京佐川急便常務である早乙女潤の姿があった。

このパーティー出席者には、帰り際、「ニューヨーク・カントリークラブ」とネームの入った半袖ポロシャツと、コースの図面がプレゼントされた。

出席した大手海運会社の駐在員は、プレーヤーといっしょに撮った写真を「家宝」として大切にしているという。

のちに事件が明るみに出て、参加した日本人駐在員は困惑の色を隠せなかった。毎日新聞平成四年の二月十七日朝刊に大手商社駐在員が答えている。

「プレーヤーに会いたい一心で参加した。稲川会系企業なんてまったく知らなかった」

有名建築会社駐在員も答えている。

「やくざが関係していたとは思いもかけなかった」

結果的に、「人寄せパンダ」役を務めた形のプレーヤーは、国際電話でこう釈明している。

「米国の不動産会社の紹介で引き受けた仕事。ビジネスの相手を最大限チェックしているが、不可能な場合もある。特にマフィアには優秀なフロント・ピープルが交渉にきて、陰の依頼人のやくざはわからないことが多い」

平成二年九月二十四日午後一時、金丸信元自民党副総裁、田辺誠《たなべまこと》社会党副委員長を団長とする自社訪朝団は、日航チャーター機DC-10で北朝鮮に出発した。北京経由ではない、初の直行チャーター機であった。

事前折衝によって、ほどんどの問題はクリアされている。あとは、北朝鮮の首領、金日成《きむいるそん》と最後の詰めにのぞむのみであった。

出発に先がけて、金丸の北朝鮮に対し謝罪するという発言に、右翼各団体から金丸批判の声が上がっていた。

金丸は、北朝鮮に向かうチャーター機の座席で、腕を組み、眼を閉じている。隣に座っている田辺から、ずっと前に聞かされた。

「金日成は、えらく金丸さんに関心をもっているようだ。以前会ったとき、金日成がこう言っていたよ。たとえば日本から来てほしい人物をあげれば金丸さんだな、とね」

そうか、そうかと金丸は思ったものである。

田辺に、眼を閉じたまま話しかけた。

「さて、金日成は、おれのことをどんな男と思うかな。まさか繊細なやつとは思わんだろう……」

田辺は、噴き出した。

九月二十四日の夜、平壌市内のレストラン「王流館」で、朝鮮労働党中央委員会の金容淳《きむよんすん》書記主催の歓迎会がおこなわれた。

金丸は、その席で、謝罪の意を表した。

「日本と貴国は、小さな海を隔てた隣国です。数千年の昔よりたがいに人や文化の交流をつづけてきたが、長い歴史の中で、今世紀の一時期、わが国の行為により、貴国の方々に耐え難い苦痛と障害をもらたしたことに対して、心より反省し謝罪します」

このことを知った「日本青年社」、「新日本協議会」、「源推社」をはじめ右翼の主要各団体から「土下座外交だ」という声が噴き出し、金丸襲撃が叫ばれた。

九月二十六日午前九時四十五分、金丸は、田辺とともに、金日成主席の待つ招待所へとおもむいた。玄関先まで来ると、金日成が出迎えのために大柄の姿をあらわしたので、はじめて肉眼で見る金丸は、少々おどろいた。

年齢でいえば、金日成は、金丸より二歳上の七十八歳である。何年か前には死亡説が流されたが、胸を張るその姿は、見るからに元気そうであった。他を圧倒する堂々たる体の厚み。三十三歳から、なんと四十五年間の長きにわたって北朝鮮をひきいていた文字通りの首領が、玄関先まで出迎えたとあっては、さすがにある種の感動をおぼえずにはいられなかった。

両手でがっちりと握手を交わした。つづいて、田辺がかわす。

奥の広間に通されて、いよいよ三党首脳会議がはじまった。

金丸が、まず海部俊樹総裁の書簡を手渡した。金日成が眼を通した書簡には、こう書いてあった。

『日朝改善のため、政府間対話で双方の理解を深めることに期待する。償いについては、請求権問題が残っているので、誠意をもって対処したい。第十八富士山丸問題は、ぜひとも解決をお願いしたい。南北対話が進んでいると歓迎し、朝鮮半島の自主的平和統一へ前進することを期待する。尊敬する金丸元副総理が訪問するが、もっとも信頼厚い政治家なので、きたんのない意見交換をしていただきたい』

謝罪については、平成元年三月三十日の衆議院予算委員会で、当時の竹下首相の答弁を引用していた。

「過去のわが国の行為についての自覚と反省は、歴史的にも地理的にも、わが国ともっとも近接している関係について、とりわけ銘記されるべきだ。この地域のすべての人に対し、過去の関係についての深い反省と遺憾の意を、あらためて表明したい」

社会党の村山富市《むらやまとみいち》の「北朝鮮に対する過去の日本による植民地支配に対して、日本政府はまだ一言の贖罪もしていない」という質問に対して答えたものだったが、これがはじめての公式な北朝鮮への謝罪となった。

海部総裁書簡を読み終えた金日成主席は、大きくうなずいた。

そうして、金丸を見た。

「海部総裁書簡を高く評価します。海部総裁に、よろしくお伝えください。今回の御一行が、はじめての直行便で来られたことについて、大変うれしく思っています。初の直行便の出発が、朝日関係によい兆候となることを願っています。それにしても、金丸先生とは初対面ですが、旧友に会ったような気がするのはどうしてでしょうか」

それを聞いて、金丸も答えた。

「これまでの折衝は、順調に進んでおります。わたしも金主席とははじめてですが、はじめてでない気がする。話ができて大変感激しております。さて……」

と、金丸は、本題に入った。

金丸は、素直に語り合おうと決めていた。

まず切り出した。

「謝罪については、海部総裁の総裁親書にある通りです。過去の歴史に対しては、贖罪と償いをしなければと考えています。韓国には曲折の末、一応の解決をみているが、北朝鮮には一世紀にわたり未解決のままです。したがって、贖罪と償いの問題は、わたしは、政治生命を賭けて実行しなければとおもっている。ところで、北朝鮮の核の噂がありますね。本当に製造しているのか教えてほしい。最後に富士山丸問題ですが、これは贖罪と償いとは別次元のものとして考えていただきたい。乗務員ふたりは、人道的にぜひ解決し、釈放してもらいたい。お願いする」　金丸は、深々と頭を下げた。核問題といい、あからさまに突っ込んだところに、金丸の野放図さがあった。それはあからさまな分だけ、相手にずしりとした衝撃をあたえる。ただし、それが効果的なのは、相手が事実をひた隠しに隠そうという姿勢でいるときだが……。

金日成は、もうひとつの問題について答えた。

「富士山丸問題は、社会党からたびたび、意見を聞いています。八七年（昭和六十二年）の土井委員長の訪朝の際にも、話をしました。しかし、社会党と朝鮮労働党の間で解決するのではなく、両国間の折衝で解決したらいいと申しあげてきた。こういうことは、人間が解決することであって法律がすることではない。法律があっても人間がするんです。この問題は、協議すれば解決されるとおもいます。おふたりには満足をあたえることができるとおもいます」

金丸は、目頭が熱くなった。愁眉《しゅうび》をひらいたおもいだった。

金日成は、第十八富士山丸のふたりの乗務員の釈放を決断したのである。

「感動でいっぱいです」

金丸は、金日成に言った。

金日成は、笑顔を浮かべながら、

「帰還時期については、これから詰めていきましょう」

金丸は、深々と頭を下げた。

九月二十七日、共同宣言が発表された。「共同宣言」の骨子は、つぎのとおりであった。
一、過去に日本が三十六年間朝鮮人民が受けた損失について、謝罪し、償うべきだと認める。海部自民党総裁は、金日成主席への親書で、不幸な過去への深い反省と遺憾の意をあきらかにし、日朝関係改善の希望を表明。日本政府が国交関係を樹立すると同時に、損害に対して十分償うことを認める。
一、できるだけ早期に国交関係を樹立すべきだ。
一、通信衛星の利用と、両国間の直行航空路を開設することが必要。
一、日本政府は、在日朝鮮人の法的地位を保証すべきであって、日本のパスポートの「北朝鮮除外条項」の削除が必要。
一、朝鮮は一つであり、南北の平和統一は朝鮮人民の民族的利益に一致。
一、地球上のすべての地域から「核の脅威」をなくすことが必要。
一、国交樹立の実現の諸問題を解決するための政府間交渉が、十一月中に開始されるよう政府に強く働きかける。
一、三党の関係を一層強化し、相互協議をさらに発展させる。

土下座外交による窮状を救う

金丸が帰国した二十八日夜、石井のもとに、東京佐川急便社長の渡辺広康から連絡が入った。

渡辺は、右翼に土下座外交と非難を浴びている金丸の窮状を救うために石井に頼んだ。

「金丸さんは、自民党で長くやってきた。いままでの経過を見れば、自民党には尽くしてきたと思いますよ。今回の問題だけで右翼が結集して攻撃することは、今回だけはなんとか避けてください。金丸さんも元副総理の立場もわかっているでしょうし、行きすぎた言葉を吐いたということも考えています。どうか今回は、右翼の動きを止めてください」

石井は承諾し、すぐさま手を打った。

翌二十九日午後一時、石井から、岸悦郎を会長とする大行社に連絡が入った。

岸は、かつて稲川会に所属していた。全国の右翼団体が、まさに金丸襲撃の行動を起こす直前であった。

石井の意向を受けた大行社の当時の理事長であった三本菅啓二は、すぐさま行動を開始した。

午後二時より、全国の右翼団体の主要人物と連絡をとり、説得にあたった。

ある団体とは、電話で話し合いをした。

主要な五団体の主要人物とは、三本菅理事長が奔走し、個別会談をおこなった。

石井も動いた。

千代田区の富国生命ビル十七階にある財団法人「日本政治文化研究所」理事長の西山広喜《にしやまこうき》に電話が入った。

石井からであった。

石井は言った。

「金丸さん攻撃の件、なんとか、穏便にしていただけないだろうか」

西山に、石井が頼み事をしてきたのははじめてのことであった。

西山は、「昭和維新連盟」の連中に「聞いてやってくれ」と取り次いだ。「昭和維新連盟」の加盟団体の代表にも、稲川会系列の者がいる。その顔をつぶすのも忍びなかった。

右翼団体幹部が証言している。

「うちには、稲川会系の右翼団体が『よろしく頼む』と言ってきた。それで、みんなに『今回だけは相手の顔を立ててやってくれないか』と話した。だが、依頼はそれ一回だけ。こっちも（右翼の）看板を掲げている以上、二回、三回とおいそれと承諾はできない」

夜十時には、すべての右翼団体との話し合いを終えた。

翌日は、万が一のために待機していたが、何事も起こらなかった。

三本菅理事長は、会談の席で、石井会長の意向をそのまま伝え、説得にあたった。

「金丸さんは、長いあいだ自民党に尽くしてきた。これからも、自民党をまとめるのに重要な人物です。金丸さんも、『今回の発言は言いすぎた』と反省している。なんとか抑えてくれませんか。石井会長からの意向でもあります」

各右翼団体は、金丸自身の反省と、これからの自民党にとっても別な形で尽くしていくという約束のもとに了承し、糾弾停止がまとまった。

石井は、また金丸に貸しをつくった。

新たな風、稲川会三代目継承式

平成二年十月十日、熱海市の稲川家本家の大広間で三代目継承式が執りおこなわれた。

取持人は、会津小鉄総裁である図越利一、親戚総代として、五代目山口組組長の渡辺芳則、四代目会津小鉄会長の高山登久太郎、導友会会長の石塚照雄、三代目浅野組組長の串田芳明がならんだ。

媒酌人は、全丁字屋誠心会会長の小池寛。見届人は、住吉連合総裁である堀政夫、住吉連合会会長の西口茂男、義人党総裁の高橋信義、東亜友愛事業組合理事長の沖田守弘、二率会会長の宮本高三、交和会会長の大岡通夫、双愛会会長の石井義雄、関東二十日会所属の日本国粋会会長の木村清吉、松葉会会長の中村益大、五代目山口組最高顧問の中西一男、五代目山口組顧問の益田佳於ら十一名がならんだ。

稲川裕紘は、稲川会を一代で築きあげた初代会長の稲川聖城総裁の実子であり、やくざ版「父子鷹」として名高い。

稲川裕紘は、やがて稲川一家を旗揚げ、三十六人衆といわれる精鋭を配下に従え、押しも押されもせぬ実力者となっていく。稲川会副理事長、本部長、理事長と着実に登りつめた。

その声望を確固たるものとしたのは、平成元年、山口組と一和会の抗争終結の折だった。双方の間に入って奔走し、長期にわたった山一抗争を終結へと導く功労者となったのである。

平成元年三月十九日、一和会を結成していた山本広は、「一和会解散、自身の引退」の声明文を神戸灘署に提出した。

その十一日後の平成元年三月三十日午前十一時五十分ごろ、山本広は、稲川会・稲川裕紘本部長に付き添われて山口組本家を訪れた。山本広は、中西一男や渡辺芳則ら山口組執行部に、自身のやくざからの引退と一和会解散を告げ、竹中正久殺害の詫びを入れた。

それから、山本広は、竹中正久の仏壇と田岡一雄の仏壇に、線香を手向けて、合掌した。これで、史上最大の抗争である山一抗争は終結した。

山口組本家を謝罪のために訪ねた元一和会・山本広会長に同行した稲川裕紘の姿には、すでに首領の風格があった。

ちょうど時代も、前年には昭和から平成へと代わり大きく変わろうとしていた。

山一抗争が終結したこの年には、稲川裕紘会長に先がけて同世代の渡辺芳則組長が五代目山口組を継承。昭和十五年生まれの稲川裕紘に対して、渡辺は昭和十六年一月生まれ。まったくの同学年である。期せずして東西の二大組織は、昭和十五年以降生まれの首領の誕生を見たわけである。

稲川裕紘の三代目継承は、やくざ社会における全国的な世代交代の象徴的なできごとであった。

石井は、退院したとき、迎えに行った側近に言った。

「今日から、三代目の体制だから、おまえは、理事長（稲川裕紘）についていけよ」

平成二年秋には、石井は、本州製紙株を買い占めていた加藤暠に頼まれて男気を出した。

「本州製紙は、おれが買い支える」

石井は、加藤を信じていた。だからこそ、最後のなけなしの資金を本州製紙に投じた。

石井の側近は、石井に言われたことがある。

「おまえ、この前やった金、まだ使っていないだろう」

「はい」

「その金で、本州製紙株を買ってくれ」

本州製紙株に関しては、占い師の阿部芳明も奨めていた。それを聞いて購入したのが、東京デザイナー学院の安達建之助であった。

石井も、安達に、毎日ストップ安となっている状況で、「本州製紙株を買え」と勧めた。

石井は、平成二年十月、十一月と二カ月にわたって、本州製紙株を合計四百万株を買い進めた。

本州製紙株暴落の数週間後に、百億円もの資金を投入した。

石井が売り抜けを狙って、価格を再び上昇させようとしたためだったとの見方も出ている。

いっぽう、十一月には、シンガポールの実業家である黄鴻年が、発行株式の約三分の一にあたる一億一千四百四十八万余株の株買い取り権（オプション）を取得した。二千円前後に落ち込んでいた株価は、「三千円で買い取る」という黄の発表で、一時値を戻す動きを見せた。

ところが、じつは、黄は買い取りを実行しなかった。結局、本州製紙株は、値崩れしてしまった。

平成二年十一月には、二千八百円台にまで下げた。

嵐の予感

平成二年十一月二十八日、山梨県都留市川茂の同実験線変電所予定地でリニアモーターカー山梨新実験線の「建設着手式」がおこなわれることになっていた。

山梨選出議員である金丸信も、式に出席することになっていた。が、「右翼団体が大攻撃をかけてくる」という噂が流れ、金丸のまわりには緊張感がただよっていた。

じつは、金丸が北朝鮮から帰国して一カ月が過ぎた十一月はじめ、またも、右翼団体が金丸攻撃をした。リニアモーターカーの利権問題で、金丸一族がからんでいるというのが、右翼団体の攻撃名目であった。

リニアモーターカーは、平成六年度の完成を目指して、建設事業が本格的にスタートしていた。実験ルートは、山梨県東八千代郡境川村から、神奈川県境の南都留郡秋山村までの四十二・八キロメートル。全線が複線となり、うち約八〇％がトンネル部分である。総事業費は、三千四十億円であった。

走行実験は、建設工事と並行しながら、比較的完成が早い都留市などの東側を中心に、平成五年度半ばからはじまることになっていた。編成は三両、五両の二編成で、時速五百五十キロの有人走行で、高速のすれちがいや、トンネル突入実験などをする。実験線の事業主体となるＪＲ総研、ＪＲ東海、日本鉄道建設公団の三者は、平成二年八月から、地元に詳細なルートを示し、用地買収を担当する山梨県とともに、沿線市町村での地元説明会をひらいてきた。三千四十億円の事業費のうち、いくらかはかならず金丸にわたっているという批判も上がっていた。

十一月二十八日が近づくにつれ、元麻布にある金丸邸にも街宣車が俳徊し、金丸攻撃がひどくなった。

金丸秘書の生原正久も、音を上げた。

この際にも、東京佐川急便社長の渡辺広康を通じて、石井に依頼があった。

「また右翼が騒ぎそうなので、石井会長に何とか取りはからってほしい」

石井の仲裁が効を奏したのか、着手式には、右翼がおとずれることはなかった。

渡辺は、石井が動いたものだと思っていたらしい。実際に動いたのは、三代目に就任したばかりの稲川裕紘であった。騒いでいたのは、住吉系の右翼団体であった。大行社に振ったか、あるいは、直接、住吉連合で大日本興行の鈴木龍馬に話して鎮めたのか。


平成二年十二月二十六日、平和堂グループ代表の松沢泰生は東京佐川急便社長室に出向いた。

渡辺が雑談の途中で、愚痴をこぼした。

「年末なのに、金がない。嫌になるなあ」

松沢は、いつものように資金調達を請け負った。

「年末の資金は、わたしが用意します。すぐに届けますから」

松沢は請け負ったものの、自身も資金繰りがたいへんな時期であった。

松沢は、知り合いの会社の会長に頼みこんだ。

「東京佐川急便の渡辺社長に用立てる金を、貸してください。明日にでも、一億円を送金してください」

翌二十七日、一億円の送金があった。

松沢はその日のうちに現金を引き出し、翌日、渡辺に届けた。

松沢は、いつものように社長室に入り、机の左横に現金バッグを置いた。

応接セットに腰を下ろすと、渡辺が上機嫌で話しかけた。

「松ちゃん、助かるよ。わたしの金がもどってきたら、真っ先に松ちゃんに返すからな」

松沢は、年末のあいさつをすませ出ていこうとすると、渡辺が呼びとめた。

「来年の一月五日に、身内だけで新年会をやるんだ。松ちゃんも、出席してもらうよ」

が、松沢が渡辺に金を用立てたのは、この日が最後であった。

松沢から渡辺への融資額の合計は、二十一億五千万円と推定されている。

松沢から東京佐川急便社長の渡辺広康にわたされた、二十一億五千万円ともいわれている裏金は、そのほとんどが渡辺から政治家に献金されたとみなされている。


平成二年五月二十八日、北祥産業は、富津総合開発から二十億円の借入金を受けていた。

北祥産業振出の約束手形に東京佐川急便が保証し、これを富津総合開発に差し入れるという方法がとられた。

そのうち十六億円は、借入金の元本返済と金利の支払いにあてられた。残りの四億円は、谷田部カントリークラブの支出にまわされた。

さらに七月十日、富津総合開発から十億円の融資を受けた。

庄司は、北祥産業の経理担当常務薄井勇に命じ、前回の方法で約束手形を富津総合開発に差し入れた。

この十億円は、六月二十二日に北東開発が総合ファイナンスサービスから借り入れた資金の返済にあてられた。

八月六日、北東開発は芙蓉総合リースより二十二億円の借入をおこなった。

庄司は、富士銀行系ノンバンクの芙蓉総合リースが、北東開発と石井との関係に気づいていないところに眼をつけた。

谷田部カントリークラブ開発資金の名目で融資を受けることを画策した。

七月に入るや、芙蓉総合リース銀座支店長高野貞司を、谷田部カントリークラブ開発予定地に案内した。

高野は、東京佐川急便の債務保証を条件に融資をおこなうことを内諾した。

庄司は、すぐさま渡辺と早乙女に説明し、債務保証の了解を得た。

保証は、金銭消費貸借契約書の連帯保証人欄に、東京佐川急便の社判、代表者印を捺印するかたちがとられた。

借入金のうち十六億円は、元本返済と金利返済にあてられた。

残りは、谷田部カントリークラブ関係の支出にまわされた。

九月に入り、北東開発にヘリコプターが納入された。

これは、石井が岩間カントリークラブへの往復に使用するために購入をきめたものであった。すでに前年の平成元年九月に、手付金として一億五千万円を天祥から本田航空に支払っていた。

庄司はヘリコプターの残代金六億六千万円と、北東開発の運転資金を得るために、アポロ不動産からの融資交渉を進めた。

アポロ不動産は北東開発の借入先のひとつで、北東開発と石井との関係をつかんでいなかった。

庄司は、いつものように渡辺と早乙女に事情を説明し、債務保証の了承を得た。

債務保証は、連帯保証欄の裏付けとともに、北東開発振出の約束手形に東京佐川急便が保証するという方法でおこなわれた。

九月十八日、庄司は、富津総合開発から十億円の借入を受けた。

ただし、借入主は桑原の要望で、北祥産業から北東開発に変更となった。

九月五日、十八日の借入金、計三十億円のうち十六億七千万円は、元本返済と金利返済にあてられた。

ヘリコプター代金をのぞいた残りは、谷田部カントリークラブ関係の支出にあてられた。

九月二十八日、庄司は芙蓉総合リースに対し、申し出た。

「融資金額を、増やしてもらいたい」

芙蓉総合リース側は、東京佐川急便の債務保証に加え、谷田部カントリークラブの施工予定業者である間組の債務保証を要求した。

庄司は、間組とかけあった。

が、ついに承諾を得ることはできなかった。

やむなく、東京佐川急便が三十五億円を芙蓉総合リースから借り入れ、北東開発に転貸する方法がとられた。

芙蓉総合リースの都合により、まず五億円の融資がおこなわれた。

残り三十億円は、十月二十二日に支払われることになった。

十月二日、北東開発は、富津総合開発から十億円の融資をうけた。川崎定徳の佐藤社長側からの借入枠五十億円の中でおこなわれた最後の借入であった。

九月二十八日、十月二日の借入金、計十五億円のうち四億円は、株式取引に投資され、残りは谷田部カントリークラブやその他に使用された。

株式は、十月に入り、稲川会の石井会長が加藤暠から勧められた本州製紙株仕手戦に参入するものであった。

石井は、東急株での低迷を打開するために本州製紙株の仕手戦勝負に乗り出した。

十月二十二日、北東開発は、芙蓉総合リースからの残り三十億円の融資を受けた。十三億九千万円が元本返済、金利返済にあてられ、残りは、谷田部カントリークラブの支出にあてられた。

十一月初め、石井は、庄司を呼び出した。

石井は、このときすでに稲川会会長を引退していた。引退と同時に頭を僧侶のようにつるつるに剃っていた。石井の母方の実家は、日連宗の寺であった。そのせいもあって、信心深いところもあった。刑務所の中では、朝早く起きて法華経を読んでいた。出所してからも、毎朝経を読んでいた。信心のため、酒もタバコも断っていた。

「本州製紙株の仕手戦資金が、足りない。三十億円ほど用意しろ」

庄司は、言葉に詰まった。

石井は、庄司の返事を待たずにつづけた。

「佐藤社長には、話をつけておく。おまえは行って、具体的な話を詰めてこい」

庄司は指示された通り、川崎定徳の佐藤を訪ねた。

佐藤は、前回と同じようにすみやかに了承した。

「わかっているよ。桑原君と話を詰めてくれ」

庄司が桑原社長を訪ねると、待ち構えていていった。

「東京ファクターという会社があります。もちろん、わたしが経営している会社のひとつです。ここから、融資するということにしましょう」

借入金のうち二十億円が、本州製紙株仕手戦資金に投資された。

残りは、金利の支払いにあてられた。

本州製紙株は、平成元年十二月末から急騰しはじめていた。旧誠備グループ、地産グループ、安達グループが仕手戦を展開し、その結果、千円前後であった株価が平成二年十一月に、一千六百円に達した。

平成二年四月には、全般的な株価急落がつづき、本州製紙株も一千二百円まで落ち込んだ。が、一般投資家からの買い注文が増え、五月には二千五百円台になった。さらに、株価は上がり、八月二十日には五千二十円の最高値に達した。

石井が、本格的に本州製紙株に手をつけた十一月初頭は、すでに株価のピークを過ぎていた。

平成二年十一月初めでは、二千二百円の株価をつけていた。

石井の指示を受けた庄司は、日興証券を通じて本州製紙株の信用買いをつづけた。

十一月中旬までに四百万株近く買い集めた。石井は、加藤から情報を得た。

「十二月には、シンガポールの実業家が、株買い取り権を取得する」

石井は、実業家が本州製紙株仕手戦に加わり、ふたたび株価が急騰するとにらんでいた。

が、結果は一日に百円単位で株価が乱上下する事態をまねいただけで、株価は値下がりをつづけた。

兵庫県警と警視庁

平成二年十二月に入って間もなく、ウエスト通商社長の大柳一平が、渋谷区神宮前にある社にもどると、秘書から言われた。

「社長、兵庫県警の方から電話があって、『電話をいただきたい』とのことでした」

大柳は、まったく身におぼえがなかった。警察にやっかいになるようなことは、ひとつもしていない。それだけの自信があった。

さっそく社長室の執務室から電話を入れた。電話をかけてきた刑事を呼び出した。

「お電話をいただいたようですが、どのようなご用件でしょうか？」

刑事は、落ち着いた口調で訊いてきた。

「ちょっとお訊きしたいんですが、韓国で土地をお買いになったでしょう？」

「ああ、あの件ですか。買ったことになってますけど」

いったい、なんでこのようなことを訊かれなくてはならないのか。とまどいもあって、大柳は、あいまいに答えた。

そのような大柳に、刑事は、容赦なくたたみかけてきた。

「韓国の土地は、韓国人以外のかたが買えないというのはご存知ですよね？　それでお金を送ったというのは、これは外為法違反にあたります。ちょっとお話をうかがいたいので、署に出向いていただけますか？」

大柳は、どういう経緯なのかよくわからないが、大柳が振り出した小切手の一部が関西のほうで見つかったらしい。

大柳は素直に兵庫県警まで出向き、釈明した。

「土地は、確かに買いました。しかし、悪意があってやったわけではありません。いい投資先があると思っただけです。しかも、日本人が、韓国の土地を買えないなんて知りませんでした」

取り調べにあたった刑事は、逐一、納得してくれた。

「わかりました」

やっと帰れると、大柳は席を立ちかけた。

そのとき、刑事がつづけた。

「大柳さん、北祥産業を知っているよね？」

その訊き方には、どこかに棘があった。すでに、兵庫県警では、大柳と関係者のつながりなどの調べがすんでいることはまちがいない。シラを切ってもしかたない。大柳は、素直に答えた。

「ええ、知ってますよ」

「そうですか、では、この件でも、また来てもらわないといけないかもしれない」

大柳は、県警を出たとき、いやな汗が額に噴き出しているのを感じた。兵庫県警の意図がわかった。

狙いは、自分などではない。石井隆匡、はては、稲川会だ。

〈いや、まいったな。これは、どこまでどうなるかわからない……〉

大柳は、さっそく、石井、庄司らと話し合った。

石井が言った。

「弁護士をつけよう。佐川急便のほうから、よこすようにしよう」

大柳は言った。

「いえ、いりません。こちらで話しますから、大丈夫です」

ただ、念のため、弁護士に会いにいった。

弁護士も言った。

「そんなの、社長みずからが行かなくてもいいんだよ。こっちで、必要な書類を書いて、提出すればいいんだから」

が、大柳は、頑として聞かなかった。

「おれはそうは思わない。きちんと出向いて、堂々とやっていればそれがいいんだと思う」

兵庫県警からは、数日とたたないうちに、大柳のもとに、任意出頭を求める電話が入った。

しかも、今回は、期日を指定しているだけでなく、資料の提出を求めてきた。その細かさに、大柳は舌を巻くと同時に、内偵は自分が思ったよりも深いところまで進められていることを知ったのだった。

大柳は、兵庫県警から求められた書類、資料を持参して、ひとつひとつ、担当の刑事から訊かれることにていねいに答えた。

「これはこういう仕事をして、こういうお金を送って……」

もちろん、そのなかでは、石井隆匡の名も、稲川裕紘の名も決して出さなかった。そして言った。

「すべて、辻褄があっているでしょ。なにか、ちがいますか？」

担当の刑事は、大きくうなついた。

「なるほど……よくわかりました。しかし、ひとつだけ気にかかるものがあるんです。これなんですが」

そういうと、追及してきた。

「石井隆匡さんの振り出した、八億円の小切手、これがおたくの口座に入っている。いったい、これはなんでしょうね」

いよいよ、刃を向けてきたのである。

大柳は、じっとのぞきこむふりをして考えをめぐらした。

「いや、これはちょっと……」

アメリカのニューヨーク郊外にゴルフ場「ニューヨーク・カントリークラブ」を造成する際に、石井から振り込まれたものである。

だが、大柳は、知らぬふりを決めこむことにした。

「これは、北祥産業さんから来たものですよね。ぼくは、銀行に行ったこともないので、経理のことはわかりません。仕事の話なら、なんでも受けますよ」

兵庫県警の呼び出しは、二度にわたった。

それでも、まだ取り調べは終わりそうにはなかった。

刑事は、有無を言わせぬ口調で言った。

「今度、いつごろ来れますか?」

すでに年の瀬が迫っていた。

「そうですね、一月十日過ぎならうかがえますが……」

大柳はいった。

「じゃあ、十八日にしましょう」

「今度は、どのようなものが必要でしょうか」

「いままでのやりとりの、銀行の振り出し、振り込みに関するものを集めておいてください」

「わかりました」

大柳は、石井や稲川会には火の粉がかからぬような形で事をおさめたいと考えていた。

しかし、明日に出頭をひかえた平成三年一月十七日の午前八時半、港区三田綱町にあるパークマンションの大柳の部屋のチャイムが鳴った。

大柳は、前夜、少しばかり多く酒を飲んでしまい二日酔いで頭が痛かった。

〈なんだ、こんな朝っぱらに……〉

それでも「はいはい」と軽い口調で、ドアを開けた。

いかつい男たちが四人、そこには立っているではないか。男たちの正体が、大柳にはピンと来た。刑事であった。

目の前にいる男が、にやりとした。

「社長、来たよ」

「何なの？」

「一応ね、家宅捜索。ガサ入れだよ」

男は、型どおりに、胸ポケットから書類を出した。家宅捜索令状であった。

大柳は、ため息混じりに招かざる客を家に入れた。

「どうぞ、好きに調べてください」

四人は、いっせいに家のなかを調べはじめた。すでに、大柳の扱いは被疑者であった。

だが、警察をよろこばせるようなものは、なにひとつ出ない。

自家用車のなかも調べられた。

「そんなところに、資料があるわけないじゃないか」

「いや、それは、念のためにね」

家宅捜索は、二時間にもおよんだ。刑事たちが思ったようなものは、なにひとつ出なかった。

〈ざまあ、見ろ〉

そう思っていた大柳は、刑事から、同行を求められた。

行った先は、渋谷区神宮前にあるウエスト通商であった。そこにも、すでに六名ほどの刑事が家宅捜索に入っていた。

さすがに、社員たちはおどろいていた。

大柳は、みなを落ち着かせるために言った。

「いいんだ、もう放っておけ。好きなようにさせてやれ」

ウエスト通商からも、警察が疑うような証拠らしい証拠は挙がらなかった。

捜索を終えた刑事が、ふたたび、自信に満ちた、不気味な笑みを浮かべた。

「物事っていうのはね、ここからはじまるんだからね」

大柳の取り調べは、それ以後も何度かつづいた。大柳は、呼び出されるままに、兵庫県警に出向いた。

そのころになると、野村證券、日興証券といった、北祥産業に関わった証券会社にも家宅捜索が入った。

ついに、大柳からは、不正を犯している証拠らしい証拠は出なかった。

取り調べの最後の日には、取り調べた刑事が七人ほど、大柳をわざわざ新神戸駅まで見送りに来た。

〈やっと、終わったな……〉

ほっと息をついたのもつかの間であった。今度は、大柳は、警視庁から呼び出された。

大柳は言った。

「警視庁が、なんでまた用事があるの？」

「いや、おたくの帳簿、十億円ほど合わない」

まるで、重箱の隅をつついたようなことで取り調べてくる。

大柳は、吐き捨てた。

「それなら、おれの口座を調べればいいじゃないか」

刑事が言った。

「そんなことといっても、どっかに隠しているんじゃない？」

「ふざけるな！」

ついに、さすがの大柳も声を荒げた。警察が指摘する十億円もすぐに判明し、大柳は、容疑を晴らした。

それでも、出頭は三度にもおよんだ。

〈やれやれ……〉

やっと一息つけるかと思っていた矢先、また出頭依頼があった。今度は、東京地検特捜部からであった。

地検の取り調べ室には、ずいぶんと厚い書類が積んであった。兵庫県警、警視庁で作成された大柳の調書である。

検察官は、その調書を軽く手で叩きながら言った。

「もう、こんな馬鹿みたいな調書じゃわからないから、直接訊くから答えて」

大柳は言った。

「ぼくが話したことで、まちがったことはひとつもありませんよ。たしかに仕事もした。したけれど、調書にも書いてあると思いますが、悪い仕事なんかはひとつもしてません」

検察官は、やや皮肉めいた笑みを浮かべた。

「いや、北祥産業から受けた資金が、白い粉に変わっているとか、鉄の塊になっているんじゃ困ると思ってね。それにしても、あなたの名刺ホルダーから出てきた名刺、えらいひとばかりだね。どういう関係で、こういうひとたちとお近づきになれるのか。そういうこともふくめて調べさせてもらいました」

しかし、大柳はさらりと言ってのけた。

「それはね、わたしがコンサルタントビジネスをしているからです。それで、そのような方たちとお会いする機会があっただけです。それ以外、なにものでもありませんよ」

　それからしばらく取り調べがつづき、最後に検察官が言った。

「大柳さんには、また出頭してもらいますけど、外為法違反のほかはないよね」

「もう、これまで述べた通りです」

　それからまもなく、大柳は、検察庁に出頭した。

　検察官が言った。

「あれからまた、一応、いろいろと調べさせてもらった。結論からいえば、外為法違反で、大柳さん個人に罰金五十万円。ウエスト通商に五十万円の罰金を科す。異議があるのなら、二週間以内に、異議申し立てをおこなうこと」

　大柳の取り調べはそこで終わった。大柳は、摘発されたものの、逮捕までにはいたらなかった。

　だが、その後、庄司、東京佐川急便の渡辺広康、常務の早乙女潤が逮捕された。

　さらに、政界の首領たる金丸信までもが逮捕された。東京佐川急便から五億円のヤミ献金が発覚。政治資金規正法違反で略式起訴され、九月二十八日に東京簡易裁判所から罰金二十万円の略式命令を受けた。

　大柳は、まわりにいたひとたちが逮捕されたことに胸が痛んだ。が、だれも、石井の名前は口にしなかった。そのおかげで、石井隆匡にまで火の粉がふりかかることはなかった。大柳は、それが、なによりもうれしかった。

債務保証額五百二十五億円

ニューヨークのゴルフ場「ニューヨーク・カントリークラブ」開発の事細かな審査、環境基準は、みごとにクリアした。

しかし、八〇％ほどが仕上がったとき、大柳が外為法違反の容疑で罰金を科せられてしまった。ゴルフ場開発は、ご破算になった。

ゴルフ場の開発資金は、北祥産業が大柳が経営するウエスト通商に送金し、弁護士が社長をつとめるゴルフ場開発のための現地法人が土地売買をおこなった。

じつは、カンタム社買収費用のうち三百万ドルは、以前に土地買収名目で送金した金を、無届けで使途変更していた。残り八十万ドル分については、仲介者であるプレスコット・ブッシュに対する謝礼二十万ドル分を水増しし、同社株購人を百万ドルと偽って大蔵省に届け出をしていた。

土地購人に関しても、一千五百五十万ドル全額を不動産取得名目で送金したが、そのうち、五百七十万ドル分は、実際に現地に設立したゴルフ場開発会社への貸付で、そのなかには、コース設計にたずさわったゲーリー・プレーヤーに対する報酬五十万ドルもふくまれたのではないかと疑われた。

なお、プレスコット・ブッシュは、北祥産業、ウエスト通商の背後に稲川会があることを知った段階で、両社との関係を断っている。

ただ、のちに庄司が特別背任および商法違反容疑で逮捕された際、不思議なことがあった。庄司が受け取った小切手の額を、検察はどう調べたのか。自分は完璧だと思っていたが、どこかで送金した足跡が残っていたにちがいない。不思議でしかたがない。このために、所得税法違反で、二十数億円の追徴金をとられた。

ただし、税務署は、裏の金庫には手をつけなかった。おそらく裏金庫の存在は知っていたにちがいないが、あえて手をつけなかったのだろう。

いっぽう、不動産会社・地産グループの竹井博友《たけいひろとも》は、平成二年十月初旬から、加藤らに隠れて、本州製紙株を売りに転じていた。

そのことを加藤らから聞かされた石井は、平成二年十月下旬、竹井と会った。

石井は、竹井との間で、約束を交わした。

「二千二百円だった株価が三千円になるまで買い支える」

石井と竹井の面会を前後して、山口組の有力組長らも竹井と会い、竹井から、了解を取りつけた。

石井は、これをきっかけに、ふたたび買い支えにまわった。十一月の一カ月にわたり、約二百万株を集めた。それでも、本州製紙株は下げ止まらなかった。

平成三年一月、石井は、竹井とふたたび会った。竹井に確認を取った。

「おれは、本州製紙を買い支える。あなたも、協力してくれ」

「わかりました」

竹井は了解した。

石井は、竹井がまさか裏切るわけがないと信じ切り、本州製紙株を買い支えつづけた。

竹井は、じつは、それを狙っていた。もっとも上がったところで大胆にもヌケヌケと売り抜けたのである。

しかし、石井は、東急電鉄株と同じく売り抜けられなかった。さらに、損害を広げた。石井が追加担保として押さえられた株は百億円以上に相当する八百万株で、平成三年からは利払いも滞って、返済不能に陥った。

石井は、本州製紙株で、二百億円もの損失を出した。石井だけでなく、稲川裕紘までも損失を出した。その額は、七十億円であった。

それとともに、竹井が仕掛けたからくりが明らかになった。おそらく、石井がまだ病に冒されていなければ、竹井をそのままにはしておかなかったにちがいない。

石井は、自分自身が逮捕されることになったらどうなるか。一生が終わりになる。裏切った竹井を狙うどころではなかった。

なお、北祥産業は、平成三年一月二十五日付で千代田区麹町四丁目の自社ビルから、港区赤坂二丁目の貸しビルに本社住所を移転していた。このビルは、庄司の知人が経営する高級クラブの連絡事務所があるだけで、北祥産業関係者は、まったく出入りしていなかった。

東京佐川急便社長の渡辺広康は、平成三年に入り、東京佐川急便本社社長室で、早乙女に言った。

「北祥産業、北東開発の倒産は、すでに時間の問題だぞ……」

渡辺は、北祥産業、北東開発が倒産したときに、東京佐川急便の債務保証が表面化することを恐れていた。

渡辺は、うめくような声をあげた。

「両社の既存の借入金の返済と金利の支払いについて、東京佐川急便から北東開発に対して、必要資金を貸しつけるしかあるまい……」

二月には、稲川会の石井会長、渡辺、川崎定徳社長の佐藤茂の三者会談がひらかれることになった。会談にさきがけて、石井は、佐藤社長に会い、自身の考えを漏らした。

「佐藤さん、岩間開発は、あなたに譲渡して、わたしの息子に残してやりたい。岩間開発を佐川側にわたすと、処分されてしまう。行き詰まったときには、東京佐川急便に東急株を渡そうと考えている」

赤坂プリンスの一室で、いよいよ三者会談がひらかれた。

石井の考えを事前に聞いていた佐藤は、三者会談の席では、石井の意向に沿うように助言した。

会談の結果、佐藤が岩間カントリークラブを取得し、東京佐川急便は、谷田部カントリー、ゴールドバレーのふたつのゴルフ場を取得することが取り決められた。

しかし、すでに一月末で、東京佐川急便の北祥産業、北東開発に対する債務保証額は、五百二十五億円にも達していた。岩間開発、ゴールドバレーの債務保証額を合わせると、一千百億円にもふくれあがっていた。それだけの金額に見合う資産を取得することは、不可能であった。

渡辺と早乙女は、あくまで石井との関係を隠蔽する方針をとった。

三月に入り、北東開発の北祥産業に対する債権を、松沢から紹介された華僑の葉剣英が経営する「エイトワン」に移転するという契約をむすんだ。

さらに、北祥産業が所有する北祥産業ビル売却に関しても、工作をおこなった。

北祥産業ビルに抵当権を設定して融資をおこなっていた昭和リースから、債務保証をしていた東京佐川急便に対し、強硬に返済要求がおこなわれた。

渡辺は、東京佐川急便系列の東日本運輸興業が、昭和リースより四十一億円を借り入れる方法をとった。そのとき、渡辺と親交のあった福島交通社長小針暦二《こばりれきじ》が経営する「日本ロイヤルクラブ」所有の不動産を担保とした。

東日本運輸興業は、四十一億円をエイトワンに貸しつけ、エイトワンは、三十八億円を支払い北祥産業ビルを買い取った。

北祥産業は、その代金で昭和リースに返済をすませた。渡辺は、東京佐川急便と北祥産業が無関係であるように見せるために、北祥産業から返済させる方法をとったのである。

渡辺は、北祥産業、北東開発や平和堂グループに対する保証債務の履行を求められる事態を覚悟した。

平成三年三月、稲川会系列の稲川会横須賀一家系の組長ら数人が、東急電鉄本社の複数の役員について、保有していた同社株二千九百万株の買い取り数回にわたって話し合いを持った。

「稲川会の者だが、お宅の株を持っているので買い取ってもらいたい」

当時、東急電鉄の株価は一千七百円前後で、石井が保有していた約二千九百万株の時価換算額は約四百九十億円だった。組長らは、二千億円での買い取りを主張した。

買い取り要求額は時価の約四倍に当たる二千億円。買い占めのために大手証券会社系列の金融会社から受けた三百六十二億円の融資の金利負担を考えてのことであった。

が、この交渉は、それ以上進まなかった。

平成三年五月、北祥産業は、麹町の本社ビルと土地を、エイトワンという企業に売却した。この売却金で、昭和リースから融資された残額約五十億円を返済した。

このころに、監査役ら役員も辞任した。

平成三年五月、東京佐川急便の渡辺社長は、佐川清に、電話で宣告された。

「おまえの持っている株を一千億円で買ってやるから、出ていけ」

渡辺は、断った。

「時価に、合ってません」

渡辺は、あわてて京都の会長宅に行き、詫びを入れた。

「自宅などの私財も、差し出します」

が、激怒した佐川は、きかなかった。

渡辺は、臍《へそ》を曲げた。渡辺は荒れた。周囲に、こぼした。

「トラック協会に入っていない佐川急便が、全国ネットできたのは、おれがいたからじゃねえか！　京都に、利用された。ダーティーな仕事は、みんなおれにやらせた。それでいまの佐川があるんだ」

渡辺は、この直後、藁にもすがる思いで、竹下登と会った。大蔵省に顔がきく竹下登になんとか銀行融資を頼もうとした。

竹下との話の中で、渡辺は、事件の行く末を竹下に訊いた。

そのとき、法務大臣と自治大臣の名前が出た。
渡辺は、期待した。
〈かれらに、なんとか知恵を絞ってもらい、東京佐川急便を救ってもらえるにちがいない……〉

外為法違反容疑

平成三年五月一日には、東急株は、ついに一千五百九十円にまで落ちた。この月、日興証券の信用買いの期限が来たために、石井は、すべて売り払って精算した。

庄司が最後の望みを託した本州製紙株仕手戦は、現物取引、信用取引合わせて四十六億円の損害という結果に終わった。

平成三年五月二十九日、石井と庄司の肝をさらに冷やすことが起こった。兵庫県警防犯課と神戸水上署は、稲川会の石井宅や、北祥産業事務所など数カ所を外為法違反容疑でいっせい捜索した。

防犯課は、石井らが、東急電鉄株を担保に大手証券会社系の金融会社から受けた巨額融資がアメリカなどに不正に持ち出されたと見ていた。それは、小切手などの形で持ち出され、アメリカでゲーリー・プレーヤーが設計するゴルフ場開発に使われた。その額は、数十億円であった。

さらに、捜査当局ほ、石井の東急電鉄株の買い占めについても調べにかかった。買い占めの狙いは、暴力団が大株主になっていることで企業イメージが傷つくことをネタにして、高値で買い取らせることにあったと見ていた。

すでに平成二年十月上旬から、架空名義の銀行口座を使用した対外不正決済容疑の内偵をつづけていた。その結果、平成三年一月、兵庫県警は、稲川会系不動産会社「ウエスト通商」の捜索をおこなった。

大柳一平代表取締役と妻の監査役が、韓国での土地購入のために自己あて小切手百通、額面合計一億七千万円を違法に韓国へ持ち出したとみなし、外為法違反容疑を適用した。

兵庫県警は、平成三年一月十六日から十九日までの間、捜査員二十名を上京させ渋谷区神宮前六丁目にあるオリンピアネックス301号室のウエスト通商事務所、千代田区二番町にあるダイヤパレス二番町705号室のキタイチ事務所を捜索した。総勘定元帳、金銭出納帳、銀行勘定帳、振替伝票など合計二百五十五品目三百九十点、ダンボール十九個分を押収した。

押収した経理帳簿から、米国への不正投資の容疑が浮かんだのである。

兵庫県警は、背後関係についても捜査を開始した。

その結果判明したことは、平成元年六月末、北祥産業代表取締役の庄司宗信は、同じ稲川会系不動産会社「ウエスト通商」の大柳一平代表取締役とともに、米国テキサス州のソフトウエア製造販売会社「カンタム・アクセス」の株式百万株を購入した。

そのとき、不動産購入目的で米国の銀行に送金していた三百万ドルを、大蔵大臣への届け出をしないままに流用した。

さらに、株価が株三・八ドルであったにもかかわらず、一ドルであると虚偽の届け出をし、百万株の購入目的で百万ドルを米国の銀行に送金した、というものであった。

兵庫県警はこの二度にわたる捜索の結果、大柳と庄司が韓国と米国に持ち出した十五億八千万円のなかに、石井隆匡前稲川会会長振出の八億五千万円の小切手がふくまれていることを発見した。

翌五月三十日、神奈川県横須賀市の石井会長宅が、兵庫県警と神戸水上署の手により、外為法違反容疑で家宅捜索された。この捜査が引き金になり、稲川会石井前会長から東京佐川急便渡辺社長まで、いもづる式に関係者が暴露されることになった。

東京佐川急便の債務保証により、北東開発に流れた金は、昭和六十三年二月から、延べ約三十回にわたり総額四百八十三億円に達していた。

渡辺は、東京佐川急便が倒産して不正な債務保証が表沙汰になることを避けるために、最後の手を打った。

五月末、渡辺は、住友銀行京都支店に融資の陳情に出向いた。

が、住友銀行の担当者は、難色を示した。

「具体的な再建計画書をつくってください。それが、まず必要です。単純な数字を出されただけでは、とても相談にのれません。それに、なにぶんにも、稲川会との関係があるのでは……」

渡辺は、三和銀行亀戸支店にも直接、おもむいた。

が、結果はおなじであった。

渡辺は、窮地に追い込まれた。

六月一日、東京佐川急便本社に、福島交通社長の小針暦二が姿を見せた。

「社長のところは、大変らしいな」

渡辺は、小針に窮状を訴えた。

「住友銀行にかけあったが、どうも駄目みたいだ。どうしても、一千億円以上の融資が必要なんだが……」

小針は、渡辺に一生の恩義を感じていた。昭和五十九年三月に、福島交通グループ内の使途不明金がマスコミに取り上げられた。資金的に苦境におちいったとき、渡辺が資金融資をおこなった。小針にとって、「地獄に仏」にあったようなものであった。そのときの恩義を返すためにも、小針は助け船を出した。

「とてもそんな大金は、おれには賄いきれない。政治家に動いてもらうのが、いちばんだ。金丸先生、竹下先生に力を借りよう。銀行に口利きしてもらえばいい。あなたは、頼みにくいだろうから、わたしから、ふたりに頼んでみるよ」

まもなく、渡辺は金丸からの電話をうけとった。

「小針から、話は聞いた。三和銀行の頭取とは親しいから、話をしておこう。住友銀行と親しいのは、竹下だ。おれのほうから、竹下に頼んでおいてやるよ」

六月三日、当時郵政大臣であった渡辺秀央《わたなべひでお》が、東京佐川急便を訪問した。

渡辺秀央は、社長室に入るなり、切り出した。

「東京佐川急便が、大変だと聞いてやってきた。本当のところは、どうなんだ」

渡辺は、二日前に小針と話した内容をそのまま伝えた。

渡辺秀央は、聞き終えると大きくうなずいた。

「社長は同県人だし、世話にもなっている。わたしのほうでも、金丸、竹下両先生と連絡をとってみる。できることがあるなら、協力させてもらいたい」

東京佐川急便、崩壊ドラマ

十日後の十三日、小針の呼びかけで、東京佐川急便救済の会合がひらかれた。

場所は、渋谷区猿楽町にある小針の愛人宅が選ばれた。

出席したのは、金丸信、竹下登、渡辺秀央と、小針暦二、渡辺広康の五人であった。

渡辺は、窮状を訴えた。

「株取引をやらせ、債務保証をしたら四千五百億円の焦げつきを出してしまった。東京佐川急便を、倒産させたくありません。緊急に一千億円、いや一千五百億円必要です。銀行に、口添えをお願いします」

金丸は、渡辺に多大な借りがあった。断ることはできなかった。

「なんとか、してみよう。再建計画ができる前に、三和銀行の頭取に話を通しておく」

竹下もまた、協力を約束した。

「再建計画書ができた時点で、住友に話をもちかける。安心してください」

竹下は、かたわらにいる渡辺秀央に眼を向け、提案した。

「渡辺先生は、銀行局長の土田さんをよく知っているのだから、土田さんに根回しをしたらいかがでしょう」

渡辺秀央は、相槌を打った。

「承知しました。宮房副長官のころから、大蔵省の土田さんとは面識がある。根回しをさせていただく」

　さらに、渡辺秀央は、励ましのことばをかけた。

「社長には『世界平和研究所』の件で、大変お世話になりました。おなじ新潟県人でもあるし、ぜひともたちなおってもらいたい」

　中曽根康弘元首相が主宰する「世界平和研究所」設立のとき、渡辺は積極的に資金をふくめ支援した。

　渡辺秀央は、その義理をかえすためにも、協力を確約した。

　金丸、竹下ともに再建計画の必要を口にしたため、小針が提案した。

「一度、東京佐川急便の経理担当を連れてきて、説明させるということでいかがでしょう」

　全員が了承し、この日は散会した。

　三日後の十六日、再度会合がひらかれた。場所は同じところで、政治家は竹下のみが出席した。

　東京佐川急便側は、渡辺社長、早乙女潤常務と津村秀行経理担当課員の三人が、出席した。

　竹下は、遅れて入ってくると、再建計画書について問いただした。

「一千億の融資を希望しているらしいが、再建計画書は、できているのかね」

　渡辺は、具体的な計画を話すことはできなかった。

　竹下は、東京佐川急便側から再建計画書が提出されないことに不満を感じた。

「再建計画ができたら、見せてください。できないと、銀行側に声をかけにくいでしょう。住友銀行の幹部とは面識があるから、一応声をかけておく。再建計画書を、急いでくださいよ」

　早乙女と津村が、懇願した。

「日債銀に、口を利いてもらえませんでしょうか」

竹下は、答えた。

「銀行というのは、取引きがないと、ほとんど協力しないものだ。日債銀と取引きはあるのか」

渡辺が、口をはさんだ。

「いいえ、日債銀とは、取引きはありません」

竹下は、仕方がないといった口ぶりでいった。

「それでは、三和銀行と住友銀行だけにしておきなさい。大手の銀行が協力すれば、そのうち他行も協力してくれるはずだ」

話は、十分ほどで終わった。

竹下が辞した後、津村は、竹下から具体的な融資案を聞くことができなかったことに、落胆した。

早乙女も、落胆の意を漏らした。

「メーンバンクへの依頼だけでは……」

六月二十六日、三和銀行の渡辺《わたなべ》滉《ひろし》頭取のもとに、金丸から電話が入った。

が、そのときは渡辺頭取は、大阪にいた。

数時間後、『金丸先生がお話したいといっておられます』という秘書のメモを見た渡辺は、おもいだす用件がないものの、すぐさま金丸事務所に電話を入れた。

金丸は、用件を切り出した。

「東京佐川急便のことだが、おたくで決算書を見て、やれるならば、力になってもらいたい。応援してやってくれ……」

　渡辺頭取は、告げた。

「金丸先生、すでにこちらの方で、調査を始めております……」

　三和銀行は、住友銀行に次ぐ東京佐川急便のメーンバンクのひとつであった。東京佐川急便が巨額の債務保証をし、焦げついているという情報を得て、調査を命じたところであった。

「そうか、それならいい。それでは」

　その後、渡辺のもとに金丸から電話が入った。

『だいたいの話は、竹下君から聞いた。三和銀行のほうには連絡をしておいた。あとは、しっかりした再建計画をつくればいいといってきている。内諾を得ることが出来たから、融資のことは心配ない」

　ところが、このころ佐川清に、東京佐川急便の莫大な債務保証の事実が発覚する。

「赤旗」が入手した佐川急便の内部資料によれば、東京佐川急便は、乱発した債務保証で、銀行などから三千九百億円も融資を受けた。

　内訳を見てみると、平成三年六月で、融資残高トップは、住友銀行。系列ノンバンクも含めると、三百七十五億円にもなった。

　以下、三井信託銀行の二百九十億円、日本信販と系列ノンバンクの百九十八億円、東京銀行と系列ノンバンクの百八十一億円、東海銀行と系列ノンバンクの百七十四億円、協和埼玉銀行と系列ノンバンクの百三十九億円、北陸銀行の百億円、三和銀行の八十九億円、以下、農林中金八十一億、富士銀行六十一億、幸福銀行四十二億、茨城銀行三十三億、関東銀行と系列ノンバンク三十億、平和生命二十九億、石川銀行二十五億、日本長期信用系ノンバンク二十五億、大同生命二十五億、兵庫銀行系ノンバンク二十一億、第一勧業銀行二十億、千葉銀行系ノンバンク二十億、群馬銀行系ノンバンク二十億、商工中金系ノンバンク二十億、日本火災二十億、常陽銀行系ノンバンク十億、近畿銀行系ノンバンク五億、朝日信用金庫四億、その他ノンバンク一千九百十六億であった。

平成三年七月に入ってまもなく、弁護士の竹村に電話が入った。陶芸家の則松金蔵からであった。重荷を降ろしたような、晴々した声であった。

「話がつきました。どうもありがとうございました」

佐川清会長の息子の佐川正明《さがわまさあき》のもとに、渡辺以下が結集して佐川急便を経営していくことに決めた、という意味だ。念願の王政復古がなった、ということだろう。

その前提として、渡辺が、佐川清に会いに行き、謝罪することという条件がついた。

正明を盟主と仰いで、今後佐川急便の発展のために全力を尽くすことは、その前年の暮れに、福岡県飯塚市にある則松の経営する「日々新聞」の事務所で、渡辺が約束させられていた。いわゆる各主管店社長の連名による契約書である。

渡辺は、自分の身柄は、ことごとく正明にあずける旨の約束をしてしまったのである。

竹村は、思った。

〈つまり、臭いものに蓋をしてしまったわけだ。これは、正明派のクーデターだ〉

が、正明－則松一派の計画は、覆ってしまう。

渡辺は、平成三年七月十日、自分が社長を解任されることにおびえ、京都の佐川の自宅を訪ねた。

佐川は、ちょうど朝食を食べているところであった。佐川の朝食は、好物の鮭の頭と、大根の煮付のおかずに、お茶漬という質素なものであった。

渡辺は、佐川に訴えた。

「オヤジ、おれは会社の金を焦げつかせ迷惑をかけたけど、おれは、オヤジについていくから」

佐川は、渡辺の肩を叩いていった。

「いいじゃないか。五千億円や六千億円の焦げつきは、どうってことはないよ。おれとおまえで、築いてきた会社じゃないか。また一からはじめれば、三年で返せるよ。長くても、五年だ。渡辺、おまえは、なんにも心配するな。だが一言忠告しておく。これからは、湯水のように金を使うな。いいか」

そういって佐川は、渡辺の肩を抱いた。

「オヤジ、ありがとうございます。いちから出直して、がんばります」

ふたりは、肩を抱き合ったまま、涙を流しあった。

ふりかえってみれば、ふたりも蜜月時代はあった。

大阪佐川急便社長である栗和田栄一《くりわだえいいち》は、じつは佐川清が最初に婚約した女性、栗和田ミヨと佐川清との間に出来た子である。国鉄職員をしていた栗和田を見つけ出したのは、渡辺であった。

「オヤジ、いちばん最初に苦労したときの子供がいたよ……」

渡辺は、独自に調べて探し出した。

佐川は、さっそく栗和田を大阪佐川急便の社長に据えた。渡辺は、これほど佐川に尽くしていた時期もある。

平成三年七月十日に佐川と渡辺が会った翌日に、在京右翼の春山与一が、佐川清に告げ口した。

「会長、渡辺の二枚舌に欺されたら駄目ですよ。渡辺は、三百億円も自分の資産を蓄財していますよ」

佐川は、会社の金をちょろまかして、自分の資産をため込む人間が大嫌いなのだ。

佐川は、春山に質した。

「まちがいないのか」

春山は、胸を張った。

「わたしは、警察には、顔がきくんだ。まちがいないですよ」

佐川は、渡辺を社長から降格し、平取締役でがんばらせようか、と考えていた矢先だった。が、春山の話を聞き、突然、気が変わった。

「許せん。渡辺は、許せん！　おまえらが、好きなようにしろ」

石井隆匡元会長死す

渡辺は、ついに解任された。その後、自分の持っている以外の東京佐川急便の株式六八・一七％を、無償で弁護士に預けた。

七月三日には、稲川会の東急電鉄株大量買いについて、兵庫県警と警視庁が合同で捜査に着手。兵庫県警が摘発した外為法違反事件の捜査過程で、石井前会長の東急電鉄株大量購入をめぐり、不透明な背後関係が浮上。徹底した解明をめざすことになった。

この問題に絡み、岩間開発事務所、岩間カントリークラブ、千代田区麹町四丁目にある稲川会系金融会社「東広ファイナンス」、千代田区平河町にある佐川急便グループの不動産会社「北東開発」、川崎定徳社長の佐藤茂宅などの七カ所が家宅捜索を受けた。

じつは、平成三年六月ごろ、東急電鉄の幹部が、川瀬章のもとをおとずれた。赤坂東急に事務所をかまえる川瀬の知り合いの紹介であった。

その幹部は、訴えた。

「わたしは、五島哲《ごとうてつ》をなんとか、東急グループの跡目にさせたいと考えているのです」

五島哲は、東急グループ総帥の五島昇《ごとうのぼる》の長男である。昭和五十年に取締役として東急建設に入り、昭和五十五年に常務、昭和五十八年に専務、昭和六十一年には副社長に就任し、平成二年には東急建設社長となっていた。いっぽう、東急電鉄取締役も務めていた。

おそらく、亡くなった父親の五島昇は、長男に東急電鉄を継がせたいと思ったにちがいない。横田二郎に自分の跡を継がせたのも、そのためだった。ところが、横田は、五島家を東急電鉄から引き離そうとしたのである。その幹部は、創業者である五島慶太《ごとうけいた》にも書生として仕え、五島昇にも仕えた。一生を五島家にささげた。その眼から見れば、五島家が東急グループから外されるのは見てはいられない事態であった。

その幹部が言うには、その状況を打ち壊すには自分たちが東急電鉄の大株主となって、経営陣を追いやるしかないという。

「五島哲さんのためにも、なんとか、そちらで所有している電鉄の株を譲っていただけませんか。資金は、かならず用意しますから」

石井の秘書の川瀬章は言った。

「ご事情はわかりますが、時価でいえば、ひと株一千七百円ですが、せめて二千五百円程度で引き取っていただけませんか」

「わかりました。検討してきましょう」

相手側も、かなり擦り寄った。ひと株二千二百円で買い取るというところまで、川瀬らに歩み寄った。

川瀬は、「二千五百円」はゆずらなかった。しかし、もう少し時間があれば、話はまとまったかもしれない。交渉をつづけている最中、石井の容態が悪化し、ふたたび新宿区信濃町にある慶應病院に入院したのである。川瀬は、交渉どころではなくなっていた。


川瀬は、入院した石井につきっきりとなった。石井が入院した慶應病院一号棟の503号室は、十五畳ほどのベッドルームと、八畳の日本間があり、その隣に応接間があった。

川瀬ら三、四人は、その応接間に交代で詰めた。夜中の十二時から、交代要員が来る朝の八時までひかえていた。

「おーい、トイレに行くぞ」

石井から声がかかると出て行き、肩を貸してトイレまで連れて行った。

川瀬らは、別の面でも、かなり気をつかった。横須賀に住んでいる妻が見舞いに来るときには、そのころ発売したばかりの携帯電話に、横須賀にいる組の者から連絡してもらった。

「いまから、姐さんが出ます」

石井の妻は、当初石井が入院したことは知っていたが、脳腫瘍を患っているとは知らなかった。一度目の入院の際には、見舞いには来なかった。だが、石井の容態がかなり悪いことがわかり、二度目の入院となると、赤坂プリンスに泊まりこんで面倒を看るようになった。

ある日、川瀬は、稲川会のある組の組長が石井を見舞ったあとに控室にもどった。川瀬は、いきなり、その組長に言われた。

「川瀬、石井のオヤジにちゃんとお礼を言ってこいよ」

「はあ……」

川瀬は、あいまいに答えた。あらためて石井に礼を言わねばならないことをしてもらった覚えがなかった。

しかし、思い起こしてみると、石井からも、おかしなことを言われたことがあった。

「いいか、川瀬も、大事につかえよ」

条件反射的に、「はい」と答えたものの、いったいなにを言っているのかわからなかった。

きょとんとする川瀬に、組長が、はたと気づいた。

「あっ、話すのを忘れていた。東急株の整理がついて、おまえにも小遣いを渡したことになっているから。だから、お礼を言ってこいといっているんだ」

石井の心残りのひとつが、巨額の資金を投じた東急株であった。そこで、組長らは、みごとに売り抜けて利益を上げげたと石井に嘘をついたのである。石井を安心させるための方便であった。

石井は、すでに、組長らの嘘が見抜けないほど混濁していた。組長らの言葉をうれしそうに聞いていたという。

それから数日後、石井は、いつも側でつかえていた川瀬のことでさえも、別人と間違えた。

「川瀬です」

名乗ってやっとわかるようであった。

唯一わかるのは、三代目会長の稲川裕紘だけであった。石井は、稲川裕紘をそれほどかわいがっていたのである。

石井の側近によると、石井がもしも健在であれば、佐川急便事件は起こらなかったかもしれない。佐川急便事件は、言ってみれば、佐川清会長と、東京佐川急便社長の渡辺広康が揉めたことに端を発する。佐川会長としても、なんとか解決しようと話し合いの場をつくろうとした。しかし、渡辺社長は、その場には行かなかった。東京佐川急便は売上も上げている。佐川会長が、石井は、下がるいっぽうの東急電鉄株の株価をなんとか買い支えようした。住友銀行から、三百億円の融資を受けた。しかし、下げ止まりを食い止めることはできず、石井は、七百億円の損失を被った。

庄司らが、東急電鉄株を手仕舞いしたのは、九月二日のことである。石井に知られぬまま、東急電鉄株は市場に放出された。

石井は、そのことはまったく知らない。自分は株投資で成功したという夢を見つづけたまま、平成三年九月三日を迎えた。

石井は、亡くなる数日前からは、まったく前後不覚の状態に陥った。脳軟化症が悪化したのである。

その日、川瀬章は、いつものように交代要員と代わって慶應病院を出た。しかし、数時間もたたぬうちに、川瀬は携帯電話に連絡を受けた。築地を拠点としている佃政一家六代目の富山正一であった。

「川瀬、すぐに来い！」

川瀬は、慶應病院へと急いで引き返した。

川瀬が到着したときには、どこから聞きつけたのか、すでに報道陣が群がり、横須賀一家桜井組組長で、のちに七代目横須賀一家総長となる桜井盛也がその対応に追われていた。

石井は、危篤状態に陥っていた。

三代目の稲川裕紘、幹部クラスも集まっていた。

息苦しいほどの緊迫した時間がつづいた。川瀬は、静かにそのときを迎えようとしている石井を見つめつづけた。

三代目会長の稲川裕紘は、意識のほとんどない石井の顔の横にかしずき、耳元でささやいた。

「親分、長い間ありがとうございました」

稲川裕紘の眼からは、大粒の涙がぽろりぽろりと落ちてつたった。

それまで石井の心拍に合わせて音を発していた心拍測定器が、石井の鼓動が停まったことを知らせる音を発した。

川瀬には、石井の死を悲しみにふける暇はなかった。

稲川会横須賀一家坂本組組長の相島功が、運転手とともに遺体を霊柩車におさめ、報道陣に気づかれないように病院の裏門から出た。

横須賀の石井邸には、まだ石井の死が公にされていないにもかかわらず、マスコミが押し寄せていた。

霊柩車にフラッシュを浴びせかけた。

いっぽう、兵庫県警は、落胆の色を隠せなかった。石井の病状が少しでも回復すれば、病床で事情聴取する方針を固めていたからである。しかし、石井の死によって、東急電鉄株に関わる石井の書類送検を断念した。

石井の死は、政界にも影響をおよぼした。その死後、石井の顔で抑えこんでいた右翼陣営が、金丸信への攻撃を熾烈にさせた。

平成三年十一月には、二度にわたって東京・元麻布にある金丸邸に火焔瓶が投げこまれた。それればかりか、平成四年三月二日には、栃木県足利市で、金丸は銃撃を受けた。

稲川会幹部は語る。

「石井さんが生きていたら、ここまでは行かなかったかもしれない」

東京佐川急便事件の全容

東京佐川急便事件で、石井隆匡系企業十数社に資金提供された約二千五百億円の最終的な使途の全容がほぼ解明した。使途は九ルートに分かれている。（1）借金の返済と利払い（2）ゴルフ場開発（3）株投資（4）絵画購入（5）海外投資（6）ヘリコプター購入（7）不動産投資（8）前会長系企業以外への転貸融資（9）渡辺前社長らへの「リベート」として流用であった。このうち、借金の返済と利払いに全体の六六％にも当たる一千六百五十億円が使われた。

調べによれば、資金提供先で最も大きいのが「北東開発」。同社の実権は北祥産業社長、庄司宗信ら北祥役員が握り、東京佐川の役員会の議事録偽造、融資交渉、グループ内企業への転貸などをおこなった。融資は名目上、北東開発が計画した「谷田部カントリークラブ」の開発資金であったが、ほとんどはグループ内企業に流された。「谷田部」開発に投下されたとされる約六十億円も、土地買収に十数億円使われたほかは転貸されるなどしていた。

こうしてプールされた資金は、グループ企業名で運用された。「天祥」は持ち株管理会社で調整役、「東広ファイナンス」は資金融通や絵画取引、「ゴールドバレー」「岩間開発」がゴルフ場買収、「宰明」が土地取引や株投資の名義人役――など。しかし、多くがペーパー会社だった。

他に、多くの資金が投入されたのは、谷田部のほか、ゴールドバレーなどゴルフ場買収の約三百億円。谷田部やゴールドバレーは、開発途中で事業が事実上ストップした形になっており、三百億円の投下資金も回収のめどはたっていない。また、株投資には約二百億円が流用されたが、中心となった東急電鉄、本州製紙株が暴落しており、投資資金は焦げ付いた状態になっている。

さらにフランス印象派のルノワールや、シャガールなど三十点以上の絵画購入に約四十億円、「天祥」を通じてのヘリコプター購入に八億二千万円が注ぎ込まれたのが目立つ。渡辺社長らへの「リベート」として流用したのは数億円とみられている。

平成三年十月七日、大蔵省（現・財務省）は、野村證券の酒巻英雄《さかまきひでお》社長ら幹部を呼んだ。野村證券の東急電鉄株大量売買が、特定の銘柄に対し、投資家を過度に勧誘することを禁じた証券取引法や大蔵省通達に違反した事実を確認するための審問をおこなった。

証券局が読み上げた審問事実に対し、野村側は、組織的な株価つり上げは否定した。だが、過度の勧誘についてはおおむね事実と認めた。

これによって、東急電鉄株の大量売買は、証券取引法違反に当たることが事実上確定した。平成三年三月期の損失補填など、特別審査で見つかった事実と合わせて、営業停止一週間前後の処分が発表される見通しとなった。

十月八日、ウエスト通商、北祥産業が、外為法違反で書類送検された。

なお、石井は、息を引き取った時点で、五十億円もの負債を抱えていた。収集した絵画を売却することで返済に充てた。

東急電鉄株は、石井の遺族との交渉の末、十月三十一日に、岩間開発が引き取った。

七百億円もの焦げ付きとなった石井所有の東急電鉄株を買い取ったのが、川崎定徳社長の佐藤茂であった。債務も肩代わりした。東急側が、あえて佐藤に頼みこんだのである。

その東急株は、住友銀行のものになってしまった。岩間カントリークラブも、太平洋クラブの所有となってしまった。

すべて、住友銀行に呑みこまれてしまったのである。

ただし、住友銀行が、笑ったわけではない。東急電鉄株は下がりつづけた。岩間ゴルフカントリークラブも、たいした価値もない。その意味では、だれも笑える者はいなかった。

石井がこの世を去ってから半年後の平成四年二月、東京地方検察庁特捜部は、東京佐川急便社長の渡辺広康、早乙女潤常務ら四人を特別背任容疑で逮捕した。

北祥産業社長の庄司宗信も、背任容疑で五月十一日に逮捕された。

この日、東京・六本木の稲川会本部や神奈川県横須賀市の石井前会長宅、北祥産業など十二カ所を捜索した。

午前十一時六分、東京・港区六本木七丁目の稲川会本部に捜査員が集まった。

稲川会本部は、防衛庁近くの七階建て雑居ビルの三階を占める。ドアには「稲川興業」の看板が掲げられている。

捜査員がノックすると、すぐドアが開かれた。混乱もなく、捜索が開始された。

台東区浅草四丁目の稲川会系坂本組事務所も、捜索された。

庄司の家にも家宅捜索が入った。

さらに、東京地検は、石井前会長系企業の海外不正送金事件を昨年摘発した兵庫県警と合同捜査本部を設置した。

容疑は、ふたつ。

庄司が、東京佐川急便から北祥産業への債務保証や融資で得た資金の一部で、北海道の観光地に別荘地を購入した。また、東京佐川急便に都内の高級マンションに家賃を肩代わりさせたという。

東京地検は、稲川会の石井隆匡の影響下にあった十数社に流れた二千五百億円といわれる佐川マネーが、いかに政界、闇社会へと流れたのか金の流れを掴みたかった。

しかし、融資を受けた石井はすでにこの世を去っていた。かといって、佐川急便側だけから逮捕者を出しては片手落ちとなる。そこで、番頭役といっていい庄司を逮捕したといえよう。

検察は、庄司の特別背任と、商法違反で庄司を追いこもうとしていた。が、庄司は、頑として背任行為までは認めなかった。

「幇助はしたかもしれない。しかし、背任はしていない」

抵抗しつづけた。

庄司としては、自分は自分が肥えるために、さまざまなところから金を集めたわけではなかった。佐川急便から提供された資金で北海道の別荘を買ったなどといわれているが、そのようなことはいっさいない。

さらに、検察からも何度も訊かれたが、石井が借り入れた二千億円の使途については知らない。その意味では、逮捕されるのは筋がちがうように思えた。

〈しかし、石井の代わりを務められるのは自分しかいない〉

そういう自負があった。

北祥産業は、佐川急便の保証行為に関わるものすべてを佐川急便に戻すことに決めた。北祥産業のビル、アメリカのゴルフ場が、佐川急便に渡った。佐川急便は、アメリカのゴルフ場はすぐに売却したらしい。

ただし、売り先の韓国の開発業者は、二束三文の値段で買い取り、その後、莫大な利益を上げたという。

もしも石井が存命であれば、佐川急便とのことは貸し借りの経済行為としてすますことができたかも知れない。佐川疑獄というものはなく、政界の首領・金丸信が政界を去ることもなかった。のちのちの政治状況にも大きく影響をおよぼしていたかもしれない。

庄司は、思う。持ちつ持たれつといった関係ではあったかもしれないが、佐川急便社長の渡辺広康がいたからこそ、石井はあそこまでのし上がることができた。渡辺には、足を向けては寝られないほど世話になった。

なお、石井が稲川に遺した競走馬プレクラスニーは、平成三年四月二十日、晩春ステークスで勝利をおさめたあと、GⅢエプソムC、毎日王冠とたてつづけに勝利し、いよいよ、秋の頂上決戦である天皇賞に駒を進めた。石井がこの世を去ってから二カ月近くたとうとしている平成三年十月二十七日のことである。

三番人気に推されたプレクラスニーは健闘虚しく、武豊《たけゆたか》騎乗のメジロマックイーンに六馬身もつけられて二着で入線した。

そこで、思わぬことが待っていた。

一着で入線したメジロマックイーンが、レース中に、他馬の進路を妨害したとして着順が下げられてしまったのである。プレクラスニーは繰り上がりで一着となり、天皇賞馬となったのである。

次走、真のGⅠ馬をめざした有馬記念では四着に敗れる。しかも、その後、後脚部に異常が発生し引退を余儀なくされた。生涯成績は十五戦七勝、獲得賞金は三億四百二万六百円。まさに馬主孝行の競走馬であった。

平成四年九月二十日、東京地裁で渡辺広康被告らの初公判がおこなわれた。

渡辺広康被告は、冒頭の罪状認否で、発言した。

「わたしは、石井前稲川会会長らの利益をはかったことはなく、巨額の債務保証や融資についても内容をよく知りませんでした」

渡辺は、また、マスコミ報道でいわれている疑惑について弁明した。

その疑惑とは、取引先である平和堂グループに対する東京佐川急便の債務保証などの見返りとして、平和堂グループの元代表松本泰生から約二十億円の資金が、渡辺のもとに環流し、多くの政治家への献金の原資となったとする疑惑である。

渡辺は、その疑惑について否定した。

「そのような事実はありません」

罪状認否につづけて、渡辺は、訴えた。

「二十億円ものお金を多数の政治家の方に配ったと、政治家の名前も出して報道されているが、そんな事実はありません。わたしの供述として取り上げられるのは不可解、残念至極であります」

渡辺は、一分間、声をふるわせて訴えた。

戦後の典型的保守政治家のひとりである自民党の首領金丸信は、平成四年十月十四日、ついに、議員辞職した。金丸は、佐川急便事件の責任をとり、みずから政治家としての命を絶ったのである。

池上本門寺

石井が東急電鉄株を売り抜けていたら、もしかすると、実業家として、ある地位を築いたかもしれない。石井が買ったと聞けば、投資家たちが動く。何百億という資金が動く。そのようなことがあったかもしれない。

現在のような、インターネットによる株式売買が盛んになっていれば、少しの動きがあっただけでも投資家は敏感に反応する。十分にビジネスにできたのではないか。

石井は、金に関してはきれいだったので、人間もついてきたにちがいない。

川瀬は、大田区の池上本門寺近くまで行くと、かならず石井の墓参りに寄る。

あるとき、たまたま行ったところ、知らない顔だが、同じ業界のひとが石井の墓を掃除していた。

川瀬は訊いた。

「どちらさんですか?」

その男は言った。

「山川のところの者です」

「あの、総長がいらしているんですか」

「はい、いますぐ来ます」

その言葉のとおり、稲川会系山川一家初代総長である山川修身がその場にあらわれた。石井が好きだった「追分けだんご」を供えて、手を合わせた。

山川が言った。

「このだんご、あんまり置いておくとまずいから、みんなで食おう」

川瀬も、山川からだんごをもらった。

山川は、語りはじめた。

「おれが、なぜ、ここへお参りに来るのかというと、石井会長には、深い恩を感じているからだ。あるとき、月末に三千万円必要だった。しかし、おれは金に困っていた。三千万円をつくるのさえ大変だった。だから、石井会長のもとをおとずれて、『明日、三千万、なんとかなりませんでしょうか』と頼んだ。すると、石井会長は、おれに、なにも言わず三千万円を差し出した」

そのとき、山川はうれしさのあまり、よろこんで帰った。しかし、あとで考えれば、なんでそれだけの大金があったのか。それを聞いて、山川は、愕然とした。石井は、自分が経営する巽産業が振り出した手形を落とすために用意したものらしかった。

山川はつづけた。

「自分の手形を落とすための金を、ひとに渡せるか？　おれは、なかなかできないと思うよ。それがあってね、おれは、もう石井さんには頭が上がらないんだよ」

北祥産業社長の庄司宗信が出所した時、稲川会から、迎えらしい迎えはなかった。

庄司の気持ちを察してくれたのは、佃政一家六代目の富山正一だけであった。

「社長が必死でつくった金を、みんなが使ったんだ。庄司という男がいたから、北祥産業ができたんだ。それなのに、使った側が、金をつくった社長のことを『あーじゃない』『こうじゃない』というのは、筋がちがうよね」

庄司は、あとで、二代目山川一家総長の清田次郎にも呼ばれた。庄司が清田の前に出るや、清田は、庄司に深々と頭を下げた。

「稲川会のために、よくやってくれた」

三代目三日月一家総長で稲川会総本部幹事長の小原忠悦も、ホテルオークラで、庄司と会ったときにねぎらいの言葉をかけてくれた。

稲川裕紘稲川会三代目会長は、平成十七年五月二十九日に死去した。六十四歳の若さだった。

平成十八年七月、稲川会は、角田吉男四代目体制を発足させた。その後、角田会長は、平成二十二年二月二十三日に死去した。

平成二十二年四月六日、清田次郎五代目体制が発足した。

あとがき

あらためて、稲川聖城と石井隆匡の「首領」への道を振り返ってみる。

稲川は、神奈川県湯河原町からやくざの道に踏み出した。

稲川は、若い時から柔道が強く、相手に一対一で立ち会えば到底かなわないという恐怖感を与えた。獰猛さゆえに「モーさん」と呼ばれていた。このような肉体的強さも稲川を大きくしていった。

最初は若い衆二人に過ぎなかったが、戦後という時代が、稲川に運を拓かせた。

井上喜人と「モロッコの辰」と呼ばれた出口辰夫の二人の荒くれ愚連隊が、稲川に魅せられて加わってきたのである。それも、「舎弟」としてでなく、「若い衆」としてだ。

稲川は、「舎弟」をとらない主義で、すべて「若い衆」として迎え入れた。この二人の愚連隊は、なんと三百人もの弟分を率いて加わってきたのである。稲川組は、いっきょに「稲川軍団」にふくれあがったのである。

さらに、林喜一郎や吉水金吾など愚連隊たちが、次々に稲川の元に集まってきた。

稲川には、親分に必要な包容力もあった。

中国の歴史家司馬遷《しばせん》の「史記」の項羽《こうう》と劉邦《りゅうほう》にならうと、稲川は、項羽の腕力に加え、劉邦の包みこむ器があったといえよう。

稲川にとって、なにより世間に名をとどろかせたのは、右翼の大立て者児玉誉士夫と絆を深めたことであろう。間接的に政治とも繋がった。これは、児玉にとっても効果的であったろう。背後に稲川組という暴力装置を得たことで、政財界にいっそうの睨みを利かせることができた。

いっぽう、もう一人の「首領」石井隆匡は、外見的には、獰猛《どうもう》どころか、銀行の頭取か大学教授にしか見えない。はたして、この男がやくざなのか、と誰しもが訝《いぶか》ったであろう。

石井は、まさに戦後の経済成長が生んだ「近代やくざ」といえよう。平和相互銀行をはじめ、佐川急便のように、いわゆるスネに傷のある企業は、石井に外敵から守ってくれる守護神を頼んだ。

石井は、経済人と接するうち、自分をやくざだけでなく、国際興業の小佐野賢治オーナーのような経済人にのし上がろうと思いはじめた。

現実に、ゴルフ場を持った。仕手筋の神様的存在であった加藤暠と手を組み、東急電鉄株をはじめ、株の買い占めをはじめる。

さらに、佐川急便の渡辺広康社長と縁を深め、政界の「首領」金丸信ともつながっていく。

金丸は、盟友の竹下登を総理大臣にするため、「ほめ殺し」の皇民党の動きを封じて欲しい、と頼みこむ。

誰が頼んでも、断り続けた皇民党の稲本虎翁総裁も、ぎりぎりのところで石井の頼みとあってはと、石井の顔を立てた。

いわゆる春秋の筆法をもってすれば、石井が皇民党事件をもって竹下を総理大臣にしたといえよう。

石井は、また、金丸から頼まれる。金丸は稲川会と縁の深かった浜田幸一議員が、「宮本顕治殺人者呼ばわり事件」で浜田に予算委員長を退かせようとしたが、浜田は、それまで面倒を見てもらった金丸の意見すら聞かない。

金丸は、ふたたび石井に浜田の説得を頼む。

石井は、浜田の説得に動き、浜田に辞任を呑ませる。

稲川は児玉を通じて政治に関わったが、直接的に政治と関わることはなかった。

が、石井は、自ら政治と深く関わったのである。

石井は、やくざの世界では、大きな仕事をしたといえよう。関西の山口組の若頭の山本健一と兄弟の盃を交わしたのである。当然のごとく、他の組からは非難の声があがった。

「山口組を、関東に手引きするのか！」

が、稲川親分もそれを了承し、歴史的な盃事がおこなわれたのである。この盃事は、山口組にとっても、稲川会にとっても、大きな節目となった。

石井は、やくざとしてはまっとうしたが、実業家として小佐野賢治への道は、道半ばでこの世を去っていった。バブル崩壊の引き金を引いて…。

今後、おそらく、石井のように政財界に深い影響を残すやくざはあらわれまい。

政界も、金丸と石井とのような関わりを持つことは許されなくなっている。その意味で石井は、まさに「伝説的人物」になったといえよう。

わたしは、極高の絆で結ばれた稲川、石井二人の歩んだ人生を、やくざのドラマとして描いたおぼえはない。あくまで戦後史であり、戦後の政治と経済の裏面史として描いたのである。

石井隆匡会長の死後、占い師の阿部芳明が、稲川会横須賀一家六代目総長である宮本廣志にぽつりと、つぶやいた。

「石井会長は、考えようによっては強運だった」

もしも健在のままでいれば、自分が抱いた野望の結末を目の当たりにしなくてはならなかった。東急電鉄株投資での失敗は、石井にとっておそらく耐え難いものだったにちがいない。その心の傷に、さらに塩を塗りこむかのように、野村證券の損失補填などの問題に絡んだ。石井は、証人喚問を国会で受けざるをえなかったかもしれない。

それが、病気が悪化したためとはいえ、自分の手で三代目に会長の座を譲ることができ、静かに息を引き取ることができた。とても運がいいというのである……。

石井は、よく言っていた。

「おれよりも運のいいのは、オヤジ（稲川聖城）だよ。オヤジにはかなわない」

稲川総裁を慕っていた大幹部たちは、わたしが取材中、言っていた。

「見ていろ、オヤジがもっとも長く生きて、おれたち全員の葬儀委員長を引き受けることになるから」

稲川総裁は、平成十九年十二月二十二日、東京都内の病院で逝去した。

幹部たちの予言どおり、当時の大幹部はひとりを残し、すべて鬼籍に入っていた。

稲川総裁は、九十三歳の天寿をまっとうし、大幹部たちのところに旅立った。わたしの原作で稲川総裁をモデルにした東映の映画『修羅の群れ』の主題歌の『神奈川水滸伝』の三番は、こう謳《うた》われている。

無事でいてくれ　おまえのからだ
心半分　俺のもの
そんなせりふで　別れを惜しむ
男相傘　ほろりと濡らす
雨も神奈川　水滸伝

稲川聖城と石井隆匡、まさに、昭和、平成にまたがった日本の二人の「首領《ドン》」であった。

今回、この作品を執筆するにあたって、「修羅の群れ　稲川聖城伝」、「小説佐川疑獄」などをはじめとするわたしの過去の著作を一部、参考にしています。また、本文中の一部を仮名とさせていただきました。

——大下英治

大下英治（おおした・えいじ）

1944年広島県に生まれる。一歳のとき被爆。父を失う。苦学の末、広島大学文学部仏文科を卒業。大宅壮一マスコミ塾第七期生。1970年、『週刊文春』特派記者いわゆる“トップ屋”として活躍。圧倒的な取材力から数々のスクープをものにする。月刊『文藝春秋』に発表した『三越の女帝・竹下みちの野望と金脈』が大反響を呼び、三越・岡田社長退陣のきっかけとなった。1983年、『週刊文春』を離れ、作家として独立。政治、経済、芸能、闇社会まで幅広いジャンルにわたり旺盛な執筆活動を続ける。『小説電通』でデビュー後、『小説三越・十三人のユダ』、『美空ひばり　時代を歌う』、『実録田中角栄と鉄の軍団』、『郵政大乱！　小泉魔術（マジック）』、『昭和闇の支配者』〈全六巻〉、『巨頭　孫正義』、『田中角栄秘録』、『小泉純一郎「原発ゼロ」戦争』『日本最大の総会屋「論談」を支配した男』『昭和、平成　震撼「経済事件」闇の支配者』（小社刊）ほか、著作は400冊以上に及ぶ。

任侠　　　　　経済
稲川聖城　石井隆匡

稲川会　極高の絆　二人の首領《ドン》

発行日　2015年1月1日　第1刷発行

著　者　大下英治
編集人
発行人　阿蘇品蔵
発行所　株式会社青志社
〒107-0052 東京都港区赤坂6-2-14 レオ赤坂ビル4F
（編集・営業）Tel : 03-5574-8511　Fax : 03-5574-8512
http://www.seishisha.co.jp/

印　刷　新灯印刷株式会社
製　本　東京美術紙工協業組合

ISBN 978-4-905042-99-0 C0095